Rajat Ubhaykar

DIE GÖTTER DER STRASSE

Per Anhalter mit dem Truck durch Indien

Aus dem Englischen von Heide Horn und Christa Prummer-Lehmair

POLYGLOTT

Allen Truckfahrern gewidmet, die diesen neugierigen Fremden in ihrer Mitte geduldet haben.

Inhalt

Nach Jahren des Kampfes stellen wir fest,
dass wir eine Reise nicht unternehmen, sondern
von ihr unternommen werden.

JOHN STEINBECK

Die Reise mit Charley. Auf der Suche nach Amerika

Wir sind große Kämpfer
Jeden Morgen gürten wir unsere Lenden
Um gegen Hunger und Blöße anzukämpfen
Pläne zu schmieden und zu verwerfen
gehört zu unserem täglichen Training
Unsere Taktiken sind tödlich
Wir versiegeln unsere Lippen,
wenn wir die Stimme erheben sollten
Wir sterben an Durst, wenn wir ihn stillen sollten
Wir schwören, den Kampf fortzuführen,
wenn wir um Brot bitten sollten
Wir bringen große Kämpfer zu Fall
Zwingen ihren Nacken unter unser Knie
Wir schuften auf den Feldern wie die Esel
Auch dann sind wir große Kämpfer
Jeden Morgen gürten wir unsere Lenden …

LAL SINGH DIL

Satthar

INDIEN

Srinagar
Jammu und Kaschmir
TIBET
Jammu
Chandigarh
Punjab
PAKISTAN
Haryana
Delhi
NEPAL
BHUTAN
N
W
O
S
Jaipur
Rajasthan
Varanasi
Guwahati
Udaipur
Patna
BANGLA-DESCH
Impha
TOUR 1
Gujarat
Kalkutta
Maharashtra
Vasai-Virar
Bhiwandi
Mumbai
Andhra Pradesh
Indischer Ozean
TOUR 3
Vijaya-wada
Visakhapatnam
Kakinada
Hyderabad
Goa
Nellore
Karnataka
Palamaner
Bangalore
Tamil Nadu
Salem
Namakkal
Arabisches Meer
Kanyakumari
Nagaland
TOUR 2
Dimapur
Kohima
Imphal
Manipur

Prolog

»*Was* hast du vor?«, rief ein alter Freund ungläubig, wobei seine Augenbrauen unter dem Haarschopf verschwanden. »Hast du dir das auch wirklich gut überlegt?« Hatte ich nicht. Es war zu Beginn des Sommers. Die stickige Aprilhitze lag über Mumbai, und wir kauerten träge vor großen Gläsern Bier in unserer Lieblingskneipe. Ich würde demnächst zu einer denkbar schlecht geplanten Reise aufbrechen, deren bloße Erwähnung in höflicher Runde eifrige Interessensbekundungen hervorrief, freimütigere Zeitgenossen jedoch zu einem ungläubigen Schnauben veranlasste. Mein Projekt, wie ich es inzwischen nannte, würde darin bestehen, Indien zu erkunden, aber nicht per Auto, Motorrad, Bus oder Zug, wie es vernünftige Leute tun würden, sondern per Anhalter mit jenen, die auf Indiens Fernstraßen zu Hause sind – Indiens viel geschmähten oder, wie ein Freund mich warnte, »asozialen« Truckern.

Ich kann nicht mehr genau sagen, wie ich auf diese Idee kam. Aber ich bilde mir gerne ein, dass sie tief in meinem Innern schlummerte, seit ich zum ersten Mal eine bis zum Horizont reichende Landstraße erblickte. Diese unendliche Weite war eine ganz andere Welt als das beengende Mumbai meiner Kindheit. Ich erinnere mich daran, als wäre es gestern gewesen. Es war Anfang der 2000er-Jahre in den Sommerferien. Meine Großfamilie hatte sich in zwei Geländewagen gequetscht – vorne die Männer, in der Mitte die Frauen und wir

Kinder dicht gedrängt auf der Rückbank – und fuhr von Mumbai zu unserem Heimatdorf an der Küste von Karnataka. Wir waren begeistert, denn zum ersten Mal reisten wir nicht mit dem Zug, sondern hatten Autos gemietet – ein Zeichen wachsenden Wohlstands.

Es war eine aufregende, aber auch anstrengende Fahrt, häufig unterbrochen von dringlichen, erstickten Rufen, sofort anzuhalten, weil sich jemand übergeben musste. Der Soundtrack des Hindi-Films *Liebe aus heiterem Himmel* lief in Dauerschleife – die einzige Kassette, die wir mitgenommen hatten –, und noch heute wird mir leicht übel, wenn ich den Song »Pyaar ki kashti mein« höre, ein Trauma, das ich nicht abschütteln kann.

Während ich gebannt aus dem Fenster starrte und der Wind mein widerspenstiges Haar zerzauste, hatte ich eine Art Erleuchtung, nämlich dass Indien größer war, als ich oder irgendjemand sonst es sich vorstellen konnte. Man musste nicht das Universum bemühen, um sich etwas Riesiges vorzustellen – Indien reichte völlig aus. Schon als Kind wurde mir beim Anblick von Indiens Vielfalt – den grünen Feldern entlang der Landstraße, den durch Luftspiegelungen hervorgerufenen schimmernden Wasserflächen auf dem Asphalt – die Bedeutungslosigkeit meines eigenen kleinen Lebens bewusst. Ich war Indien mit Haut und Haar verfallen.

Damals sah ich auch zum ersten Mal Lkws in ihrem natürlichen Umfeld. Ich erinnere mich, wie fasziniert ich von ihnen war – ihren leuchtend bunten Farben, ihrem misstönenden Hupen, das mir in den Ohren dröhnte, dem durchdringenden Geruch der hinter ihnen herwabernden Dieselabgase, den rätselhaften Sprüchen, die ich eilig zu lesen versuchte, wenn wir an ihnen vorbeizogen. In meiner kindlichen Fantasie waren Truckfahrer nicht asozial. Sie waren so frei wie der Wind und durchquerten unbekümmert unser riesiges Land. Allein die Vorstellung von ihrem Leben und der Gedanke, vielleicht eines

Tages mit ihnen zu reisen – das war für mich der Stoff, aus dem große Abenteuer sind.

Fast ein Jahrzehnt sollte es dauern, bis diese unterschwellige Sehnsucht gestillt wurde. Es geschah jedoch eher unfreiwillig. 2009 wollte ich spontan mit einigen ebenso unternehmungslustigen Kommilitonen von Kanpur nach Shimla reisen. Doch nichts klappte, wie es sollte, und so strandeten wir schließlich 20 Kilometer vor Shimla am Straßenrand. Es war zehn Uhr abends, und die Kälte kroch uns in die Knochen. Öffentliche Verkehrsmittel fuhren nicht mehr. Nach zahlreichen erfolglosen Versuchen, einen Wagen anzuhalten, hatten wir uns beinahe damit abgefunden, den ganzen Weg zu Fuß zu gehen, als ein freundlicher Lastwagenfahrer, kaum älter als wir, uns einsteigen ließ und bis zur Stadt mitnahm.

Im Wagen lief Bollywood-Musik aus den Neunzigern. Während der kurzen Fahrt wechselten wir kaum ein Wort mit dem Trucker, aber nachdem er uns abgesetzt hatte, fischte ich fünfzig Rupien als wohlverdienten Lohn aus der Hosentasche. Zu meiner Überraschung lehnte er entschieden ab. »Das ist nicht nötig. Es lag auf meinem Weg«, protestierte er. Zum ersten Mal in meinem Leben hatte sich jemand geweigert, Geld anzunehmen.

Ich war fasziniert und wollte mehr über Trucker wie ihn und ihr Leben erfahren. Zurück in Kanpur durchkämmte ich das Internet nach einem Buch über Lkw-Fahrer, aber vergebens. Ich konnte es nicht fassen. Obwohl sie eine so zentrale Bedeutung für die Wirtschaft unseres Landes hatten, war erstaunlich wenig über sie geschrieben worden. Vielleicht war das der Moment, in dem sich bei mir die Idee festsetzte, einen Reisebericht zu verfassen. Wie heißt es so schön: Schreibe das Buch, das du gern lesen würdest.

In den nächsten Jahren auf dem College festigte sich mein Entschluss, denn ich hörte viel Musik von Lynyrd Skynyrd, Grateful Dead, den Allman Brothers und anderen, die die naturgegebene Freiheit des Menschen romantisierten. Songs wie »Free Bird«, »Truckin'« und »Ramblin' Man« beschworen für mich den Urzustand des Menschen herauf, versetzten mich in eine Zeit, als Nomaden und Hirten den Planeten beherrschten und es normal war, von Ort zu Ort zu ziehen. Immer mehr gelangte ich zu der Überzeugung, dass Truckfahrer, die ein hartes Leben in den Schattenbereichen unserer Schreibtisch-Zivilisation führten, eine eigene Subkultur bildeten. Für mich waren sie romantische Gestalten – einsame Cowboys auf ihren stählernen Rössern. Mein im Entstehen begriffenes Projekt war jedoch nicht nur von dem sehnsüchtigen Wunsch geleitet, den erstickenden Zwängen der karriereorientierten Gesellschaft zu entfliehen, sondern auch von einem Verlangen nach Abenteuer und der Neugier darauf, was wohl in der weiten Welt jenseits meiner eigenen Blase lag.

Nach meinem Abschluss verbrachte ich ein eher frustrierendes Jahr am Schreibtisch einer Unternehmensberatung in Gurugram, brütete über Tabellenkalkulationen und änderte Schriftgrößen in PowerPoint-Präsentationen. Bis ich mich schließlich auf den Journalismus verlegte – vielleicht angetrieben von dieser Neugier aufs Vagabundenleben.

Und wieder einige Jahre später, nun ausgestattet mit dem Rüstzeug journalistischer Arbeit, fühlte ich mich bereit. Es musste bald passieren. Eine so verrückte Reise unternimmt man am besten mit Anfang zwanzig, wenn noch nicht die ganze Verantwortung des Lebens auf einem lastet.

Es gab keinen Zeitplan und höchstens eine grobe Reiseroute. Mehr war nicht möglich. Beim indischen Warenverkehr muss man aus den verschiedensten Gründen mit zahlreichen Verzögerungen rechnen, und ich wollte nicht die Hälfte der Zeit damit zubringen, mich per Telefon über unterschiedliche Verkehrslärmpegel hinweg mit Fahrern abzustimmen. Diese ganze Planung wäre total frustrierend und würde mir völlig den Spaß verderben. Ich wusste, wenn ich von dieser Reise halbwegs bei klarem Verstand zurückkehren wollte, musste ich die Dinge auf mich zukommen lassen.

Doch bevor ich tatsächlich aufbrach, galt es unzählige besorgte Fragen zu beantworten, die von allen Seiten auf mich einprasselten. Manche wollten wissen, warum ich mir ausgerechnet den Sommer als Reisezeit ausgesucht hatte. »In der Regenzeit kann ich nicht reisen, im Winter frieren mir beim Schreiben die Finger ein, deshalb Sommer«, erklärte ich. Andere fragten, wo ich schlafen würde. Und wo ich denn überhaupt meine Notdurft verrichten würde? »Keine Ahnung. Ist mir egal.«

Dennoch war mein Selbstvertrauen nicht so unerschütterlich, wie ich vorgab. Ich fragte mich, ob ich es mit meinem privilegierten Status schaffen würde, einen guten Kontakt zu den Fahrern aufzubauen. Würden sie mir von ihrem Leben erzählen? Und würde dieser Roadtrip in der glühenden Sommerhitze wirklich so romantisch werden, wie ich mir das vorstellte? Oder war das Ganze einfach nur der blanke Irrsinn? Dann war da die Frage der Sicherheit. Viele meinten: »Weißt du denn nicht, dass Lkw-Fahrer Säufer und Vergewaltiger sind?«

Nicht zuletzt waren es genau diese Vorurteile, die ich durch mein Buch ausräumen wollte. Trucker sind eine zu Unrecht geschmähte Bevölkerungsgruppe und werden von Normalbürgern als Trunkenbolde, Verkehrsrowdys und Sexmonster verteufelt. Das führt so weit, dass sich ihre Darstellung in der Popkultur darauf beschränkt, wie sie ihnen unliebsame Menschen zu Brei fahren oder heimtückisch mit Eisenstangen aufspießen. Ich hoffe, dieses Buch trägt dazu bei, sie wieder mehr als ganz normale Menschen zu zeigen – mit ihren Problemen, Überzeugungen und Hoffnungen.

Ich wollte dokumentieren, was sie auf der Straße erlebten, wenn auch vielleicht nur als Momentaufnahme des indischen Güterverkehrs. Nachdem ich die historischen Reiseberichte früherer Reisender wie Jean Baptiste Tavernier und Ibn Battuta verschlungen hatte, wollte ich erforschen, wie sich das Wesen der Reise seither verändert hatte, und mithilfe der Truckfahrer herausfinden, wie Indien tickt. Dieses Buch ist der bescheidene Versuch, die spärliche Literatur zum Thema Straße zu ergänzen. Schließlich spielt auch so etwas Banales wie der Warenfernverkehr in Indien eine Rolle in Hinblick auf Kultur, Geschichte, Gefahr und Nervenkitzel.

Außerdem faszinierte mich der kulturelle Aspekt – wenn die Lastwagenfahrer eine Subkultur verkörperten, wodurch zeichnete sich diese aus? In meiner Vorstellung unterschieden sich Trucker und Busfahrer hauptsächlich dadurch, dass der Busfahrer zum Schlafen nach Hause ging. Der Trucker fährt nicht nur auf den Straßen, er verbringt auch einen Großteil seines Lebens dort. Um Busfahrer zu werden, muss man eine Fahrprüfung bestehen. Aber um ein halbwegs anständiger Truckfahrer zu werden, benötigt man mindestens zwei Jahre Ausbildung als *khalassi* oder Trainee sowie mehr als drei Jahre in gebirgigem Gelände, wo der angehende Trucker in die Kunst eingeweiht wird, die Haarnadelkurven schmaler Bergstraßen zu meistern. Das deutet zweifellos auf eine *ustad-chela*-Tradition, einen Austausch zwischen Lehrmeister und Schüler hin. Wie genau gestaltet sich das?

Gleichzeitig würde diese Unternehmung auch wertvolle Erkenntnisse für die Wissenschaft liefern. Schließlich sind Lkw-Fahrer so etwas wie die roten Blutkörperchen unseres Landes. Sie transportieren den lebensnotwendigen Sauerstoff, sprich die Güter des täglichen Bedarfs, über die Arterien, das Straßennetz. Und doch hatte man für ihre Probleme noch keine Diagnose gestellt, ja, noch nicht einmal die Symptome dokumentiert. Unmengen von Papier werden für Kommentare über die Wirtschaft verbraucht, in denen es um Zinsen, Haushaltsdefizite und andere undurchsichtige makroökonomische Indikatoren geht. Aber was ist diese »Wirtschaft« anderes als ein Zusammenspiel unzähliger Transaktionsbeziehungen, die auf dem System gegenseitiger Akzeptanz beruhen, wenn etwa Geld den Besitzer wechselt? In diesem Sinne wollte ich die Mikroökonomie der Straßen erforschen und die menschlichen Beziehungen, auf denen sie basiert.

Ich war überzeugt, dass die Lebensrealität der Truckfahrer, ihre Erlebnisse auf der Straße, ein nützlicher Gradmesser für die wirtschaftliche Lage in unserem Land war. Ihre Erfahrungen mit den Behörden würden darüber Aufschluss geben, wie es um die Rechtsstaatlichkeit in unserem Land bestellt war. So würde man besser verstehen, was die »Logistikkosten« im ganz normalen Warenverkehr tatsächlich beinhalteten.

Im Grunde genommen war dieser Trip jedoch die Verwirklichung meines lang gehegten Traumes, so viel wie möglich von Indien zu sehen, und zwar nicht nur seine in Hochglanzbroschüren angepriesenen Schönheiten, sondern auch seine Makel und Schönheitsfehler. Indien glich für mich einer dieser Matrjoschka-Puppen, dem Sinnbild der russischen Rätselhaftigkeit, denn es bestand aus konzentrischen Sphären – Unterregionen innerhalb von Regionen, Subkulturen innerhalb von Kulturen, Untereinheiten innerhalb von Einheiten. Und daraus bezogen seine Menschen ihre Identität. Ich wollte so viel wie nur möglich davon sehen.

Meine grobe Planung sah so aus: Ich wollte von Mumbai aus per Anhalter nach Norden bis Srinagar fahren, mich dann nach Osten wenden und irgendwann Kanyakumari im äußersten Süden erreichen. Ein gewaltiges Pensum. Ich hatte keine Ahnung, wie lange diese Reise dauern und ob ich die gesamte Strecke schaffen würde. Aber das lag nun einmal in der Natur dieses Trips. Eines jedoch war mir ganz klar – ich würde mich keinesfalls zum Sklaven dieses Reiseplans machen.

Durch die Vermittlung von Freunden fand ich bald eine Mitfahrgelegenheit in einem Truck, der von Mumbai nach Delhi fahren würde. Nach einer schier endlosen, bangen Woche mit einigem Hin und Her zwischen dem Trucker und mir kam der Morgen der Abreise. Endlich zog ich los, im Rucksack die üblichen Reiseutensilien – meine Mutter hatte darauf bestanden, dass ich auch eine Tube *Odomos*-Mückenschutzcreme einpackte – und ein zerlesenes Exemplar von Vikram Seths *Tianchi: Unterwegs in China und Tibet,* das Geschenk eines Freundes.

Ich konnte es kaum glauben. Mein versponnener Teenagertraum sollte nun Realität werden. Ich stand kurz vor einer Reise, deren Verlauf einzig und allein von der bedingungslosen Freundlichkeit und den unvorhersehbaren Zielorten völlig fremder Menschen abhing. Wenn alles so lief, wie ich es mir vorstellte, würde ich nie wissen, wo ich in der nächsten Nacht schlafen würde. Vielleicht schon heute.

TEIL EINS

SEX, DROGEN UND NOMADEN

VON MUMBAI NACH SRINAGAR

Unterwegs mit dem König der Straße

Ich sitze im Truck. Ohne Bitte um göttlichen Beistand oder ein kurzes Ritual schiebt sich der riesige Sattelzug vorsichtig rückwärts hinaus auf die Hauptstraße von Bhiwandi. Shyam tritt aufs Gaspedal, bringt das motorisierte Ungeheuer zum Schnurren – und schon geht es los, hinein in den Sonnenuntergang, Richtung Delhi und weiter!

Nervosität und Vorfreude lassen mein Herz höher schlagen. Es ist eine Fahrt ins Ungewisse, die vor mir liegende Straße erscheint mir wie ein Zwischenort, eine geheimnisvolle Grauzone. Doch was für mich ein verrücktes Abenteuer bedeutet, ist für Shyam ein ganz normaler Arbeitstag.

Die Fahrerkabine bietet Platz für fünf Personen; sie ist geräumiger, als es von außen den Anschein hat. Im Grunde ist es eine riesige Couch auf Rädern, unterteilt von der Mittelkonsole mit der Gangschaltung und geschmückt mit religiösen Bildnissen: einem cartoonhaft wirkenden Foto von Sai Baba und Postern der Götter Shiva, Lakshmi, Sarasvati und Ganesha. In der Mitte des Armaturenbretts befindet sich sogar ein Einsatz für Räucherstäbchen, die jeden Abend vor Sonnenuntergang gewissenhaft entzündet werden. Über den Lüftungsschlitz an der Windschutzscheibe ist eine mit einem nassen Lappen umwickelte Wasserflasche aus Plastik geklemmt.

Shyam erklärt mir, dass der Fahrtwind das Wasser kühl hält. Ziemlich clever, denke ich.

Sonnenlicht strömt durch die Windschutzscheibe, durchflutet die Kabine mit den weichen Goldtönen der tief stehenden Sonne. Der Fahrer Karnail Singh alias Shyam ist 45 Jahre alt, ein hochgewachsener, schweigsamer Mann aus Kangra im Bundesstaat Himachal Pradesh. Er trägt ein verblichenes kariertes Hemd und eine graue Nylonhose, in seinem rechten Ohr glänzt ein Ohrring. Sein würdevolles Auftreten, die aufrechte Haltung und die ehrlichen Augen flößen mir Vertrauen ein, und wenn er lächelt, erhellt sich sein ganzes Gesicht.

Der Truck hat eine erstaunliche Vielfalt an Gütern geladen, darunter Möbel, Schuhe und Motorteile. Shyam bezeichnet die Fracht als »Paket-*Maal*«. Seit seiner letzten Tour nach Delhi wird er von dem quirligen Rajinder begleitet, ehemaliger Lkw-Fahrer, jetzt Mechaniker, leidenschaftlicher Geschichtenerzähler, Mädchen für alles und treuer Freund in einem. Rajinder ist eine richtige Plaudertasche. Seine Anekdoten zeichnen sich durch einen unklaren Anfang, einen Mittelteil mit vielen Windungen und ein abruptes, unglaubwürdiges Ende aus. Und in mir – einem Autor auf der Suche nach Geschichten vom Leben auf den Straßen – hat er ein dankbares Opfer gefunden.

Was einem an Bhiwandi sofort auffällt, ist der Staub. Metropolen wie Mumbai definieren sich durch die erfolgreiche Tilgung von Staub. Sie werden errichtet, indem man den Schmutz zubetoniert, ihn durch Beton in die Knie zwingt. In Bhiwandi sind die Straßen nur schmale asphaltierte Streifen, kaum erkennbar in dem Staub, den der Wind mit sich trägt.

Es heißt, Bhiwandi wurde von muslimischen Webern gegründet, die nach dem Indischen Aufstand von 1857 gegen die Kolonialherrschaft der Britischen Ostindien-Kompanie hierherflohen. Bis vor Kurzem war Bhiwandi ein unscheinbarer Außenposten Mumbais, bekannt für seine Textilindustrie – und lokale Aufstände. Doch im Lauf des letzten Jahrzehnts haben die unberechenbaren Kräfte des Technologiemarktes die Stadt in ihrer jetzigen Ausprägung geformt.

Durch die rasante Zunahme des Onlinehandels wurde Bhiwandi zum Warenlager Mumbais, was auch seiner vorteilhaften Lage zu verdanken ist – die Stadt befindet sich knapp außerhalb von Mumbais Oktroi-Zone, in der höhere Steuersätze gelten, und direkt an der Kreuzung der National Highways 3 und 8, die nach Nashik beziehungsweise Gujarat führen und weiter nach Agra und Delhi. So verschwanden die Reisfelder unter riesigen, hochautomatisierten Distributionszentren für Onlinehändler wie Amazon und Flipkart. Als Einwohner von Mumbai kann man davon ausgehen, dass alles, was man online ordert, vor der Zustellung mit dem Staub von Bhiwandi in Berührung gekommen ist.

Doch für Shyam bedeutet Bhiwandi nur Diebstähle, Morde und *dadagiri,* Bandenkriminalität. »Über Nacht kann deine gesamte *maal* aus dem Lagerhaus verschwinden. Die hiesigen Gangs haben sich auf solche Einbrüche spezialisiert. Sie kommen sogar im Lieferwagen«, sagt er. Wir sind erst wenige Meter über die mit Schlaglöchern übersäte Straße geholpert, als uns auch schon ein Polizist anhält und 400 Rupien für die Erlaubnis verlangt, mit einem Schwerfahrzeug vor neun Uhr abends in die Innenstadt zu fahren. »Zufahrtsgebühr«, erläutert Rajinder. Am Stadtrand parken viele Lkws, die auf die Nacht warten, um sich die 400 Rupien zu sparen. Shyam findet das sinnlos. Am Ende geben die Fahrer während der Wartezeit genauso viel Geld für Essen, Tabak und Trinken aus.

Bald erreichen wir die erste Mautstelle. Ein *hijra* (Transgender) in einem leuchtend orangefarbenen *salwar kameez* – einer

Pumphose mit Tunika, wie sie meist von Frauen getragen wird – steht direkt neben dem Kassenhäuschen und schwatzt den Truckfahrern mit Wünschen für eine gute Fahrt zehn Rupien ab. »Das bringt *dua*«, flüstert mir Rajinder zu.

In diesem Fall hätte man keinen besseren Ort finden können, um *dua*, Segen, feilzubieten. Bhiwandi ist der letzte Knotenpunkt des Highway zwischen Mumbai und Delhi, über den 40 Prozent von Indiens Verkehr fließen und der wichtige Wirtschaftszentren wie Ahmedabad, Surat und Jaipur verbindet. Wie geschaffen, um die Dünnhäutigkeit der Trucker vor dem Wagnis einer neuen Fahrt auszunutzen und damit schnelles Geld zu machen. Mit offizieller Genehmigung der Behörden, wie ich hinzufügen muss. Die Mikroökonomie des Staates Indien kann nämlich in der Praxis durchaus inklusiv sein. Man scheut sich nicht, transidenten Menschen Teilhabe zu gewähren, wenn dabei für alle Seiten etwas herausspringt. In Patna engagierten Finanzbeamte Transgender, die gegen eine Provision von vier Prozent säumige Ladenbesitzer zu Steuernachzahlungen bewegen sollten.

Wir fahren an einer Ingenieurschule vorbei. Rajinder verrenkt sich den Hals nach den Collegemädchen, labt sich noch einmal an ihrem Anblick vor der langen, einsamen Tour. Shyam jedoch hat den Blick fest auf die Straße gerichtet. Er strahlt nicht nur eine beinahe königliche Würde aus, sondern auch eine natürliche und doch liebevolle Autorität, was zu dem hinten auf dem Truck aufgemalten Titel »König der Straße« passt.

Vor allem aber ist sein Musikgeschmack einwandfrei. Unsere Fahrt beginnt mit hämmernden Trucker-Songs aus dem Punjab über verlorene Liebe, das Unterwegssein auf der Straße und das Sich-zu-Tode-trinken – eine Litanei, getränkt in billigen *desi daru,* Whisky und Rum. Danach folgen *ghazals,* die man alle mit dem Satz »Eigentlich mag ich Alkohol gar nicht so, ich trinke nur, um meine Sorgen zu vergessen« zusammenfassen kann – einer Zeile aus einem düsteren Song voller Todessehnsucht von Sagar, laut Shyam ein populärer Sänger im Punjab und in Himachal Pradesh.

Interessanterweise bezeichnet sich Shyam als Abstinenzler. Und man sieht es ihm auch an, sein Teint ist bemerkenswert frisch, und er wirkt jünger als 45. Rajinder teilt seine Vorbehalte gegen Alkohol nicht. Er bezeichnet sich als trockenen Alkoholiker, der jedoch immer noch gelegentlich trinkt. Er ist ein schmächtiger Mann, der Inbegriff des unterentwickelten, mangelernährten *mazdoor* (Gelegenheitsarbeiter). Sein Hemd ist so schmutzig, dass die ursprüngliche Farbe nicht mehr zu erkennen ist.

Stolz betont Rajinder, dass er sich mit schierer Willenskraft am Leben hält. Dieser Stolz birgt etwas Selbstzerstörerisches, ist aber unentbehrlich, um die grausamen Bedingungen des Arbeiterlebens zu überstehen, vor allem in Indiens informellem Sektor. Rajinder behauptet, tagelang ohne Schlaf auszukommen. Um sein Durchhaltevermögen zu beweisen, kündigt er an, diese Nacht nicht zu schlafen. Shyam quittiert es mit einem ungläubigen Lachen.

Es ist schon dunkel, als wir den Grenzübergang zum Bundesstaat Gujarat erreichen. Mehr als eine Stunde müssen wir warten, bis wir an der Reihe sind. Der Schweiß rinnt uns übers Gesicht. Als wir endlich die Kontrollstelle anfahren, fällt mir auf, dass überall Überwachungskameras hängen; sie sollen es den Beamten erschweren, Schmiergelder zu kassieren. Also werden die Lkw-Fahrer aus dem Sichtfeld der Kameras zu einer Stelle auf dem Parkplatz gewunken, wo die Beamten diskret 100 Rupien als symbolisches Schmiergeld einstecken können.

In Gujarat sind die Highways so glatt und eben, dass ich an die seelenlose Effizienz der Autobahnen in der westlichen Welt denken muss. Das grelle Licht der Straßenlampen und der Scheinwerfer überholender und entgegenkommender Fahrzeuge erinnern an das Flutlicht in einem Fußballstadion, und ich bin wie geblendet.

Doch dann, kurz vor Bharuch, wo der Fluss Narmada ins Meer mündet, geraten wir in einen schier endlosen Stau. Shyam erklärt mir, dass sich der sechsspurige Highway an der Brücke über die Narmada, einem Relikt aus Kolonialzeiten, auf zwei Fahrspuren verengt. Das Ergebnis ist ein gigantisches Verkehrschaos, das zwölf Kilometer bis nach Ankleshwar zurückreicht. Außerdem wird der Schwerverkehr über eine separate neue Brücke geleitet, was bedeutet, dass es für unseren Lkw wegen des Umwegs noch einmal länger dauern wird.

»Und wo sind wir genau?«, frage ich, Schlimmes ahnend.

»Bei Ankleshwar.«

Zwölf Kilometer in diesem Stau. Ich mache mich auf eine lange Wartezeit gefasst.

Zur Ablenkung halte ich mich an die Musik. Shyam hat zu alten klassischen Hindisongs von Lata Mangeshkar, Kishore Kumar und Mohammed Rafi gewechselt. Und Rajinder redet unermüdlich weiter. »Ich bin in Patiala im Punjab geboren«, erzählt er. »In der Gemeinschaft der Prajapati. Wir sind Töpfer, gehören zur Kaste der Handwerker, werden aber als rein angesehen. Selbst die *pandits,* brahmanische Gelehrte, haben ihr Tongeschirr bei uns gekauft. Allerdings lebe ich jetzt schon seit 25 Jahren in Delhi. Die Sache ist die, ich bin mit fünfzehn, sechzehn von zu Hause abgehauen, nach einem Streit mit meinen Eltern. Ich weiß nicht mal mehr, worum es da ging, aber ich bin 22 Jahre lang fortgeblieben. Meinen Vater habe ich erst vor sechs Jahren wiedergesehen.«

Nachdem Rajinder von zu Hause weggelaufen war, betrachtete er die Familie seines *seth,* Arbeitgebers, als seine eigene.

»Für mich ist Kapoor *seth* mein *bhagwan.* Er hat mich immer wie einen Sohn behandelt. Aber obwohl er ein Herz aus Gold hatte, konnte er einem auch ganz schön Angst einjagen. Einmal ist ein Fahrer mit Waren meines *seth* getürmt, hat ihn mithilfe des Vermittlers betrogen. Mein *seth* und ich haben dem Mittelsmann in der Nähe seines Hauses eine Falle gestellt und ihn schließlich im Kuhmist für die Biogasanlage aufgespürt. Der *seth* schloss ihn in einen Keller ein, steckte ihm den Lauf einer Pistole in den Mund und befahl ihm, die Waren zurückzugeben, sonst würde er es bereuen.«

Diesen eher düsteren Exkursen zum Trotz zeigt Rajinder eine liebenswerte, kindliche Neugier, vor allem in Bezug auf die Wissenschaft. Er fragt mich Dinge wie: Warum ist es in Amerika Nacht, wenn es in Indien Morgen ist? Wie entsteht eine Sonnenfinsternis? Er behauptet sogar, gerne den Discovery Channel zu schauen, wenn er Gelegenheit dazu hat.

Inzwischen höre ich nur noch mit halbem Ohr zu; ein beträchtlicher Teil meiner Aufmerksamkeit gilt ungewollt meinem knurrenden Magen. Zum Glück beschließt Shyam kurz darauf, an einem *dhaba,* einem kleinen Restaurant nicht weit vom Highway, einen Stopp einzulegen.

Das Restaurant ist ziemlich weitläufig, überall stehen *charpoys,* traditionelle indische Bettgestelle, über die Bretter gelegt sind, sodass sie als Sitzgelegenheit und Tisch in einem dienen. Wasserkrüge aus Plastik und ein Teller mit Chilis und Zwiebeln sind fester Bestandteil der »Tische« und werden von Zeit zu Zeit von den Kellnern aufgefüllt. Einige Lkw-Fahrer machen sich einen Spaß daraus, sich das Wasser vom hoch erhobenen Arm in den Mund zu gießen; ich fühle mich an die Fluten des Ganges erinnert, die laut der Legende aus Shivas Dreadlocks fließen.

Bei vielen dieser *dhabas,* vor allem in Gujarat, läuft das Geschäft schleppend. Früher befanden sie sich in bester Lage direkt am Highway. Doch der zunehmende Bau von Hochstraßen hat sie vom Verkehr abgeschnitten. Jetzt brausen Autos und Lkws gleichgültig über sie hinweg. Nur Stammgäste machen sich die Mühe, die Abfahrt zum *dhaba* zu nehmen. Einer davon ist Shyam.

Das Essen, das uns serviert wird, ist frisch zubereitet und kochend heiß. Während wir uns über *dal-chawal, roti* und *aloo matar* hermachen, tritt ein würdevoll dreinblickender *sardar* (Sikh) an unseren Tisch und stellt sich als Inderjit Singh vor. »Ich wollte gern Ihre Bekanntschaft machen, weil Sie so kultiviert wirken«, wendet er sich an mich. Als ich ihm erzähle, dass ich an einem Buch über Lastwagenfahrer arbeite, ruft er aus: »Sie müssen über mich schreiben! Ich habe sogar einen Bachelor in Betriebswirtschaft, fahre aber immer noch Truck. Gern hätte ich im Ausland meinen Master gemacht, aber mein Vater bestand darauf, dass ich in unser Transportunternehmen einsteige. Und dort arbeite ich nun schon seit 13 Jahren. Ich wünsche wirklich niemandem einen Vater wie meinen. Wer zwingt schon seinen einzigen Sohn, Truckfahrer zu werden? Er hatte das Geld, und trotzdem hat er mir nicht erlaubt weiterzustudieren«, sagt er betrübt, bevor er sich eilig verabschiedet. Offensichtlich umfassen die Anweisungen seines Vaters auch die pünktliche Einhaltung von Lieferterminen.

Nach dem Essen spazieren Rajinder und ich in den unbeleuchteten Hof des *dhaba*. Er fragt, ob ich *desi daru* probieren möchte. »In Gujarat herrscht Alkoholverbot, weißt du. Aber die *adivasis*, die Indigenen, brauen zu Hause ihren Fusel und beliefern das *dhaba*.« Als ich höflich ablehne, schnorrt er stattdessen eine Zigarette von mir und fragt dann unvermittelt, ob ich schon einmal einen Geist gesehen hätte. Verblüfft schüttele ich den Kopf. Er zündet sich die Zigarette an, und das Funkeln in seinen Augen verrät, dass er in der richtigen Stimmung für ein paar Gruselgeschichten ist. Ein Tribut an die hereinbrechende Dunkelheit.

In Rajinders blühender Fantasie sind die Highways Orte des Schreckens, wo grausige Unfälle einen steten Nachschub an *bhoots* produzieren – ruhelose Seelen, die nach Rache dürstend die Straßen heimsuchen.

»Einen Geist erkennt man vor allem daran, dass er keinen Schatten hat. Das mit den nach innen gedrehten Füßen ist Blödsinn«, stellt er nachdrücklich fest. Mittlerweile haben sich weitere Gäste des *dhaba* zu uns gesellt. Auch andere steuern Geschichten bei, die sie gehört haben.

»Es gab einmal einen Fahrer, der bei einem Unfall starb«, erzählt einer. »Er soll seinen eigenen Truck heimgesucht haben, weil dort noch seine blutbefleckte Geldbörse lag, in der seine Seele zurückgeblieben war. Der neue Fahrer des Wagens sah immer wieder den toten Fahrer neben sich sitzen. Der *bhoot* fand erst Erlösung, nachdem man die entsprechenden Rituale durchgeführt hatte.«

Einige Geschichten weisen sentimentale Wendungen auf, die sich für einen Bollywood-Film eignen würden. »In Barghat im Bundesstaat Madhya Pradesh soll ein Fahrer eine *bhootni* geheiratet haben«, sagt ein Mann. »Die *bhootni* war eine Frau, die auf dem Weg zu ihrer Hochzeit getötet worden war. Sie tauchte immer wieder im Hochzeitskleid am Highway auf und gab sich als eine entlaufene Braut aus, die eine Mitfahrgelegenheit suchte.

Eines Tages nahm ein Lkw-Fahrer sie mit. Sie unterhielten sich, er verliebte sich in sie, heiratete sie und brachte sie in sein Haus. Eine Zeitlang lebten sie glücklich und zufrieden. Doch bald begannen die Nachbarn dem jungen Fahrer von seltsamen Vorkommnissen zu berichten. Wenn er unterwegs sei, sei seine Frau wie vom Erdboden verschluckt. Nie sah man sie mit einem Nachbarn reden oder den Müll hinaustragen, niemand erhaschte auch nur einen flüchtigen Blick auf sie. Neugierig geworden beschloss der Fahrer eines Tages, sich heimlich ins Haus zurückzuschleichen. Er spähte in die Küche und sah zu seinem Entsetzen, wie ein Gerippe den Herd entfachte. In seiner Panik entfuhr ihm ein lauter Schrei. Als die *bhootni* merkte, dass ihr Ehemann die Wahrheit über sie herausgefunden hatte, nahm sie wieder ihre menschliche Gestalt an. Sie umarmte ihn und erklärte, dass sie ihn schon vor langer Zeit hätte töten können. Aber das wollte sie nicht, und da er sie wirklich liebte, sei sie nun erlöst. Dann löste sie sich in seinen Armen in Luft auf.«

Andere Geschichten haben einen historischen Hintergrund. Ein altgedienter Trucker mit schütterem grauen Haar und faltigem Gesicht erzählt, die Dschinns in Fatehpur Sikri hätten in der Kolonialzeit den Bau einer Bahnstrecke verhindert. Die Gleise, die die Briten tagsüber verlegten, wurden nachts von übernatürlichen Wesen ins Innere der Berge verschleppt.

Shyam ist ein Nachtmensch. Am liebsten fährt er bei Dunkelheit. Dann sind die Straßen leerer und die Polizisten weniger lästig. Er hat eine Abmachung mit einem *dhaba* in Rajasthan, nahe der Grenze zu Gujarat, wo er morgens eine Rast einlegen und ein paar Stunden schlafen kann. Doch offenbar ist es Rajinder ernst mit seiner Ankündigung, die ganze Nacht aufzubleiben. Er sitzt an der Beifahrertür, lässt ein Bein aus dem Fenster hängen und starrt in die Nacht hinaus. Ich kämpfe gegen den Schlaf an, indem ich auf die weißen Fahrbahnstreifen blicke, die hinter uns von der Finsternis verschluckt werden.

Immer noch läuft Musik. Rafi, Lata und Asha. Ein Truck mit der Aufschrift »Gemüse-Express« braust an uns vorbei.

Ich frage Rajinder, warum der Lkw »Express« genannt wird. »Weil diese Gemüselaster mit ihrer frischen Ware für den Markt die schnellsten Trucks sind. Wie der Nachtzug Rajdhani-Express schaffen sie es, die Strecke zwischen Delhi und Mumbai in einem Rutsch zurückzulegen. Die Fahrer essen sogar im Truck. Da sie keine Zeit für eine Pause haben, wartet jemand in der Nähe von Udaipur mit warmem Essen auf sie. Während der eine isst, fährt der andere. Und sie bekommen vom Spediteur 64 000 Rupien fürs Tanken, nicht nur 32 000 wie wir, denn wenn der Truck pünktlich am Zielort sein soll, können sie nicht spritsparend fahren. Für diese harte Arbeit kriegen sie am Ende zusätzlich einen Bonus: zwischen 3000 und 5000 Rupien. Ganz schön viel Geld, wenn man so darüber nachdenkt.«

Im Gegensatz zu dem gut beleuchteten Streckenabschnitt zwischen Surat und Ahmedabad sind die Straßen im Norden Gujarats viel dunkler und einsamer. Ich frage mich, ob hier vielleicht nachts irgendwelche finsteren Gestalten auf der Lauer liegen. Die Unterhaltung ist verstummt, und ich habe das Bedürfnis, die Stille zu füllen. »Rajinder *bhai,* bist du schon einmal Straßenräubern begegnet?«, frage ich.

Die Antwort kommt prompt. »Na klar. Aber zuerst will ich dir erklären, mit welchen Tricks die Räuber vorgehen. Anfänger streuen üblicherweise Nägel auf die Straße. Andere sind da cleverer. Sie verkleiden sich als Sanitäter, drängen sich mit ihrem Krankenwagen vor den Lkw und zwingen ihn anzuhalten. Dann erleichtern sie den Fahrer um sein Bargeld. Und vor ungefähr 15 Jahren gab es Fälle, da holten sich die falschen Sanitäter nicht nur Geld. Sie kidnappten den Fahrer, sperrten ihn in den Krankenwagen, entnahmen ihm die Nieren und entsorgten die Leiche am Straßenrand. Ich hab gehört, dass man damit eine ganze Menge Geld verdienen kann.

Andere machen mit den Besitzern von *dhabas* gemeinsame Sache. Sie mischen dir ein Schlafmittel in den Tee, fahren hinter dir her und warten darauf, dass du müde wirst. Sobald der Lkw anhält, schlagen sie zu. In den Bergen greifen die Typen noch zu ganz anderen Methoden. Sie werfen Felsbrocken auf bergab fahrende Trucks, damit die Fahrer die Kontrolle über ihr Fahrzeug verlieren, und rauben sie dann aus.

Solche Kerle sind mir auch schon mal über den Weg gelaufen. Im Dschungel bei Hasimara in Bengalen hab ich Banditen mit bloßen Händen abgewehrt. Sie versteckten sich in den Kronen der Bäume, sprangen auf vorbeifahrende Trucks und warfen die Waren an den Straßenrand. Im Gebirge von Jharkhand sprangen die Räuber auf die Lastwagen, die bergauf fuhren, und schnitten die Seile durch, damit die Ladung herunterrutschte. Hab ich alles schon erlebt.

Einmal, als ich mit einem Lkw in der Nähe von Jharia in Jharkhand war, nahmen wir eine Naxalitin mit. Natürlich wussten wir zu dem Zeitpunkt noch nicht, dass wir eine maoistische Aktivistin an Bord hatten. Der *khalassi,* der mit mir unterwegs war, hielt sie für eine Prostituierte und begann anzügliche Bemerkungen zu machen. Da verlangte sie von mir, dass ich das Licht einschaltete, zog eine Knarre aus ihrem Gepäck und hielt sie dem *khalassi* an die Stirn. Noch nie habe ich einen so verängstigten Typen gesehen.«

Die Zeit verstreicht. Rajinders Redefluss plätschert unaufhörlich dahin, und ich nicke immer wieder ein, obwohl ich dagegen ankämpfe. Schließlich macht Shyam seine Autorität geltend: »*Oye,* Rajinder, lass ihn schlafen.« Und Rajinder zeigt sich gnädig.

Als ich mit einem Ruck erwache, ist es bereits acht Uhr morgens. Wir haben bei einem alten *dhaba* geparkt, das einem Sikh aus dem Punjab gehört, einem Bekannten von Shyam. Ich springe aus dem Truck. Neben dem *dhaba* befindet sich ein öffentlicher Brunnen, an dem sich viele Lkw-Fahrer – manche mehr, manche weniger ausgezogen – drängen, um sich gründlich einzuseifen und sich den Staub und Schweiß der Reise fortzuwaschen. Dabei scheinen sie nach der Devise vorzugehen, dass der Grad der Sauberkeit von der Menge des Schaums abhängt. Als ich zum Brunnen gehe, um mein Gesicht zu waschen, entdecke ich, dass auch die Seifen Allgemeingut sind – farblose Blöcke undefinierbarer Beschaffenheit, die schon durch viele Hände gegangen sind.

Wir bestellen *aloo paratha.* Bevor der präpubertäre Junge, der die Bestellungen aufnimmt, diese in die Küche weitergeben kann, zieht ihn plötzlich ein Mann auf seinen Schoß. Vor aller Augen kitzelt und streichelt er den Jungen im Schritt. Der protestiert halbherzig und versucht sich zu befreien, während er gleichzeitig vergnügt kreischt. So etwas scheint hier völlig normal zu sein, denn keiner der Anwesenden reagiert. Ich bin fassungslos.

Außer in den aufgeklärten Oasen hat sich die Haltung gegenüber Kindern in vielen Teilen Indiens seit dem Mittelalter kaum verändert. Sexueller Missbrauch von Minderjährigen ist erschreckende Normalität. Anders als in den USA, wo elektronische Massenmedien wie Fernsehen und Internet die Kindheit mehr oder weniger zum Verschwinden gebracht haben, scheint die Idee der Kindheit in Indien gar nicht erst ins Bewusstsein der Gesellschaft vorgedrungen zu sein.

Im Allgemeinen betrachten wir die Kindheit als eigenständigen Lebensabschnitt. Umso überraschender ist die Tatsache, dass die Kindheit erst in der Neuzeit »erfunden« wurde, um eine bestimmte Kategorie von Menschen zu bezeichnen. Vor der Erfindung des Buchdrucks und dem Aufkommen der Massenalphabetisierung wurden Kinder ab dem Alter von sieben Jahren als Erwachsene im Miniaturformat betrachtet. Sieben war das Alter, in dem sie Sprachkompetenz erworben hatten, und danach hatten sie keine Rücksicht mehr zu erwarten.

Heutzutage tut die Erwachsenenwelt ihr Bestes, um Kinder vor verstörenden Inhalten zu schützen, vor allem in Bezug auf »schambehaftete« sexuelle Themen. Die meisten dieser »Erwachsenen«-Geheimnisse werden nach und nach in kindgerecht aufbereiteten Häppchen als Teil des komplizierten Initiationsprozesses weitergegeben, den wir Erziehung nennen. Man könnte sagen, dass ohne Schule, ohne Bücher, ohne entwickeltes Schamgefühl unser Staat und unsere Gesellschaft es nicht nötig gehabt hätten, die Kindheit zu »erfinden«.

Im Mittelalter dagegen war Elternschaft weit von liebevoller Überbehütung entfernt. Die Beziehung zwischen Eltern und Kindern war, gelinde gesagt, distanziert. Es war damals nicht unüblich, seinen Nachwuchs während einer Hungersnot für wenig Geld zu verkaufen. In einem Zeitalter, das von Analphabetismus und Armut geprägt war, galten Kinder in erster Linie als nützliche wirtschaftliche Ressource. Die Kindersterblichkeit war so hoch, dass Eltern lernten, sich emotional nicht zu stark an ihre Sprösslinge zu binden.

Auch die europäische Malerei vor der Renaissance spiegelt diese Haltung wider. Auf Gemälden haben Kinder die ernsten Gesichter von Erwachsenen. Die Vorstellung von Kindern als von Natur aus unschuldigen, verletzlichen Wesen, die es vor der Sexualität zu schützen galt, wurde erst im späten 18. Jahrhundert durch den französischen Philosophen Jean-Jacques Rousseau und sein Buch *Émile oder Über die Erziehung* populär. Und noch später, im 19. Jahrhundert, setzte sich mit der Einführung von Bildung für alle Bevölkerungsschichten allmählich unsere heutige Einstellung durch.

Es war jedoch ein langsamer Prozess. Sogar im fortschrittlichen Großbritannien basierte die Industrielle Revolution nicht zuletzt auf der harten Arbeit von Kindern, die unter unmenschlichen Bedingungen bis zur Erschöpfung in den Fabriken schufteten. Erst im Jahr 1833 wurde die Arbeit für Kinder unter neun Jahren gesetzlich verboten.

In Indien jedoch ist die Lage der Kinder immer noch katastrophal. Hier liegen das Mittelalter und die Moderne in einem endlosen Wettstreit, und Kampfplatz ist sowohl das Individuum als auch die Gesellschaft als Ganzes. Obwohl es Gesetze gegen die Kinderarbeit gibt, führen Millionen von Kindern, nicht zuletzt auf unseren Fernstraßen, ein Leben als »kleine Erwachsene« und zeigen in ihrem Verhalten eine Direktheit und Reife, die einem das Herz zerreißt. Sie sind auch wie Erwachsene gekleidet – der Junge, der uns schließlich unser *aloo paratha* bringt, trägt ein kariertes Hemd und eine Polyesterhose, die sicherlich nicht aus der Kinderabteilung eines Bekleidungsgeschäfts stammen.

Shyam streckt sich auf einem *charpoy* aus und holt ein wenig Schlaf nach. Rajinder, der immer noch an dem Entschluss festhält, nicht zu schlafen, schlurft mit zwei halbvollen Wasserflaschen ohne Deckel auf mich zu. Mir wird schnell klar, worauf er hinauswill. Auf meine Frage, ob es hier in der Nähe eine Toilette gibt, zuckt er nur die Schultern und deutet mit dem Kopf in Richtung der Ausläufer des Aravalli-Gebirges, die sich gegenüber dem *dhaba* erheben.

»So ist es viel sauberer, glaub mir«, sagt er und geht voran.

Kaum vorstellbar, dass diese welligen kahlen Hügel – überzogen von grünen Bändern aus Kakteen und den hässlichen

Narben der Steinbrüche – zu einem der ältesten Gebirge der Welt zählen. Wir überqueren den Highway, folgen einem durch Gestrüpp und Dornbüsche führenden Pfad und wandern ein Stück bergauf. Schließlich trennen wir uns, um jedem ein wenig Privatsphäre zu gönnen. Ich vergewissere mich, dass Rajinder außer Sicht ist, doch kaum habe ich mich hingehockt, merke ich, dass ich nicht allein bin. Aus dem Augenwinkel nehme ich zwei kreischende *langoors* wahr, die auf mich zuhüpfen, die Schwänze wie zur Begrüßung aufgestellt. Ich erstarre zur Salzsäule. Mir bleibt nichts anderes übrig, als in Alarmbereitschaft zu verharren und zu hoffen, dass die Languren nichts Übles im Schilde führen. Auch wenn mir beim Anblick ihrer scharfen Schneidezähne mulmig wird, bemühe ich mich, ruhig zu bleiben und keine Aufmerksamkeit zu erregen. Zu meiner großen Erleichterung wechseln die *langoors* die Richtung, bevor ich zu drastischeren Maßnahmen greifen muss wie zum Beispiel mit heruntergelassener Hose zu fliehen.

Ich fühle mich schon sicher, als plötzlich ein Pfau, der versteckt in den Büschen hinter mir saß, wild flatternd die Flucht vor den *langoors* ergreift. Jetzt stehe ich total unter Adrenalin, wie ein wildes Tier, das in eine Falle geraten ist. So vollzieht ein Großteil Indiens das morgendliche Ritual: mitten in der Natur mit dem Risiko, von den unterschiedlichsten Kreaturen gebissen oder angegriffen zu werden.

Shyam wacht erst einige Stunden später auf. Als wir Mittagessen bestellen, ertappt er einen erschöpften Rajinder, der den Kampf gegen die Müdigkeit verloren hat und am Tisch eingedöst ist. Gerade als er in den Tiefschlaf abgleitet, gibt ihm Shyam mit größter Genugtuung einen Klaps auf den Hinterkopf. Rajinder schreckt auf und tut, als wäre nichts gewesen. Hart, aber herzlich, denke ich und muss grinsen.

»Warum bist du Trucker geworden?«, frage ich Shyam.

Shyam, der bisher eher wortkarg war, erwidert: »Kurz gesagt … wegen der Musik. Während meiner Kindheit in Kangra waren viele meiner Cousins Lkw-Fahrer. Manchmal durfte ich sie begleiten und dabei die Lieder aussuchen. Das gehört zu meinen schönsten Erinnerungen. Damals habe ich beschlossen, ihrem Beispiel zu folgen – mit Trucks zu weit entfernten Orten zu fahren und dabei die ganze Zeit Musik zu hören. Ich wollte nicht studieren, ich wollte nur meine Musik.«

Das ergibt Sinn. Seine wunderbare Musiksammlung ist keine zufällige Auswahl, sondern sorgfältig zusammengestellt. Vermutlich hat er Jahre damit zugebracht, seine Playlist zu vervollkommnen. Ich beglückwünsche ihn zu seinem Musikgeschmack und frage ihn nach seinem Lieblingssong.

»Kennst du das Lied ›*Jeevan ke safar mein rahi*‹ von Kishore Kumar?«

»Kannst du es uns vorsingen?«

Angesichts seiner zurückhaltenden Art hatte ich gar nicht damit gerechnet, doch nach kurzem Zögern fängt Shyam an zu singen. Seine klangvolle Stimme übertönt das Stimmengewirr in dem *dhaba*. *»Jeevan ke safar mein rahi, milte hain bicchad jaane ko, aur de jaate hain yaadein, tanhaayee mein tadpane ko …«* (Auf der Reise des Lebens begegnen wir vielen Gefährten, die uns nur kurz begleiten und Erinnerungen hinterlassen, die uns in Zeiten der Einsamkeit quälen …).

Er verstummt. »Das ist mein Lebensmotto«, bekennt er.

Ein wenig verlegen, weil er uns Einblick in seine Gefühlswelt gewährt hat, drängt er zum Aufbruch. Auf der Weiterfahrt gelingt es mir, einige der weniger verwitterten Kilometersteine zu entziffern: Wir sind nicht weit von Udaipur entfernt. Als ich das Rajinder gegenüber erwähne, wird er ganz aufgeregt. »Weißt du, dort habe ich mein erstes Bier getrunken. Ich erinnere mich, dass es dazu *bhujia* gab. Eine wunderbare Stadt. Da musst du irgendwann mal hin.«

Ohne es zu wollen, hat er mich auf eine Idee gebracht. Udaipur. Die Hauptstadt der Region Mewar. Die Stadt der Seen. Der Drehort zahlreicher Bollywood-Filme. Das klingt wirklich reizvoll. Meine Reise soll ohnehin eine Fahrt ins Blaue sein. Als Rajinder merkt, dass ich ernsthaft überlege, seinen Rat zu beherzigen, bereut er augenblicklich seine nostalgische Anwandlung. Eine Zeitlang schmollt er schweigend vor sich hin, mit dem Blick eines Mannes, der spürt, dass er den einzigen Menschen auf der Welt verloren hat, der sich noch seine Geschichten anhört.

Ich fühle mich schrecklich. Verstohlen werfe ich ihm Blicke zu, hoffe auf eine Reaktion, aber er schweigt beharrlich. Von Gewissensbissen geplagt, klopfe ich ihm auf die Schulter und sage: »Keine Sorge, Rajinder *bhai.* Ich verspreche dir, dass wir uns wiedersehen werden. In einigen Tagen bin ich in Delhi. Gib mir deine Telefonnummer und deine Adresse, dann besuche ich dich. Wir gehen zusammen was trinken.«

»Wir sehen uns hundertpro wieder«, lächelt er versöhnt. Er ruft mich auf dem Handy an, und ich reiche ihm mein Notizbuch und einen Stift für seine Adresse. Shyam sieht amüsiert zu. »Oye, Rajinder, wann hast du zum letzten Mal etwas geschrieben?«, lacht er.

Bald nähert sich unser Truck der Ausfahrt Udaipur. Als Shyam abbremst, bitten mich beide, meinen spontanen Entschluss noch einmal zu überdenken. »Komm doch mit uns nach Delhi. Das wird bestimmt lustig«, drängt Rajinder. Ich bin gerührt. Aber mir wird auch klar, dass ich ihnen nicht länger zur Last fallen sollte. Die ganze Fahrt über haben sie hartnäckig darauf bestanden, mein Essen zu bezahlen. »Du bist unser Gast«, hatte Shyam entschieden erklärt.

Also packe ich meinen Rucksack und springe aus dem Truck. Rajinder lehnt sich heraus und winkt zum Abschied. Ich winke zurück und sehe zu, wie sich Shyams Truck wieder in die Lkw-Kolonne auf der Straße einfädelt. Bald ist er nur noch ein verschwommener Fleck in der Ferne.

Ich quetsche mich in eine Autorikscha und fühle mich dort nach der Nacht im Lkw ungewöhnlich verwundbar – wir sitzen viel zu eng aufeinander und befinden uns viel zu dicht über dem Boden. Vielleicht sind das die üblichen Nebenwirkungen, wenn man so lange mit dem König der Straße unterwegs war. Doch erst als ich an der Rezeption des Hotels in Udaipur als Transportmittel »Lkw« angebe, wird mir in aller Deutlichkeit bewusst, auf welch absurde Unternehmung ich mich da eingelassen habe.

Die Kartelle von Mewar

Das Transport Nagar in Udaipur, eine Art Warenumschlagplatz mit verschiedenen Versorgungseinrichtungen für Lkws und ihre Fahrer, wirkt wie ausgestorben – in den rasterförmig angelegten Straßen sind bei sämtlichen Geschäften die Rollläden heruntergelassen, man sieht nur einige parkende Trucks und einen einsamen *chaiwallah* (Teeverkäufer) mit seinem Fahrrad im Schatten eines Baumes. Ich hatte gehofft, hier einen Truck zu finden, mit dem ich meine Reise fortsetzen könnte, doch dieser trostlose Anblick entmutigt mich. Wenigstens gibt es Chai.

Vom *chaiwallah* erfahre ich, dass heute Mahavir Jayanti ist, der offizielle Feiertag zum Gedenken an die Geburt von Mahavira, dem Reformer des Jainismus. In einer Branche wie dem Transportwesen, wo man auch sonntags arbeitet, sollte das eigentlich keine Rolle spielen, aber in Udaipur ist der Jainismus stark ausgeprägt. Die Frachtagenten, darunter viele Jains, scheinen sich einen freien Tag zu gönnen, von einigen wenigen Ausnahmen abgesehen.

Eine dieser Ausnahmen ist Pradeep Singh Shekhawat, ein typischer stattlicher Rajpute. Üppiger Schnurrbart, ringgeschmückte Finger, weißes Hemd zu Blue Jeans, ein Gürtel mit prächtiger Schnalle, staubige schwarze Stiefel – die Ästhetik des Wilden Westens gepaart mit dem ausgeprägten Stolz der Rajputen. Er kommt ursprünglich aus der Region Shekhawati in Nordrajasthan an der Grenze zu Haryana, arbeitet aber nun seit 20 Jahren in Udaipur als Kommissionsagent.

Sein Büro ist riesig. In einer Ecke steht Shekhawats Schreibtisch, den restlichen Raum nehmen wahllos verteilte Matten ein, auf denen Trucker in den eher peinlichen Verrenkungen des Tiefschlafs liegen. Einige der Männer in Trainingshosen und verschwitzten *baniyans* (Unterhemden) haben sich in der Embryohaltung zusammengerollt, was ihnen eine Aura kindlicher Verletzlichkeit verleiht. Andere strecken alle Viere von sich. Ein einsamer Ventilator wälzt die heiße Aprilluft im Raum um; er dreht sich so quälend langsam, dass ich den einzelnen Rotorblättern auf ihrer Runde zuschauen kann.

»Beachten Sie sie nicht. Die meisten sind gerade von einer Fahrt zurückgekommen«, sagt Shekhawat und bietet mir einen Stuhl an. Ein Großteil seines Schreibtischs verschwindet unter Stapeln von Rechnungen, Dokumenten und einigen Briefbeschwerern aus buntem Glas mit kaleidoskopartigen Mustern. Und drei Feature-Phones, wie ich in mein Notizbuch schreibe.

»Könnten Sie mir vielleicht helfen, einen Truck zu finden, der mich in den Norden mitnimmt?«, frage ich. »Wissen Sie, ich schreibe ein Buch über Trucker und wie ich per Anhalter mit ihnen durch Indien reise. Daher bin ich zum Transport Nagar gekommen. Aber hier ist ja fast alles geschlossen.«

»Ja, heute ist es wohl etwas schwierig. Aber wenn Sie ein bisschen warten können, habe ich vielleicht was für Sie«, antwortet er. Er deutet auf seine Handys. Nach einer halben Stunde in Shekhawats Büro kann ich mir lebhaft vorstellen, dass seine Frau ihm Vorwürfe macht, weil er zu viel Zeit am Telefon verbringt. Das Handy wirkt wie eine Verlängerung seines Arms; ständig dirigiert Shekhawat Lkw-Fahrer zu ihren Zielorten und handelt neue Deals mit Buchungsagenten aus.

Er stammt aus einer Soldatenfamilie. »Mein Dorf, in dem ungefähr 750 Familien leben, hat im Laufe der Jahre Hunderte

Männer für die indische Armee gestellt. Natürlich wollte auch ich zum Militär gehen. Aber als Kind hatte ich die ganze Zeit nur Kricket im Kopf. Und ich war ungezogen. Zwar habe ich die zehnte Klasse geschafft, aber nicht den Einstellungstest für die Armee. Das war's dann mit dem Traum von der Militärlaufbahn. Mir blieb nichts anderes übrig, als mit Hilfe eines Onkels in diese Branche einzusteigen.«

Jetzt lenkt Shekhawat seine patriotischen Ambitionen in andere Bahnen. Er ist ein glühender Anhänger des Rashtriya Swayamsevak Sangh (RSS), einer nationalistischen Organisation, aus der auch die indische Regierungspartei, die Bharatiya Janata Party (BJP, Indische Volkspartei), hervorgegangen ist. Beide gehören zum Sangh Parivar, einem Verbund von hindunationalistischen Organisationen.

»Ich veranstalte *dharma jagran*, religiöse Erweckungsveranstaltungen, für den RSS, kläre die Menschen bei Versammlungen in den Dörfern über den ›Liebes-Jihad‹ auf. Als *swayamsevak* ist das meine Pflicht. Auch mein Vater war ein *swayamsevak*«, erklärt er.

»Was ist denn der Liebes-Jihad?«, frage ich.

»*Arre,* das wissen Sie nicht? Es ist eine muslimische Verschwörung. Sie schulen ihre jungen Männer, geben ihnen Handys und Motorräder, damit sie unsere Mädchen beeindrucken, sie heiraten und zum Islam bekehren können. Es ist wichtig, die Leute zu informieren, damit sie auf ihre Töchter aufpassen.«

Er deutet auf das Smartphone in meiner Hand. »Das Ding da ist gefährlich. Ich habe mich immer dafür ausgesprochen, dass man bei Mädchen die Nutzung des Handys einschränken sollte. Dann kommen sie nicht auf dumme Gedanken. Denn die wichtigste Waffe beim Liebes-Jihad ist das Handy.«

Er tritt auch dafür ein, dass Städte mit islamischen Namen ihre ursprünglichen hinduistischen Namen zurückerhalten. »Warum sollten *unsere* Städte Aurangabad oder Allahabad heißen? Die

Regierung muss Aurangabad umgehend wieder in Kharki umbenennen«, sagt er mit vor Wut bebendem Schnurrbart.

Kommissionsagenten wie Shekhawat bilden das Rückgrat des Transportwesens. Ohne einen *dalal,* einen Vermittler, läuft hier gar nichts. An dem banalen Vorgang, einen beladenen Truck auf eine neue Tour zu schicken, sind mindestens zwei Mittelsmänner beteiligt. Als Versender einer Ladung kann man nämlich nicht einfach so einen Lkw-Fahrer für einen Frachttransport anheuern.

Die Branche ist stark fragmentiert. Auf der einen Seite steht der Versender, der möchte, dass seine Waren befördert werden, auf der anderen Seite der Lkw-Betreiber, der dem Versender seine Dienste anbietet. Und dazwischengeschaltet sind zwei Gruppen von Vermittlern, eine für den Versender und eine für den Lkw-Betreiber – der Buchungsagent beziehungsweise der Kommissionsagent.

Shekhawats Job besteht darin, *maal* für die Lkw-Eigentümer und -Fahrer zu vermitteln. Dafür ist er auf den Buchungsagenten angewiesen, jenen *dalal,* der die Nachfrageseite – den Warenversender – vertritt. Shekhawat steht in Kontakt mit vielen solchen Agenten. Er legt seine drei Handys nebeneinander auf den Tisch – eines für die Buchungsagenten, eines für die Fahrer und sein privates.

Drei Viertel des gesamten Transportwesens entfallen auf Lkw-Betreiber mit unter fünf Lkws. Nur zehn Prozent sind Eigentümer einer Flotte von mehr als 20 Lkws. Diese größeren Speditionen schließen normalerweise feste Verträge mit Konzernen und Großunternehmen und besitzen genügend Verhandlungs- und Marktmacht, um nicht auf Vermittler angewiesen zu sein.

Währenddessen sind kleine Fische wie unser Sänger Shyam auf die Dienste von Kommissionsagenten wie Shekhawat angewiesen, um an *maal* zu kommen. Shekhawat berechnet Fahrern eine Kommission von 600 bis 1000 Rupien – 600 Rupien bei einem 16-Tonner, 800 bei einem 21-Tonner und so weiter. Laut seiner Auskunft liegt die aktuelle Frachtrate bei 1750 Rupien pro Tonne.

Und wie werden die Frachtraten ermittelt? »Die Tarife schwanken abhängig von den Dieselpreisen und der Nachfrage. Wenn Regenzeit herrscht und niemand seine Waren verschicken will, werden beschäftigungslose Fahrer auch zu einem niedrigeren Preis fahren. Steht dagegen ein Feiertag wie das Lichterfest Diwali bevor, möchte jeder *maal* versenden, und dann wird der Transport dementsprechend teurer.«

Doch auch wenn die Preise allgemeinen makroökonomischen Faktoren folgen, ist es ein offenes Geheimnis, dass in dieser Branche ein starkes Informationsgefälle herrscht, meist zum Vorteil der Vermittler. Anders als etwa in China, wo Frachtratenschwankungen entweder elektronisch oder auf Tafeln in Lkw-Depots dokumentiert werden, kommen die Preise in Indien auf undurchsichtige Weise zustande – meistens werden sie von den Vermittlern am Telefon ausgehandelt.

Abgesehen von den Speditionen mit festen Verträgen sind die meisten Lkw-Betreiber gezwungen, mit den Kommissionsagenten informelle Vereinbarungen zu schließen. Eine Studie der Universität Mumbai bezeichnet diese Vereinbarungen dezent als äußerst unfair.

Denn die *dalals* unterdrücken den Informationsfluss, um Preisabsprachen zu treffen, und sichern sich so einen Anteil am Erlös, der in keinem Verhältnis zu ihrem Einsatz oder ihrem eigenen Risiko steht. Wohingegen der Trucker, der sein Leben und sein Fahrzeug auf den Straßen riskiert, den Kürzeren zieht. Und schlimmer noch, die unnötig hohen Vermittlungsgebühren werden auf die Kosten der Güter aufgeschlagen, was zu höheren Preisen führt und somit auch den Verbraucher empfindlich trifft.

Doch laut Shekhawat legen eigentlich die Buchungsagenten die Preise fest, da selbst Kommissionsagenten wie er bei ihren Geschäften auf sie angewiesen sind. »Der Buchungsagent nennt uns die geltenden Tarife. Wir haben darauf keinen Einfluss. Sie haben eben den Vorteil, direkt mit den Versendern zu verhandeln«, sagt er.

Wieder sind die Informationen ungleich verteilt. Wie viele Studien belegen, gibt es bei Buchungsagenten einen hohen Grad an Kartellbildung, entweder in Form von vorteilhaften Preisabsprachen oder Vereinbarungen über die Aufteilung von Geschäftsgebieten. So erzielen sie Gewinnmargen von 25 bis 30 Prozent. Shekhawat ärgert sich über diese Ungleichheit.

Während er energisch das Innere seiner Nase erkundet, findet er wenig schmeichelhafte Worte für die Buchungsagenten. »Sie schöpfen den Rahm ab. Und ich habe das Nachsehen. Zusätzlich bürden sie mir Verantwortung für den Lkw-Fahrer auf. Ich habe alle Pflichten, aber nichts vom Profit.«

2003, mehr als ein Jahrzehnt nach der wirtschaftlichen Liberalisierung Indiens im Jahr 1991, beschloss man, eine Regulierungsbehörde mit Vollmachten zu schaffen. Die indische Wettbewerbskommission (Competition Commission of India, CCI) sollte Beschwerden über Kartellbildung von Unternehmen in seinem aufblühenden Privatsektor untersuchen. Leider hat die Wettbewerbskommission die in sie gesetzten Erwartungen nicht erfüllt.

Wie viele Wettbewerbswächter auf der ganzen Welt hat die CCI mit den unterschiedlichsten Schwierigkeiten zu kämpfen, wenn es darum geht, Anordnungen durchzusetzen und eine Kartellbildung zu belegen. Kartellmitglieder achten nun einmal sorgfältig darauf, keine belastenden Dokumente für ihre Absprachen zu hinterlassen. Das zwingt die Ermittler, sich auf dürftige Indizienbeweise zu stützen, die der Prüfung durch ein Berufungsgericht nicht standhalten.

Die CCI musste das auf bittere Weise erfahren, als sie versuchte, gegen die Kartellbildung im Güterverkehr vorzugehen. Im Februar 2015 verhängte die CCI eine Strafzahlung von zehn Prozent auf den durchschnittlichen Umsatzerlös des All India Motor Transport Congress (AIMTC) – des Spitzengremiums der indischen Transportunternehmen -, nachdem sie Klagen über Kartellbildung erhalten hatte. Die Klage, eingereicht von S.P. Singh von der Indian Foundation for Transport Research and Training (IFTRT), legte dar, dass der AIMTC Kartellbildung betrieb. Er wies seine Mitglieder an, die Preise für das Chartern eines Lkws um 15 Prozent anzuheben, nachdem die staatlichen Ölvertriebsgesellschaften eine Erhöhung des Dieselpreises um fünf Rupien pro Liter angekündigt hatten.

Im Gegenzug machte der AIMTC geltend, das Transportwesen sei eine stark fragmentierte Branche, die wegen steigender Betriebskosten permanent unter Druck stehe und deren Tarife von den Kräften des Marktes bestimmt würden. Er legte gegen den Beschluss Berufung beim COMPAT (Competition Appellate Tribunal) ein, das den Beschluss der CCI mit der Begründung verwarf, es gebe keine »konkreten Beweise«.

Was uns zu der Frage führt: Wie nennt man etwas, von dessen Existenz jeder weiß, das aber niemand beweisen oder bekämpfen kann? Nun – ein Kartell. Während es im Fall von lateinamerikanischen Drogenkartellen oder Ölkartellen wie der OPEC offensichtlich ist, scheint das Wort auch auf die weniger glamourösen ortsgebundenen Kartelle zuzutreffen, die eine der wichtigsten Wirtschaftsaktivitäten unseres Landes kontrollieren – den landesweiten Transport von Waren.

Es ist Mittag geworden, und wir brechen zum *dhaba* des Transport Nagar auf: eine schmuddelige Spelunke, deren einziger Pluspunkt ist, dass sie gnädigerweise Schatten bietet. Eine Fliegenwolke umschwirrt das Essen. Wie kann eine solch trockene Landschaft so viel Leben hervorbringen? Wir bestellen das einzige Gericht auf der Karte – *dal-baati-choorma,* das sättigende Grundnahrungsmittel der Rajputen. Eine mewarische Spezialität, wie mir Shekhawat erklärt.

Der Besitzer des *dhaba* nimmt ein *baati* – ein schwärzliches rundes Teigbällchen – aus einem Gefäß voller solcher Bällchen, kippt *dal* aus einem Kübel auf einen Teller und reicht mir beides. Ich sehe mir das *baati* genauer an. Schwer wie ein Kricketball liegt es in meiner Hand.

Angeblich haben rajputische Soldaten aus Mewar die *baatis* auf Kriegszügen erfunden. Sie vergruben Teigklumpen im Sand und ließen sie von der Sonnenhitze backen, während sie sich vermutlich die Wartezeit damit vertrieben, ein paar Feinde zu köpfen. Heute versuche ich, bewaffnet mit einem billigen Löffel, den Verteidigungswall des *baati* zu durchbrechen. Doch es gleicht einer dieser uneinnehmbaren Bergfestungen im Aravalli-Gebirge. Nach einem kurzen Scharmützel muss ich mir eingestehen, dass eine Verlängerung des Kampfes nur zu einem verbogenen Löffel führen wird. Ich lege meine Waffe nieder und attackiere das *baati* mit bloßen Fingern. Endlich ergibt es sich.

Nach dem Mittagessen verschließt Shekhawat seinen Schreibtisch, steigt auf sein Motorrad der Marke Royal Enfield Bullet und fährt wie gewohnt zu einem Mittagsschläfchen nach

Hause. Bald darauf erheben sich die immer noch müden Trucker, vermutlich geweckt von ihren knurrenden Mägen. Ich begleite sie zum Mittagessen ins *dhaba* und werfe unaufgefordert Fragen in den Raum, in der Hoffnung, dass jemand antworten wird. Auch über Shekhawat erkundige ich mich.

Die meisten fest angestellten Fahrer wissen nichts über die wirtschaftlichen Gegebenheiten ihrer Touren und Shekhawats Rolle dabei. Aber die selbstständigen Fahrer erzählen mir, dass Shekhawat kaum anders sei als die Buchungsagenten. Auch er profitiere von der Informationslücke zwischen den Truckbetreibern und ihm. »Wir haben schon lange den Verdacht, dass Shekhawat uns übers Ohr haut. Aber es gibt nicht besonders viele Kommissionsagenten, und es ist nicht so einfach, eine Geschäftsbeziehung zu einem neuen aufzubauen. Außerdem kann es Scherereien bringen, wenn man die Route wechselt. Da bleibt man besser bei dem, was man hat«, erklärt Mukesh, ein dunkler, schlaksiger Trucker in einem bauschigen schmutzigweißen *kurta-pajama*, der im Wind flattert.

Damit hat er nicht unrecht. Eine von der CCI in Auftrag gegebene Studie der Universität Mumbai legt detailliert dar, dass »das an die Lkw-Betreiber gezahlte Frachtentgelt in keinerlei Zusammenhang mit der von Kommissions- und Buchungsagenten ausgehandelten Rate steht.« Und laut einem Bericht der Weltbank werden die in der Hochsaison erzielten höheren Preise nicht zwangsläufig an die Trucker weitergegeben. Grund ist wieder einmal die klaffende Informationslücke.

Sowohl der Kommissions- als auch der Buchungsagent machen sich mitschuldig. Mukesh erzählt mir, dass Shekhawat absichtlich einen Teil ihres fälligen Lohns unter dem Vorwand von Liquiditätsproblemen einbehält, damit sie in der Hoffnung auf das restliche Geld bei ihm bleiben.

»Wir Truckfahrer sind als die *saintisvi jaat* bekannt, und die Transportunternehmen sind die sechsunddreißigste Kaste, die Getier wie uns großzieht«, sagt er.

Saintisvi jaat – die siebenunddreißigste Kaste. Ein merkwürdiger Ausdruck. Er bezieht sich auf die *Chhatis Rajkula*, eine Aufstellung von sechsunddreißig königlichen Clans, die im Mittelalter über Nordindien geherrscht haben sollen – die Parmars, die Chauhans, die Chandelas und so weiter. *Saintisvi jaat* meint eine Gruppe, die außerhalb der respektablen Gesellschaft lebt. Dass Mukesh diesen Ausdruck für Lkw-Fahrer verwendet, zeigt, wie stark er schon seinen Status als Paria in einer Gesellschaft verinnerlicht hat, die Truckern wie ihm mit Misstrauen und Feindseligkeit begegnet, als seien sie wilde Tiere.

Mukesh stammt aus dem Distrikt Jaisalmer in Rajasthan, direkt an der Grenze zu Pakistan. Sein Dorf liegt in der Wüste Thar, nur 18 Kilometer vom berühmten atomaren Testgelände Pokhran entfernt.

»Bis vor zehn Jahren hat der Sand die Straßen in Jaisalmer im Verlauf eines Tages zugeweht. Man konnte nicht mehr unterscheiden, wo die Straße endete und wo der Sand begann. Aus diesem Grund gab es viele Unfälle. Aber die Regierung hat sich darum gekümmert und Bäume an den Straßenrändern pflanzen lassen, die den Sand zurückhalten«, erklärt er.

Außerdem mangelt es an Wasser. Im dünn besiedelten Jaisalmer gibt es nur wenige und weit voneinander entfernte *dhabas.* Daher führt Mukesh große Mengen an Wasser in Gummischläuchen mit sich, die an der Seite seines Lastwagens hängen – sein kostbarster Besitz.

Es ist kurz vor Sonnenuntergang, und allmählich beginne ich zu verzweifeln. Den ganzen Tag habe ich auf dem Transport Nagar verbracht, doch ohne Erfolg. Der Ort ist wie ausgestorben. Kein einziger Truck gen Norden oder überhaupt irgendwohin. Shekhawat ist immer noch nicht von seiner Mittagspause zurückgekehrt. Da ich bereits mitsamt Gepäck aus meiner schmuddeligen Herberge ausgecheckt habe, wäre es mir peinlich, dort wieder aufzukreuzen und meine Niederlage einzugestehen. Schließlich bin ich im Land der Sisodia-Rajputen, des Fürstengeschlechts aus Rajasthan, den berühmtesten Rajputen von allen.

Selbst in der umstrittenen Tapferkeitshierarchie in Rajputana – so der frühere Name von Rajasthan – haben sich die Sisodias von Mewar als die mutigsten, stolzesten und sicherlich unbeugsamsten Rajputen hervorgetan. Über ein Jahrtausend haben sie gegen Eindringlinge Widerstand geleistet, haben es mit allen aufgenommen, die ihre Souveränität bedrohten – den Sultanen von Delhi, dem Mogulreich und später dem Reich der Marathen.

Selbst Akbar, Großmogul von Indien im 16. Jahrhundert, bekannt für seine erfolgreiche Aussöhnungspolitik mit den Rajputen, konnte die Sisodias nicht dazu bringen, die Knie vor ihm zu beugen. Während die benachbarten Rajputen-Fürstenstaaten Marwar, Jaisalmer und Bikaner einknickten, pochte Maharana Udai Singh II., der Herrscher von Mewar, auf seine Unabhängigkeit mit den Worten, keiner seiner Vorfahren habe »sich gebückt und den Boden geküsst.«

Udai Singh soll 1559 die Stadt Udaipur als alternative Hauptstadt gegründet haben, da man mit einem Angriff Akbars auf die Hauptstadt Chittorgarh rechnete (der 1567 erfolgte). Der Kampf wurde in bewundernswerter Weise von seinem Sohn Maharana Pratap fortgeführt, der von den bewaldeten Höhen des Aravalli-Gebirges einen Guerillakrieg gegen die Moguln führte, nachdem er die indigenen Bhil besiegt hatte.

Nach dem Friedensschluss mit den Marathen im 18. Jahrhundert war die erste fremde Macht, der sich die Sisodias kampflos unterwarfen, die Britische Ostindien-Kompanie im 19. Jahrhundert. (Was erklärt, warum es ihnen möglich war, ihre wunderbaren Paläste zu erhalten und in Hotels zu verwandeln.)

Ich würde ihrem Vorbild nicht gerecht werden, wenn ich so leicht aufgäbe. Als ich Mukesh von meiner bisher erfolglosen Suche nach einem Truck Richtung Norden erzähle, schlägt er mir vor, mein Glück bei einer einige Kilometer entfernten Tankstelle zu versuchen. Na gut … warum nicht? Ich wünschte, man hätte mir das bereits vor einigen Stunden gesagt, dann wäre ich jetzt vielleicht schon unterwegs. Dankbar schüttele ich Mukesh die Hand. Für diesen unschätzbaren Beweis gesunden Menschenverstands hätte ich ihn am liebsten umarmt, doch das hätte sich nicht geschickt Daher klopfe ich ihm nur auf die Schulter und verlasse eilends das Transport Nagar, im Wettlauf mit der untergehenden Sonne.

Sex und Religion

»Du hast nicht zufällig ein paar Pornos dabei?«, fragt der Fahrer mit einem anzüglichen Grinsen. »*Angrezi wala* – von der englischen Sorte«, präzisiert er, als ich in die Fahrerkabine klettere. Diese Unverblümtheit macht mich sprachlos und auch etwas verlegen.

In der letzten Viertelstunde hatte ich bei jedem Truck, der die Tankstelle verließ, den Daumen rausgehalten. Die meisten Fahrer stoppten und hörten sich über den Motorlärm hinweg mein Sprüchlein an, dass ich ein Buch über sie schreiben und mich über jede Mitfahrgelegenheit freuen würde. Manche fuhren kommentarlos weiter, manche sagten, sie seien Richtung Süden unterwegs. Ein Fahrer erklärte mir, er werde die Nacht in seinem Dorf verbringen, und seine Hütte sei leider zu klein für zwei Personen.

Und als sich endlich jemand bereiterklärt, mich mitzunehmen, wird mir diese Frage entgegengeschleudert. Am liebsten würde ich gleich wieder aussteigen und weitersuchen. Aber die Sonne ist bereits untergegangen, und der lilafarbene Schleier der Dämmerung geht in ein dunkles Blau über.

»Pornos? Natürlich nicht«, entgegne ich. Doch er kennt sich aus und deutet auf mein Smartphone. »Auf dem Ding da kannst du doch sicher Pornos abspielen.« Erwischt. Ich kontere mit dem Hinweis auf schlechten Empfang. Sich gleich zu Beginn der Reise gemeinsam Pornos reinzuziehen, würde definitiv den falschen Ton für den Rest der Fahrt setzen.

Der Trucker wird von einem *khalassi* begleitet. Als ich mich in der Kabine umsehe, dämmert mir, warum Sex in seinen Gedanken so präsent ist. Die Kabine wird vom trüben Licht einer einzelnen roten Glühbirne erleuchtet, und die Wände sind mit aufreizenden Postern von Katrina, Deepika und Vidya Balan in Bikinis tapeziert. Die geschmeidigen Körper auf den Postern gehören jedoch zu irgendwelchen weißen Frauen, denen man die Köpfe der Schauspielerinnen schlampig transplantiert hat. Das führt zu seltsam verrenkten Hälsen, die der menschlichen Anatomie widersprechen.

Kaum habe ich mich in diesem Rotlichtbezirk zurechtgefunden, halten wir auch schon wieder zum Abendessen an dem *dhaba* neben der Tankstelle. Als ich aus der Kabine springe, entdecke ich, dass wir von zwei weiteren Lkws mit je zwei Mann begleitet werden. Ich bin sozusagen das siebte Rad am Wagen einer sechsköpfigen Truppe. Die Männer transportieren Walzstahl nach Rampur, einer Stadt am Fluss Sutlej im Bundesstaat Himachal Pradesh, über 1000 Kilometer entfernt. Ihre Kleidung ist an das heiße Wetter angepasst und besteht aus schmuddeligen bunten *baniyans* und Jeans.

Wir kauern uns in einem lockeren Kreis auf den Parkplatz des *dhaba*. Mir fällt auf, dass sie sich mit einem erleichterten Seufzen in die Hocke begeben, als hätten sie schon lange auf diesen Moment gewartet – genauso lasse ich mich nach einem langen Arbeitstag aufs Bett fallen. Während sie sich unterhalten, wird mir klar, dass ich eine Hocke nie als eine entspannte Körperhaltung angesehen habe, in der sich soziale Bindungen pflegen lassen. Ich tue so, als wäre es auch für mich völlig normal, aber ich kann den Schein nicht lange aufrechterhalten. Nach fünf Minuten in der Hocke fangen meine Beine unkontrolliert zu zittern an. Schmerzen jagen wie Stromstöße durch meine Oberschenkel, die danach flehen, aus dieser ungewohnten Haltung befreit zu werden. Durch das Leben in der Großstadt und die Nutzung von Toiletten beherrsche ich die Kunst des Hockens nicht mehr.

Bevor ich also schmachvoll in einer Staubwolke umkippe, verdrücke ich mich. Ich verstehe sowieso nicht viel von dem, was sie sagen. Es klingt vage nach Hindi, ist aber, wie ich später erfahre, Mewari.

An ihrem vertrauten Umgang miteinander wird deutlich, dass sie eine eingeschworene Gemeinschaft sind. Ich finde heraus, dass sie alle aus demselben Dorf in der Nähe von Asind im Distrikt Bhilwara stammen. »Wir sind Gujars«, sagt Mahendra, ein tough wirkender junger Mann mit zerzaustem Haar, großen, ausdrucksstarken Augen und ringgeschmückten Händen. Auch der einzige Nicht-Gujar unter ihnen – Vaishnav Brahmin, genannt Raju – eifert den anderen nach, indem er stolz Gujar-Accessoires wie ein breites Armband mit eingravierten Löwen zur Schau stellt, dazu Ohrringe und ein Band um den Bizeps, das vermutlich schützende Eigenschaften haben soll.

Es scheint sich um einen kuriosen Fall umgekehrter Sanskritisierung zu handeln – hier übernimmt nicht, wie sonst üblich, jemand aus einer niedrigeren Kaste den Lebensstil und die Symbole einer höheren Kaste, sondern genau umgekehrt. Vielleicht hat sich das hierarchische Kastensystem sowieso überlebt, denke ich mir. Andererseits nimmt Raju in der Hierarchie der Gruppe den niedrigsten Rang ein. Er ist ein 20-jähriger *khalassi,* der erst in einem Monat seinen Lastwagen-Führerschein bekommen wird, während die anderen erfahrene Trucker im Alter von 24 bis 35 Jahren sind.

»Wir sind zusammen aufgewachsen und haben alles miteinander geteilt, vom Essen bis hin zu den Mädchen«, sagt einer von ihnen, worauf die anderen in gackerndes Gelächter ausbrechen. Ich schaudere bei dem Gedanken, was das Teilen von Mädchen in diesem sehr konservativen Teil des Landes wohl bedeuten mag, und bereue erneut, bei ihnen eingestiegen zu sein. Aber das lässt sich jetzt nicht mehr ändern.

Als wir die Fahrt fortsetzen, lande ich im Truck von Mahendra und Raju. Recht schnell merke ich, dass sie nicht nur beim Thema Sex, sondern auch hinsichtlich anderer Körperfunktionen auf einer Wellenlänge sind. Mit der Fernbedienung schaltet Mahendra die Musikanlage ein. Gujar-Songs schallen aus den Lautsprechern , deren blecherne Bässe mir in den Ohren dröhnen. Vulgäre Lieder über Alkohol, Liebe, Sex und Prostitution. Zutiefst irritiert mich allerdings, dass die Songs effektvoll von Rülpsern und Fürzen der übelsten Sorte unterlegt sind. Ich stelle mir vor, wie ein Soundkünstler die Furzgeräusche in die Textzeilen einbaut. Das muss doch ein ziemlich undankbarer Job sein. Aber irgendwie auch kreativ. Ich hätte nie gedacht, dass jemand auf die Idee kommen könnte, unsere natürlichen Körpergeräusche für die Komposition einer Melodie zu verwenden.

Meine Gefährten jedoch sind echte Fans dieser Kunstform. Sie haben einen ganzen USB-Stick mit solchen Songs dabei, dazu andere Mewari-Liebeslieder und sogar eine Gujar-Version von »Brazil«. Ihr Lieblingssänger ist allerdings ein Künstler namens Gopal Gujar, der in der Stadt Bhilwara zusammen mit der lokalen Berühmtheit Rani auftritt – einer großartigen Tänzerin von verführerischer Schönheit, wenn man Raju glauben darf.

Während wir so dahinfahren, fällt mir auf, dass ihre Zugmaschine mit dem Anhänger viel schlechter gefedert ist als Shyams Lastwagen. Beim Versuch, mir das aufzuschreiben, werde ich mächtig durchgeschüttelt, als hätten wir gerade ein leichtes Erdbeben.

Wir bahnen uns im Dunkeln unseren Weg. Anders als in Gujarat sind die Highways hier schlecht beleuchtet. »Lust auf einen Quickie?«, fragt Raju aus heiterem Himmel und sieht mir in die Augen. Besorgt überlege ich, ob das eine sexuelle Anmache ist. Was, wenn meine Begleiter es mit beiden Geschlechtern halten? »Was meinst du damit?«, frage ich vorsichtig und erwidere seinen Blick. »Ich meine Sex. Mit einer *randi.*«

Das Erste, was einem auf den Highways in Indien und vor allem in Rajasthan auffällt, ist die schon fast unheimliche völlige Abwesenheit von Frauen. Und entdeckt man schließlich eine am Straßenrand, nimmt man automatisch an, es handele sich um eine *randi,* eine Prostituierte.

Im Hinblick auf den Umgang mit Prostituierten haben indische Lkw-Fahrer einen besonders schlechten Ruf. Als die Aids-Epidemie in den 1990er- und frühen 2000er-Jahren in Indien ihren Höhepunkt erreichte, machte die Politik Truckfahrer als »Hochrisikogruppe« aus – sie steckten sich bei Sexarbeiterinnen an und übertrugen das Virus nicht nur zu Hause auf ihre Ehefrauen, sondern verbreiteten es auf ihren Touren im ganzen Land. Dank der Aufklärungskampagnen und der Förderung von Safer Sex durch die Nationale Aids-Kontrollorganisation NACO hat sich das Problem etwas entspannt. Manches jedoch ändert sich nie.

Mit einem Nicken in Richtung Raju sagt Mahendra: »Sieh dir diesen Burschen an. Total anständig. Trinkt keinen Alkohol, raucht nicht, nimmt weder Marihuana noch Opium. Enthaltsamer geht's gar nicht. Nur auf eins kann er nicht verzichten: Mädchen.«

Raju, der noch nicht einmal einen richtigen Schnurrbart hat, verzieht den Mund zu einem wölfischen Grinsen und wendet scheu den Blick ab. »Es ist nicht seine Schuld«, fährt Mahendra fort. » Schließlich ist er erst letzten Monat zwanzig geworden.«

Raju und Mahendra kennen sich seit ihrer Kindheit. Während Raju die Schule bis zur zehnten Klasse besuchte, verließ Mahendra, der aus einer Familie von Landarbeitern stammt, die Dorfschule bereits in der vierten Klasse, um seiner Familie zur Hand zu gehen. Daher kann er kaum lesen und schreiben.

Nicht dass die zusätzliche Zeit an der Schule für Raju viel gebracht hätte. Nach seinem Abschluss fand er keine Arbeit, und so fing er vor einigen Jahren für »fürstliche« 2000 Rupien im Monat als *khalassi* an. Von seinem *ustad,* der aus demselben Dorf stammte, übernahm er die Angewohnheit, Sexarbeiterinnen aufzusuchen, und daraus wurde eine regelrechte Sucht. Ich starre in die uns umgebende Dunkelheit und frage Raju: »Aber wo machst du es? Ich kann hier nirgends etwas sehen.«

»Im Gebüsch«, erwidert er. »Früher in manchen *dhabas.* Aber die Regierung geht hart gegen solche Einrichtungen vor. Inzwischen passiert es meistens auf einsamen Abschnitten der Fernstraßen, eben in den Büschen.«

»Benutzt du ein Kondom?«

»Ich habe keins dabei, falls du das wissen willst. Ich benutze nicht gern Gummis. Da fühle ich nichts. Das Mädchen soll sich drum kümmern, wenn sie es unbedingt so will. Allerdings hat normalerweise ihr Zuhälter immer ein paar griffbereit«, antwortet er.

»Aber hast du denn keine Angst vor Aids? Und was ist, wenn sie kein Kondom dabeihat?«

»Das ist doch kein Leben, wenn man immerzu Angst hat! Für uns Truckfahrer ist der Tod sowieso ein ständiger Begleiter«, sagt er etwas theatralisch.

Doch bevor ich das Thema weiterverfolgen kann, werden alle drei Lkws in unserer Kolonne langsamer und halten schließlich an. »Hier gibt es einen Sanwaliaji-Tempel. Wenn wir auf unserer Route vorbeikommen, legen wir immer einen Stopp ein, um zu beten«, erklärt Mahendra. Dazu passt die Aussage der amerikanischen Essayistin Susan Sontag: »Die

Religion ist nach dem Sexuellen vermutlich das zweitälteste Mittel zur Erzeugung der Ekstase, das den Menschen zu Gebote steht.«

Wir überqueren die Straße und betreten die Tempelanlage. Es handelt sich um ein imposantes Bauwerk aus weißem Marmor mit einem hochaufragenden *shikara,* das Sanwalia Seth geweiht wurde, einer lokalen Erscheinungsform des Gottes Krishna. Auf einer außen angebrachten Tafel steht in Devanagari:

Vor ungefähr 125 Jahren wurden hier an einer Quelle drei Götterfiguren entdeckt. Eine der Figurinen wurde an Ort und Stelle mit einem kleinen Tempel geehrt. 1975 entstand dann dieser prächtige Bau, nachdem die nötigen Rituale mit dem Sonnengott als Zeugen durchgeführt worden waren.

Beim Eintreten fällt mein Blick sofort auf ein wundervolles Gitterwerk und ein faszinierendes Zusammenspiel von Marmor und Spiegeln. Wahrlich ein prächtiger Tempel. Die Figur von Sanwaliaji – wörtlich »der Dunkle« – ist passenderweise aus schwarzem Granit gefertigt, sie trägt ein goldenes Gewand und ist reich mit Schmuck behängt. Szenen aus der Mythologie zieren die Decken, und der Wandelgang wird von marmornen Statuen der Hindu-Gottheiten gesäumt. Dattatreya, Maha Vishnu, Shiva-Parvati: Hier sind alle versammelt.

Von Mahendra erfahre ich, dass viele Truckfahrer den Tempel besuchen, um ihren Schutzpatron Sanwaliaji um seinen Segen zu bitten. Und tatsächlich, als wir zu unserem Truck zurückgehen, fallen mir die außergewöhnlich vielen hier geparkten Lkws auf.

Die Verehrung Krishnas ist in dieser Region weit verbreitet, seit der Philosoph und Heilige Vallabhacharyam, ein Anhänger des Vishnuismus, dies im 15. Jahrhundert populär machte. Auch die Gujars rühmen sich einer Verbindung zu Krishna. Eine ihrer Legenden erzählt, dass sowohl Krishnas Ziehvater Nand Mihir als auch Radha, Krishnas Geliebte, Gujars waren. Daher bezeichnen sie sich als Nandvanshis – vom Stamme Nand.

Der Lieblingsgott der Gujars ist allerdings nicht Krishna, sondern eine volkstümliche Gottheit namens Devnarayan, die sie als *avatar* (Inkarnation) von Vishnu verehren. »Wir glauben an alle Götter. Doch unser ganz besonderer Gott ist Devnarayan«, sagt Raju.

Für Mahendra und Raju ist Devnayaran eine echte historische Person, der Sohn eines Gujar-Kriegers aus dem 10. Jahrhundert. Auf dem Armaturenbrett klebt ein großes Bild, auf dem Devnayaran als martialischer berittener Krieger mit prächtigem Schnurrbart dargestellt ist, begleitet von einer Kobra, Hunden und zwei bewaffneten Dienern.

Der bemerkenswerteste Aspekt am Devnarayan-Kult ist sein reiches Brauchtum, bei dem *phads* eine Rolle spielen – religiöse Rollbilder aus Stoff, die *bhopas,* Priester, als eine Art mobilen Tempel mit sich führen, um die epischen Geschichten von Volksgottheiten zu erzählen. Die Legende von Devnarayan gehört zu den beliebtesten Motiven von *phads* in Rajasthan, die fast so umfangreich sind wie die des Nationalepos Ramayana. Die Ausmaße sind gewaltig – 1,5 Meter breit und 9 Meter lang, die bemalte Fläche beträgt 14 Quadratmeter, was der durchschnittlichen Wohnfläche eines Einwohners von Mumbai entspricht.

Mahendra behält die Straße im Auge, während Raju mir mit ausladenden Gesten von dem *phad* erzählt, das zweimal im Jahr in ihrem Dorf gezeigt wird.

»Alle sind in Hochstimmung. Das ganze Dorf versammelt sich um den Tempel. Die Vorführung beginnt normalerweise nach Sonnenuntergang. Erst trifft der *bhopa* mit seinen Helfern ein, die das *phad* hinter ihm entrollen. Dann kommt der Musiker, der die *jantar*, die Bambusröhrenzither, spielt. Ein Helfer trägt eine Lampe, um den Teil des *phad* zu erleuchten, von dem gerade die Rede ist. Und wenn der *bhopa* erst einmal mit der Geschichte anfängt, kann das bis zu zehn Nächte dauern!«

Von einem ausgebildeten *bhopa* wird erwartet, dass er das gesamte Epos von Devnarayan auswendig kennt, angefangen bei Devnarayans Vorfahren, die im Zeitalter Satya Yuga lebten, über Devnarayans Heldentaten im jetzigen Zeitalter des Niedergangs, Kali Yuga, bis hin zum Ursprungsmythos der Gujars, die aus der Heirat zwischen einem Rajputen und einer Brahmanin hervorgingen. Interessanterweise ist der Bösewicht des Devnarayan-*phad* – der niederträchtige Rana – ein Sisodia-Rajpute. Ein aufschlussreicher Gegensatz zu den Geschichten über Rechtschaffenheit und Heldenmut des Sisodia-Klans, die in Mewar kursieren.

Und diese Geschichten sind unweigerlich mythenumwoben. Viele Hindus warten immer noch auf die Ankunft des *avatar* Kalki, der letzten und zehnten Inkarnation Vishnus, der sie von der sittenlosen Welt des Kali Yuga erlösen soll. Für die Gujars aber ist es beinahe, als sei Kalki bereits erschienen – in Form von Devnarayan, der in seiner Güte zur Erde herabstieg, um die Missetaten des bösen Rana zu rächen. Wie der muskelbepackte Protagonist des Blockbusters *Bahubali* ist Devnarayan ein Prinz aus Rajasthan, der ohne das Wissen um seine wahre Herkunft im Exil im benachbarten Malwa aufwächst. Irgendwann beschließt er, in seine Heimat zurückzukehren und den Rana zu bezwingen, der seiner Familie Unrecht getan hat. Doch nachdem er den Rana getötet hat, erweckt er ihn wieder zum Leben; großzügig verleiht er ihm den Titel Sisodia und schickt ihn fort mit dem Auftrag, die Stadt Udaipur zu gründen! Verblüffend, wie viele Legenden sich um eine einzige Stadt ranken können. Ach, Indien, du bist so unendlich faszinierend! Könnte ich nur lange genug leben, um all die Geschichten, die in dir schlummern, zutage zu fördern!

Wir sind bereits wieder eine Stunde unterwegs. Mir fällt auf, dass Mahendra eine konstante Fahrgeschwindigkeit von 40 bis 45 Stundenkilometern hält, auch wenn er sich zwischendurch rasch eine *beedi* ansteckt. Die Tachonadel hat sich seit der Abfahrt kaum bewegt. »So spare ich Diesel. Je häufiger man bremst oder beschleunigt, desto höher ist der Spritverbrauch«, erklärt Mahendra. »Fährst du langsam, treffen wir uns noch öfter, fährst du zu schnell, treffen wir uns direkt in Haridwar.« Für Uneingeweihte: Haridwar in Uttarakhand ist für Hindus das Tor zum Himmel.

Ich muss laut lachen. Raju meint dazu: »Wir haben viele solche Sprüche.« Er gibt mir eine weitere Kostprobe, während ich hastig mitschreibe.

»Wenn du in eine Pfütze trittst, musst du dir die Füße waschen, wenn du einen Trucker heiratest, wirst du es dein Leben lang bereuen«. Der verheiratete Mahrendra protestiert, dass viele Mädchen im Dorf gern einen Trucker ehelichen würden, weil er gewöhnlich ein großzügiger Mann sei, der nicht mit dem Geld knausere wie manch andere Verehrer.

Auch als Raju erfährt, dass ich aus Mumbai stamme, hat er einen Spruch parat: »Bombay, wo sie niemals aufhören zu vögeln und Straßen aufzugraben«.

Raju und Mahendra scheinen ein unerschöpflicher Quell solch düsterer, selbstironischer Aphorismen zu sein, die jeweils von *ustad* an *khalassi* weitergegeben werden. Sie spiegeln die harte Realität ihres Lebens wider und sollen sowohl trösten als auch erheitern.

Raju freut sich schon auf seinen Führerschein und darauf, irgendwann selbst *ustad* zu werden. »Es wäre nett, zur Abwechslung auch mal jemanden herumzukommandieren«, bekennt er. Ich frage ihn, wie das Verfahren abläuft, um an einen Führerschein zu kommen. »Ich bin nicht einmal zur Prüfung erschienen. Wenn man die zehnte Klasse abgeschlossen hat, bekommt man den Führerschein für 5000 bis 7000 Dollar von einem Vermittler. Ist man Analphabet, knöpfen einem die Vermittler noch mehr ab.«

Bald darauf hält Mahendra zum Abendessen vor einem *dhaba* an. Offenbar sind hier viele Trucker Stammgäste. Es gibt sogar einen gigantischen generatorbetriebenen Eisschrank, auf dem in Großbuchstaben *Bhayankar Thandi Beer* (eisgekühltes Bier) steht. Die Gäste können sich also auch bei Stromausfall – was häufig vorkommt – ein kühles Getränk genehmigen.

»Wir bestellen dir unser Spezialgericht«, schlägt Mahendra vor. »He du! Bring uns Eiercurry und *tandoori roti*«, ruft er einem Kellner zu.

Wir machen es uns auf den *charpoys* bequem. Das Eiercurry, das bald darauf serviert wird, ist zwar köstlich, aber viel schärfer als erwartet. Das Ei ist zu weich und rutscht mir ständig vom Löffel. Ich habe noch kaum etwas gegessen, als plötzlich ein starker Ostwind aufkommt.

Bevor wir wissen, wie uns geschieht, hat ein Sandsturm das *dhaba* eingehüllt. Mit gesenktem Kopf kauere ich mich Schutz suchend unter das *charpoy.* Die Kellner sprinten in die Küche, einige Gäste legen schützend die Hände über die Augen. Manche essen ungerührt weiter, schlingen hastig alles hinunter, bevor der Sand es verdirbt.

Bald ist der Sturm vorüber, und ich finde überall Sand – in meinen Ohren, meinem Haar, meinem Hemd, auf dem Essen, im Wasserglas. Das war's wohl mit dem Abendessen, denke ich. Raju ist da härter im Nehmen. Er löffelt sein Curry und spuckt den abgelutschten Sand aus. Ich folge seinem Beispiel.

Mein Angebot zu zahlen wird von beiden abgelehnt. Als mich Mahendra jedoch fragt, ob ich etwas trinken will, stimme ich nur unter der Bedingung zu, dass die Rechnung auf mich geht. Wir wollen hier übernachten und im Morgengrauen weiterfahren.

Zu siebt quetschen wir uns in eine Kabine, wobei Raju als Jüngster direkt an der Beifahrertür sitzen muss. Wenn er auch nur kurz das Gleichgewicht verlieren würde, ginge er über Bord und würde sich sämtliche Knochen brechen. Aber seine Platzierung an der Tür hat einen Grund: Die anderen schicken ihn regelmäßig los, um etwas zu holen – die Drinks, Plastikgläser und schließlich *beedis.* Mir wird klar, dass das Dasein als *khalassi* für Trucker einen Initiationsritus darstellt, eine Lehrzeit, in der man sich seine Sporen mühsam verdienen muss.

Raju, der selbst nicht trinkt, öffnet die Flaschen, schenkt die Drinks ein, gießt Wasser dazu und verteilt sie. Einer der beiden Metallbecher wird Kishor gereicht, dem Ältesten in der Gruppe, der mich am Anfang nach Pornos gefragt hatte, und der zweite mir, dem spendablen Ehrengast.

Einer der Männer ist ganz offensichtlich schwul. Er steckt ständig mit einem anderen aus der Gruppe zusammen; die beiden flüstern miteinander und bleiben eher unter sich. Er ist auch der Einzige, der kein *baniyan* trägt, sondern ein leuchtend rotes T-Shirt.

Endlich. Der Moment des Anstoßens. In jeder Kultur ein erhellender Moment. Anstatt die Gläser klirren zu lassen und »Cheers« zu sagen, heben die Trucker ihre Gläser in die Höhe, rufen »Jai Mata Di« (Gegrüßest seist du, Muttergöttin) und schütten sich den Whisky in einem Zug in die Kehle. Der

Brauch, seinen Drink schlückchenweise zu genießen, scheint hier nicht zu existieren, schreibe ich in mein Notizbuch. Anschließend folge ich ihrem Beispiel und kippe den Drink hinunter. Fast fühle ich mich wie ein Ethnograf, der die Rituale und Praktiken einer fremden Kultur beobachtet und an ihnen teilnimmt.

Nach ein paar weiteren Whisky-Runden wird die Unterhaltung derber. Kishor zieht Raju freundschaftlich am Ohr. »Der Kleine hier ist ganz schön sexbesessen, o ja«, , meint er, stolz die Fortschritte des *khalassi* unter seiner kundigen Anleitung kommentierend. Raju stöhnt gequält auf.

Kishor behauptet von sich, während seiner zehn Jahre als Truckfahrer schon bei über hundert Prostituierten gewesen zu sein. »Du bekommst eine Prostituierte für 200 bis 500 Rupien«, sagt er. Während Sex für den gewöhnlichen Städter etwas ist, bei dem man sich langsam auszieht, ein ausgiebiges Vorspiel genießt und dann zärtlich miteinander schläft, macht man auf den indischen Fernstraßen kurzen Prozess. Ein schnelles Heben des *ghaghra* (langer Rock), mehrere heftige Stöße mit dem Becken, und in nicht mal fünf Minuten ist alles vorbei.

»Wenn man länger als fünf Minuten braucht, kostet es 500 statt 200«, fährt Kishor fort. Ich stelle mir vor, wie der Zuhälter mit der Stoppuhr in der Hand in der Nähe herumlungert. »Aber wenn man Analsex will, kostet es immer 500, egal wie lange man braucht.«

»Benutzt du ein Kondom?«, frage ich ihn. »Ja, immer«, ist die Antwort. »Das Risiko ist groß, sich mit Aids zu infizieren. Aber dieser Idiot will ja nicht auf mich hören. Wie oft hab ich's dir schon gesagt?« Kishor gibt Raju einen Klaps auf den Hinterkopf. Grinsend reibt sich Raju die Stelle.

»Woher wisst ihr, wo die Prostituierten warten?«, frage ich weiter. »Alles passiert im Schutz der Dunkelheit«, erwidert Kishor. »Als Signal blinkt der Zuhälter etwas abseits der Straße mit der Taschenlampe. Aber man muss auf der Hut sein, denn manchmal ist es nur eine List von Dieben. Wenn die Trucker ein Licht aufblitzen sehen, denken sie, es sei eine Prostituierte, und wenn sie dann hinkommen, werden sie ausgeraubt. Ist mir schon zweimal passiert. Sie haben mir das ganze Bargeld abgenommen.«

»Und wo gibt es Prostituierte?«, frage ich. Alle waren schon kreuz und quer in Indien unterwegs und nennen mir Orte.

»Wo wir gerade sind, auf der Strecke zwischen Udaipur und Chittorgarh. Bekanntermaßen sind hier viele sexhungrige Freier unterwegs«, sagt Kishor.

»In den Distrikten Neemuch und Ratlam in Madhya Pradesh«, meldet sich ein anderer zu Wort.

»In Vijayawada und Rajahmundry in Andhra.«

»An der Grenze zwischen Bihar und Westbengalen. Dort gibt es viele nepalesische *randis.*«

»In Durgapur und Bardhaman in Westbengalen.«

»Manchmal hat der Zuhälter in Plastikflaschen abgefülltes *desi daru* dabei. Er verkauft es zu einem Wucherpreis, findet aber immer noch viele Abnehmer, denn manche kriegen ohne Alkohol keinen hoch«, lacht Kishor hämisch.

Die Verbindung von Alkohol und Sex ist in Indien nichts Neues. Schon der französische Edelsteinhändler Jean Baptiste Tavernier beschreibt die symbiotische Beziehung zwischen Alkohol und Prostitution im 17. Jahrhundert:

Am Abend, wenn es kühler wird, zeigen sich diese Frauen vor ihren Häusern, die meist kleine Hütten sind. Sobald die Nacht hereinbricht, hängen sie Lampen an ihre Türen, damit die Kunden sie besser sehen können. Zu dieser Zeit werden auch die Läden geöffnet, die Tari anbieten. Dieses ist ein Getränk, das so süß wie unser frischer Most ist und aus dem Saft eines Baumes gewonnen wird. Man transportiert ihn in Häuten auf den Pferden. Jeden Tag kommen 500 oder 600 dieser Pferde in der Stadt an. Der König hat den Tari für zollpflichtig deklariert, und die Einnahmen daraus belaufen sich jährlich auf eine namhafte

Summe. Dies ist auch der Hauptgrund, warum so viele Dirnen geduldet werden, da ihretwegen sehr viel Tari getrunken wird. Es ist deshalb nicht verwunderlich, dass die meisten Läden sich in Nachbarschaft der Dirnen befinden.

Der einzige Unterschied zu damals ist, dass die Regierung die Etablissements der Sexarbeiterinnen geschlossen und sie ins Gebüsch getrieben hat. Von Mahendra erfahre ich, dass einige der Prostituierten an den Highways in Madhya Pradesh und Rajasthan zu Nomadenvölkern wie den Bedia oder Banchhada gehören, für die Prostitution ein traditionelles Gewerbe darstellt – die Männer agieren als Zuhälter und vermieten die Frauen in der Familie an Kunden.

Bei meinen Gefährten geht es aber nicht nur um Sex. Sie glauben an die wahre Liebe, definieren diese jedoch für *gharwalis,* Ehefrauen, und *baharwalis,* Geliebte, sehr unterschiedlich. Die *gharwalis* sind dazu da, Kinder zu gebären, während man sich mit den *baharwalis* heimlich draußen trifft, um sich die ganze Nacht zu lieben, etwas, was angeblich jeder der Anwesenden schon einmal irgendwann gemacht hat.

Einige behaupten nun, dass die Frauen heutzutage nur hinter dem Geld her wären, doch Mahendra wirft ein: »Was redet ihr denn da? Meine Freundin gibt mir sogar Geld, wenn ich gerade knapp bei Kasse bin.« Darauf folgt betrunkenes Gelächter.

Mahendra ist zwar verheiratet, hat aber eine heimliche Affäre mit einem Mädchen aus demselben Dorf.

Will Mahendra seiner Freundin seine Gefühle mitteilen, nimmt er als funktionaler Analphabet Rajus Dienste in Anspruch. Raju schnappt sich ein Notizbuch vom Armaturenbrett. Auf der letzten Seite steht ein kurzer Liebesbrief, den Raju in Mahendras Namen verfasst hat. Er ist in Devangari geschrieben – die einzigen englischen Worte lauten »I Love You My Darling« –, und strotzt nur so von den üblichen klischeehaften Wendungen aus Bollywood-Songs. Über dem Text befindet sich ein großes, von einem Pfeil durchbohrtes Herz. Rührend, denke ich.

Inzwischen ist es nach Mitternacht, und jeder verzieht sich in seinen Truck. Raju, Mahendra und ich zwängen uns in die Kabine, wir liegen abwechselnd Kopf an Fuß, damit sich die Verlegenheit in Grenzen hält. Es war ein langer Tag, und ich bin im Begriff einzuschlafen, als ich etwas rascheln höre. Ich versuche, das Geräusch zu orten, und sehe, wie sich etwas unter Rajus Decke in Höhe der Leiste heftig bewegt. Sofort wende ich den Blick ab. Ach, komm schon, Raju, denke ich, ich versteh's ja, du bist heute nicht zum Zug gekommen, aber dann sei doch bitte etwas diskreter!

Wie geplant starten wir im ersten Morgengrauen. Der Morgen bringt neue Aufregungen. Da Mahendra einen entsetzlichen Kater hat, bittet er Raju, der gestern nüchtern geblieben ist, sich hinters Steuer zu setzen. Er selbst möchte sich noch ein wenig Schlaf gönnen. In den frühen Morgenstunden herrscht so wenig Verkehr, dass *khalassis* getrost üben können.

Idealerweise sollten sie dabei jedoch vom *ustad* beaufsichtigt werden. Aber da Raju nun schon genug Übung hat, ist Mahendra der Meinung, dass er ihm den Truck anvertrauen kann. Wie sich herausstellt, ist dieses Vertrauen nicht gerechtfertigt, denn fünf Minuten nachdem Raju das Steuer übernommen hat, bekommt er Lust auf Musik. Das Problem ist, dass der USB-Stick außerhalb seiner Reichweite liegt. Anstatt mich einfach zu bitten, ihn rüberzureichen, beschließt Raju aus unerfindlichen Gründen, während des Fahrens aufzustehen und sich den USB-Stick vom anderen Ende der Kabine zu angeln. Der Lkw fährt führerlos weiter.

Ich bin starr vor Schreck. Passiert das gerade wirklich? Welche Kombination aus Fehlentscheidungen hat dazu geführt, dass ich in einem führerlosen Truck irgendwo in Rajasthan gelandet bin? Während der Lastwagen auf die Fahrbahntrennung zusteuert, kneife ich die Augen zusammen und mache mich auf mein Ende gefasst. Doch kurz vor dem Zusammenstoß hechtet Raju mit dem Stick in der Hand auf den Fahrersitz und reißt das Steuer im letzten Augenblick herum.

Endlich kann ich wieder atmen. Das war knapp. So nahe bin ich dem Tod noch nie gewesen. Mahendra, der Glückliche, hat das Ganze verschlafen. Es ist viel besser, im Schlaf zu sterben, anstatt dem Tod ins Auge sehen zu müssen. Mir drängt sich ein Gedanke auf: Wenn Raju im Flachland von Rajasthan so unvorsichtig ist, wie wird sich sein jugendlicher Leichtsinn dann in den Haarnadelkurven auf den Gebirgspässen in Himachal Pradesh auswirken? Ich frage mich, ob ich mir nicht besser eine neue Mitfahrgelegenheit suchen soll.

Daher bin ich nicht besonders enttäuscht, sondern sogar ein wenig erleichtert, als mich Mahendra und Raju einige Stunden später kurzerhand am Stadtrand von Jaipur absetzen. Sie wirken etwas betreten und bitten mich höflich auszusteigen, liefern mir aber keine Erklärung. Bis Rampur sind es noch einige Tage, und offensichtlich haben sie genug von mir und meinen Fragen.

Ich bedanke mich bei ihnen, greife nach meinem Rucksack, steige aus, sage *alvida,* auf Wiedersehen, und suche mir ein schattiges Plätzchen am Rand der Straße.

Das nächste Abenteuer wartet. Aber wohin wird es mich verschlagen? Ich merke, dass ich mir darüber keine Sorgen mehr mache. Dieser Trip ist noch unberechenbarer, als ich dachte. Jetzt ist es an der Zeit, mich voll und ganz auf den Zufall einzulassen. Während ich zum Trost eine Zigarette rauche, finde ich mich mit der Tatsache ab, dass ich morgens nie weiß, wo ich die Nacht verbringen werde. Eigentlich gefällt mir das ja. Ist nicht genau das der Unterschied zwischen Reisen und Tourismus? Und war das nicht der Sinn der ganzen Reise?

Goli andar. Yaar Jalandhar!

Noch erschöpft von der Nacht bei einem Freund in Jaipur, in der ich nicht ins Bett gekommen bin, probiere ich am nächsten Nachmittag eine neue Taktik aus. Anstatt mich an Kommissionsagenten auf dem Transport Nagar zu wenden, die vielleicht oder vielleicht auch nicht auf Nimmerwiedersehen in die Mittagspause verschwinden, beschließe ich, bei den Truckern nachzufragen, die außerhalb des Nagars am National Highway 8 parken. Eigentlich möchte ich eine Mitfahrgelegenheit nach Delhi finden, aber im Grunde weiß ich schon, dass die Götter der Straße etwas anderes mit mir vorhaben. Nicht dass es mich groß kümmert, wohin es mich verschlägt. Es soll nur Richtung Norden sein, bis zum hoch gelegenen Srinagar – ein Ziel, das ich mir immer wieder vergegenwärtige, um mich von der drückenden Hitze nicht unterkriegen zu lassen.

Ich entdecke einige Fahrer, die sich vor der glühend heißen Aprilsonne auf Matten unter ihre Trucks geflüchtet haben. Andere hocken in den Kabinen, warten auf einen Anruf von ihrem Vermittler oder bereiten das Mittagessen zu. Zum Glück brauche ich nicht lange, bis ich jemanden finde, der für mein Anliegen offen ist.

»Ausweis dabei?«, fragt der Lkw-Fahrer forsch wie ein Sicherheitsbeamter am Flughafen, als ich ihm von meinem Projekt erzähle. Ich zeige ihm meinen Presseausweis, womit er zufrieden ist.

»Sorry, ich habe nur gefragt, um mich abzusichern. Ich habe nämlich noch nie jemanden getroffen, der so etwas macht«, sagt er. Seine misstrauische Miene weicht einem entwaffnenden Lächeln.

»Ich bin Jagdev Singh, und das ist mein Bruder Jorawar.« Er deutet auf den hageren Mann auf dem Fahrersitz. »Wir alle nennen ihn Jora.« Ich reiche Jagdev meinen Rucksack und klettere in den Truck.

Jorawar und Jagdev trennt nur ein Jahr voneinander. Beide tragen nahezu identische schmutzig-weiße Hemden und braune Hosen. Doch abgesehen davon könnte ihre äußere Erscheinung nicht unterschiedlicher sein. Jora hat eingefallene Wangen und ein faltiges Gesicht, das in ständiger Alarmbereitschaft erstarrt zu sein scheint. Jagdevs Gesicht ist voller, er wirkt gut gelaunt und lacht viel.

Wie mir die beiden erzählen, stehen sie hier schon eine volle Stunde. Jora hat von seinem Informanten bei der regionalen Verkehrsbehörde RTO den wertvollen Tipp bekommen, dass Beamte einige Kilometer weiter eine Kontrollstelle errichtet haben. Nun warten die beiden darauf, dass die Beamten in die Mittagspause verschwinden. Der ungeduldige Jora versucht von den aus der Gegenrichtung kommenden Truckern zu erfahren, ob die RTO-Mitarbeiter schon weg sind. Doch es gibt noch keine Entwarnung.

Bald finde ich auch heraus, warum die beiden ein Zusammentreffen mit den Beamten unbedingt vermeiden wollen. Ihr Truck mit Zielort Chandigarh hat über 50 Tonnen von dem Kalkstein Kota geladen, mehr als doppelt so viel wie die 21 Tonnen, für die der Lastwagen zugelassen ist. Mit anderen Worten, ihr Lastwagen qualifiziert sich momentan locker als einer der am meisten überladenen Trucks auf Indiens Straßen.

»Das machen wir immer so«, erklärt Jagdev. Die Brüder pendeln regelmäßig auf der Strecke zwischen Rajasthan und dem Punjab, transportieren den Kalkstein, der als ausgezeichneter, erschwinglicher Baustoff gilt, von Ramganj Mandi im Distrikt Kota in den Punjab und auf dem Rückweg Stahlschrott von Mandi Gobindgarh im Punjab nach Rajasthan. Ramganj Mandi und Mandi Gobindgarh (*mandi* bedeutet Markt) gehören zu den zahlreichen über ganz Indien verteilten Handelsstädten, deren Wirtschaftsleben auf nur ein oder zwei Hauptgütern beruht – in diesem Fall Kota beziehungsweise Stahl – und deren Schicksal untrennbar mit den Unwägbarkeiten der globalen Rohstoffmärkte verbunden ist.

Das Dorf, aus dem meine beiden Reisegefährten stammen, liegt in der Nähe von Mandi Gobindgarh, die Jora *Loha Nagari* (Stahlstadt) nennt. Während wir in der Hitze der geschlossenen Kabine brüten, die nur von einem wirkungslosen Ventilator belüftet wird, erzählt mir Jora, wie Mandi Gobindgarh laut Überlieferung der Sikhs gegründet wurde.

»Die Legende besagt, dass die Waffen von Guru Har Gobind und seinen Kämpfern bei einer Schlacht mit der Armee des Mogulreiches stark beschädigt wurden. Die Gefolgsleute erklärten, sie seien ohne Stahl für die Reparatur ihrer Waffen unfähig weiterzukämpfen. Daraufhin verkündete Har Gobind, dieser Ort werde eines Tages ein bedeutendes Zentrum der Stahlherstellung sein. Und so kam Mandi Gobindgarh zur Stahlproduktion.«

Eine interessante Geschichte, vor allem angesichts der Tatsache, dass Har Gobind, der sechste der zehn Sikh-Gurus, für die beginnende Militarisierung der Sikh-Gesellschaft im 17. Jahrhundert verantwortlich war, eine Reaktion auf die Hinrichtung seines Vaters Guru Arjan durch Großmogul Jahangir. Har Gobind trug stets zwei Schwerter bei sich, die die weltliche – *miri* – beziehungsweise spirituelle Macht – *piri* – des Guru symbolisierten. Dies bedeutete einen radikalen Bruch mit der unpolitischen Haltung des Religionsgründers Guru Nanak, dessen Glauben auf *bhakti* (stiller Hingabe) beruhte.

Jora und Jagdev gehören zu den »Ramdasiya Sikhs«, Nachfahren der untersten Kasten – Julahas (Weber) und Chamars

(Lederverarbeiter) –, die sich von den egalitären Grundsätzen der Sikhs angezogen fühlten und in der Hoffnung konvertierten, der Diskriminierung ihrer Kasten und den Kasten selbst zu entkommen.

Die Brüder tragen keinen *pagdi* (Turban). »Wir sind Sahajdharis. Offiziell gelten wir als Sikhs, doch wir fühlen uns den Hindus näher«, meint Jagdev.

Sahajdhari, wörtlich »jemand, der etwas allmählich übernimmt«, bezieht sich auf jene Sikhs, die im Gegensatz zu den Amritdharis die Religion praktizieren, ohne sich streng an alle Grundsätze und Verpflichtungen zu halten. Dazu gehören vor allem die berühmten »fünf K« – *kada* (Stahlarmreif), *kangha* (Holzkamm), *kesh* (ungeschnittenes Haar), *kirpan* (Dolch) und *kaccha* (Baumwoll-Unterbekleidung) – Symbole des Glaubens, die der zehnte und letzte Guru Gobind Singh der Khalsa Panth (Gemeinschaft der getauften Sikhs) allezeit zu tragen gebot. Jora scheint jedenfalls eine besondere Vorliebe für den *khanga* zu haben: Oft fährt er sich gedankenverloren mit dem Holzkamm durchs glatte schwarze Haar und verstaut ihn dann wieder sorgfältig in der Brusttasche seines Hemdes.

Allerdings sind die Sikhs im Punjab von dem Pfad, den die Gurus wiesen, abgewichen. Die Lehre besagt, dass die Heilige Schrift der Sikhs, der Sri Guru Granth Sahib, die letzte, ewige spirituelle Autorität der Sikhs sein soll. So hat es Guru Gobind Singh festgelegt. Kein menschlicher Guru soll angebetet werden. Und doch sind zahlreiche *deras* entstanden, religiöse Gemeinschaften, deren Anführer von vielen Sikhs als heilig verehrt werden.

Die Brüder selbst sind Anhänger eines *brahmagyani sant*, eines erleuchteten Heiligen namens Sant Baba Ajit Singh Hansali Wale, dessen Foto einen Ehrenplatz im Truck einnimmt. Mir fällt auf, dass sein Gesicht auffallend missgestaltet ist, was ihm ein gespenstisches Aussehen verleiht.

Jagdev bemerkt meinen Blick und beeilt sich, es mir zu erklären. »Früher war er ein gut aussehender Mann. Dann kam eines Tages ein Ehepaar zu dem Heiligen und klagte, dass niemand ihre Tochter heiraten wolle, weil ihr Gesicht durch Male entstellt sei. Der Heilige hat in seiner Güte entschieden, ihre Male auf sich zu nehmen. Deswegen sieht er jetzt so aus.«

Solche schmeichelhaften Heiligengeschichten faszinieren mich schon seit meiner Kindheit. Ich erinnere mich daran, dass ich Geschichten über Marathi-Heilige wie Tukaram, Samarth Ramdas und Chokha Mela mit großem Vergnügen verschlungen habe. Und immer fragte ich mich: Wer um alles in der Welt hat das nur geschrieben? Nie schien es einen Autor zu geben. Und dann begriff ich: Diese Geschichten wurden von Generation zu Generation wie Märchen weitergegeben, deren Autoren ebenfalls oft unbekannt sind.

Auch die Brüder wurden durch ihre Eltern mit dem Baba bekannt gemacht. Sie waren seine glühenden Anhänger und nahmen Jora und Jagdev zu einem *darshan* (Treffen der Gläubigen mit dem Guru) mit. Nach indischen Maßstäben verbrachten die Söhne eine relativ sorgenfreie Kindheit in Wohlstand, da beide Eltern sichere Jobs beim Staat hatten. Ihr Vater war Infanterist in der indischen Armee, während die Mutter für die Food Corporation of India, den staatlichen Nahrungsmittelkonzern, arbeitete. Doch dann erfuhr ihre Familiengeschichte eine dieser fundamentalen Wendungen, die so traurig wie typisch für Indien sind.

Als die Brüder Teenager waren, kamen ihre Eltern bei einem Autounfall ums Leben, eine Tragödie, die zu finanziellen Problemen führte. »Wir hatten nichts mehr«, sagt Jora. Nachdem sich ihre Verwandten geweigert hatten, sich um sie zu kümmern, hatte Jora keine andere Wahl, als von der Schule abzugehen und einen Job als Hilfsarbeiter bei einem Mechaniker anzunehmen. Doch er ermutigte Jagdev, seine Ausbildung fortzusetzen. Einige Jahre später, als ihre Schwester heiratete, mussten sie das Haus, ihren einzigen Besitz, verkaufen, um ihre Mitgift aufzubringen.

»Manchmal«, meint Jora, »frage ich mich, ob es mir besser ergehen würde, wenn ich studiert hätte. Doch dann sehe ich Leute mit Bachelor- oder Masterabschlüssen, die immer noch keinen Job haben. Vielleicht ist ein Diplom auch nicht mehr als ein Stück Papier.«

Wir sind unterwegs. Joras Informant bei der RTO hat endlich angerufen und das Signal zum Aufbruch gegeben. Aufgrund seiner starken Überladung braucht der Truck lange, um zu beschleunigen. Bis Chandigarh sind es über 500 Kilometer. Bei diesem Tempo, denke ich mit einem Anflug von Ungeduld, können wir uns glücklich schätzen, wenn wir morgen ankommen.

Zu allem Überfluss geraten wir schon bald in einen Stau, dessen Ende nicht abzusehen ist. Autos, Busse, Lastwagen und sogar Kamelkarren mit Feuerholz, alle drängeln und nutzen jede Gelegenheit zu riskanten Überholmanövern. Neben dem Highway spucken die Schlote einer Fabrik munter Rauchschwaden aus, und die ätzende Mischung aus Auto- und Industrieabgasen schmerzt in meiner Lunge. Ein *dhaba* namens Highway Star weckt in mir das Verlangen, den gleichnamigen Song von Deep Purple zu hören.

Jora hat mit Musik nichts am Hut, sondern nutzt die Wartezeit, um jeden Quadratzentimeter des Armaturenbretts penibel mit einem Tuch abzustauben. Der Lkw ist makellos sauber und mit floralen Motiven und idealisierten ländlichen Idyllen des Punjab geschmückt – in *salwar kameez* gekleidete Frauen, die fröhlich tanzen, stricken und *rotis* rösten.

Jora zündet sich eine Four Square an. Das überrascht mich ein bisschen, gibt es doch bei den Sikhs ein Verbot von Tabak, aber klar, Jora ist ja kein echter Sikh. Er ist ein Schlot, wie er im Buche steht: Tag für Tag qualmt er vierzig Zigaretten – er zündet sie mit seinem geliebten rosa Feuerzeug an, wobei er sich gegen das Lenkrad lehnt und den Truck mit dem Ellbogen lenkt. Und dann jammert er, dass er mit dem Rauchen aufhören sollte, weil sein ganzes Geld für Zigaretten draufgeht. Four Square ist mit ungefähr 50 Rupien pro Schachtel eine relativ günstige Marke, aber bei vier Schachteln am Tag summiert sich das auf beträchtliche 200 Rupien.

Jora nimmt seine Süchte sehr ernst. Wenn er raucht, müssen auch ein Feuerzeug und ein Aschenbecher bei der Hand sein. Wenn schon, dann richtig. Er sagt, für ihn sei es ein *shauk*, Hobby. Man könnte eher von einer Leidenschaft sprechen. Jora, der *shaukeen,* Süchtige, ist ein begeisterungsfähiger Mann der Extreme. Der nüchterne Jagdev wirkt gegen ihn wie der Inbegriff der Mäßigung. Während Jora raucht, führt Jagdev Buch, notiert sorgfältig alle Ausgaben mit seiner winzigen Handschrift in einem vergilbten Heft.

Als der Verkehr ein wenig ruhiger wird, holt Jora eine Papiertüte aus einem Geheimfach im Armaturenbrett und schaufelt sich mithilfe einer Visitenkarte ein bräunliches Pulver in den Mund.

»*Bhukki?*«, frage ich Jora, der einen Schluck Wasser nimmt, den Kopf schüttelt, damit sich Wasser und *bhukki* gut vermischen, und alles zufrieden herunterschluckt. Er nickt. »Ja. Hier in Rajasthan nennt man es auch *doda* oder *doda post.*«

Post ist die hiesige Bezeichnung für Schlafmohn, den Ursprung aller Opiate. *Bhukki* – ein Pulver aus der getrockneten Samenkapsel des Schlafmohns – sieht aus wie der Schleifstaub von feinem Sandpapier. Jora erzählt mir, dass eine

Visitenkarte oder »Karte« die Standardmaßeinheit für die *bhukki*-Menge ist. Schon seit vielen Jahren trägt er dieselbe Karte in seiner Hemdtasche bei sich. Es ist fast so, als wäre diese Visitenkarte eines Baumarkts in Mogra sein bester Freund, ein verständnisvoller Zeuge seiner einzigen Sünde. Wie er erklärt, hilft sie ihm dabei, die genaue Dosis abzumessen.

Er hält mir das Päckchen mit *bhukki* zur näheren Inspektion hin. Es sieht nicht besonders gefährlich aus – keine Spritzen, keine synthetischen Drogen. Das hier ist rein natürlich, aus biologischem Anbau. Ich würde es allzu gern mal ausprobieren, und zu meiner Freude lädt er mich dazu ein. Meine Hand zittert ein wenig, als ich mir nervös etwas *bhukki* mit der Karte in den Mund schaufle. Es ist so extrem trocken, dass ich würgen muss und hastig zur Wasserflasche greife. Ohne Nachspülen wäre es nicht runterzukriegen. Schon während ich schlucke, warte ich gespannt auf die Wirkung. Etwas voreilig, wie ich zugeben muss. Ich hätte wissen sollen, dass Mohnpulver zu trinken nicht dasselbe ist wie in einer schummrigen Bar einen Tequila Shot zu exen.

Die Zeit verstreicht. Als ich in der Ferne die Tempel auf den Bergen Rajasthans mit ihren safrangelben Fahnen erblicke, spüre ich allmählich etwas. Es ist keine drastische Veränderung des Bewusstseinszustands, die Droge hat beinahe unmerklich ihre Wirkung entfaltet. Mein Geist wird in eine heiter-melancholische Wolke gehüllt. Es fühlt sich nicht wie der Gipfel der Euphorie an, sondern eher wie ein sanftes Tal. Als hätte ich die ganze Zeit eine schwere seelische Last mit mir herumgeschleppt, die nun Stück für Stück von mir genommen wird. Ich fühle mich entspannt, und alles in mir verlangsamt sich auf angenehme Weise. Schließlich hat zu viel Grübeln noch niemandem gut getan.

Ich will von Jora wissen, ob er auch *charas-ganja,* Marihuana aus der frischen Cannabispflanze, nimmt. Er weist den

Gedanken weit von sich: »Diese Droge beeinträchtigt deinen Geist. Unter ihrem Einfluss kann man nicht sicher fahren.«

Der glühend heiße Nachmittag mit seinen trügerischen Luftspiegelungen kommt mir jetzt irgendwie kühler vor. Ich schaue aus dem Fenster. Männer in schmutzigen weißen *dhotis* und Turbanen in leuchtenden Farben hocken am Straßenrand, flankiert von Frauen in fließenden schwarzen Kleidern mit prachtvollen Verzierungen aus eingewebten Spiegelplättchen. Anscheinend ohne besonderen Grund in der Sonne sitzend starren sie mit leerem Blick auf unseren vorbeifahrenden Truck. »Ich verstehe einfach nicht, warum sich die Menschen in Rajasthan unbedingt in die pralle Sonne setzen müssen, wenn es doch genügend Schatten gibt«, erregt sich Jora. Dabei beäugt er mich von der Seite, um herauszufinden, welche Wirkung das *bhukki* auf mich hat. Ich nicke nur mit einem schwachen Lächeln.

Interessanterweise ist das *bhukki,* das Jora konsumiert, legal. Indien ist eines der wenigen Länder, das Schlafmohn unter Aufsicht der Vereinten Nationen legal anbauen darf, und das einzige Land, das die Erlaubnis zur Gewinnung des Milchsafts besitzt. Pharmafirmen auf der ganzen Welt extrahieren aus Schlafmohnbestandteilen Codein, Morphin und andere Derivate zu medizinischen Zwecken. Das Codein beispielsweise ist in Hustensäften enthalten, die sich daher einen Ruf als frei verkäufliche Droge erworben haben.

Der kommerzielle Mohnanbau in Indien beschränkt sich auf Südrajasthan – darunter die Distrikte Bhilwara, Udaipur und Chittorgarh, die ich mit der Gujar-Truppe durchquert habe –, die benachbarte Region Malwa in Madhya Pradesh und einige Distrikte im Süden von Uttar Pradesh.

Viele Trucker, auch Jora, besorgen sich ihr *bhukki* dort in staatlich konzessionierten Geschäften. Jora zeigt mir eines im Vorbeifahren. Es liegt ein wenig versteckt zwischen Eisenwarenhandlungen und Autowerkstätten – ein unscheinbares Gebäude, in dem offen mit einer süchtig machenden Droge gehandelt wird. Auch *dhabas* verkaufen *bhukki*, aber mit einem Aufschlag. Jora bezieht es lieber direkt von den konzessionierten Händlern. Der aktuelle Preis liegt bei 2000 Rupien pro Kilogramm.

Obwohl Opium im südlichen Rajasthan angebaut wird, ist die Zahl der Opiumsüchtigen in Nord- und Westrajasthan an der Grenze zum Punjab am höchsten. Das liegt an der langen Tradition des Opiumkonsums im Punjab und seinen Nachbarregionen in Rajasthan und Haryana; er ist Teil der Kultur. Selbst heutzutage bietet man Gästen als Willkommenstrunk mit Wasser verdünntes Opium an.

Es ist kein Geheimnis, dass Grundbesitzer in der Region Malwa *bhukki* an ihre Landarbeiter ausgeben. »Das passiert üblicherweise in der Erntesaison«, erklärt Jora. »Dadurch können die Arbeiter länger in der heißen Sonne durchhalten.« Außerdem nehmen ältere Menschen oft *bhukki* als Schmerzmittel ein.

Der Opiumkonsum in der Region lässt sich bis in die Harappa-Zeit zurückverfolgen. Allerdings gibt es nur einen Ort im gesamten Verbreitungsgebiet der Harappa-Kultur, an dem Schlafmohnsamen gefunden wurden: in Sanghol im Distrikt Fatehgarh Sahib, aus dem zufällig auch Jora und Jagdev stammen.

In jüngerer Zeit wurde der legendäre erste Herrscher des geeinten Punjab, Maharaja Ranjit Singh – in den Augen des französischen Forschers Victor Jacquemont »ein alter Fuchs, neben dem sogar der gerissenste unserer Diplomaten wie das reinste Unschuldslamm wirkt« –, von den Briten als Opiumesser bezeichnet, vielleicht auch, um ihn zu verunglimpfen. So ist es keine Überraschung, dass Opium im Punjab heutzutage als *shahi nasha* gilt – das Rauschmittel der Könige.

In Ranjit Singhs disziplinierter, gut ausgebildeter Armee war der Konsum von Opium an der Tagesordnung. Nach seinem Tod im Jahr 1839 und der darauffolgenden Zerschlagung des kurzlebigen, jedoch ruhmreichen Sikh-Reiches traten viele Sikh-Soldaten in die britische Armee ein, was bedeutete, dass Opium von da an auch dort eine entscheidende Rolle spielte. Oberstabsarzt Gimlette erklärte vor der von den Briten 1895 eingerichteten Royal Commission on Opium:

Fast alle Sikhs in den Infanterieregimentern und ein geringerer Teil in den Kavallerieregimentern sind moderate Opiumesser. Nie ist mir ein Soldat begegnet, der auch nur im Geringsten körperlich oder geistig unter der Droge litt, und mir ist kein einziger Fall bekannt, in dem die Dosis immer weiter bis ins Übermaß gesteigert wurde. Die Sikhs betrachten Opium als notwendiges, aber harmloses Aufputschmittel, als einen Ersatz für Tabak, den sie nicht konsumieren. Aber sie verwenden es nur in Maßen, davon bin ich überzeugt, nichts weiter.

Und so oblag es der Armee, die Soldaten in Gebieten, wo die Droge schwer zu bekommen war, mit Opium zu versorgen, vor allem seit man glaubte, »mäßiger Opiumkonsum« habe »einen positiven und wünschenswerten Einfluss auf die Moral und Kampfkraft der Truppen«. Diese Praxis wurde bis ins 20. Jahrhundert hinein beibehalten.

Während des Ersten Weltkrieges versorgte die indische Armee ihre von Opium abhängigen Truppen mit der Droge: 1914 wurde die Anweisung erteilt, eine tägliche Ration der Droge (verharmlosend als »indischer Sirup« bezeichnet) an 6000 frisch in Frankreich gelandeten Sikhs der British Expeditionary Force auszugeben.

Sir John Strachey, ein hoher Kolonialbeamter und geschäftsführender Vizekönig, der einen gemäßigten Opiumkonsum gegen die Kritik von Abstinenzbefürwortern verteidigte, stellte die Sikhs als leuchtendes Beispiel dar. Er erklärte: »Man findet keinen kraftvolleren, mannhafteren, stattlicheren Menschenschlag, nicht nur in Indien, sondern auf der ganzen Welt. Sie sind die Blüte unserer Armee und eines der Bollwerke unseres Empires, und doch ist der Konsum von Opium unter ihnen allgemein verbreitet.«

Jora erinnert sich nicht, wann genau er von *bhukki* abhängig wurde. Schon seit Langem bereitet es ihm keinen Genuss mehr. Er weiß nur, dass ihn der Verzicht auf *bhukki* umbringen würde – nicht ohne ihm davor die Hölle des Opiumentzugs zu bescheren.

»Das ist schrecklich. Als würde der ganze Körper in Flammen stehen, die Augen beginnen zu tränen, die Waden krampfen, es ist, als würde dein Organismus nicht mehr funktionieren. Dazu kommt unkontrolliertes Erbrechen und Entleeren des Darms. Du verlierst gänzlich die Kontrolle über deinen Körper«, sagt er.

Der Punjabi-Dichter Pash, eine Revolutionär, der 1988 von Anhängern der separatistischen Khalistan-Bewegung für einen Sikh-Staat erschossen wurde, beschrieb die Schmerzen des Opiumentzugs so:

Wenn der Süchtige dem Opium entsagt,
Eilt er um Mitternacht in den Teich.
Selbst in der Quelle brennt sein Fleisch wie im Feuer,
Immer wieder hastet er hinaus,
um seinen Darm zu entleeren,

Gequält vom fauligen Geruch des toten Löwen.
Der Süchtige sucht Zuflucht beim Rauchen,
Haucht dem toten Löwen für einen Augenblick
Leben ein,
Doch wie kann der tote Löwe wiederbelebt werden
Wenn der Süchtige dem Opium entsagt hat?

Hat Jora eine frische Dosis *bhukki* intus, ist er kein »toter Löwe« mehr – eine Metapher der Sikhs für einen geschwächten Mann. Nicht, dass er nicht versucht hätte, vom *bhukki* loszukommen. »Ich nehme es jetzt seit 15 Jahren, und in dieser Zeit habe ich zweimal freiwillig einen Entzug in einer Klinik gemacht. Aber ich konnte nicht aufhören. Es ist zu schwer. Vielleicht hat mir auch die nötige Willenskraft gefehlt, keine Ahnung. In Indien kann mir jetzt niemand mehr helfen. Ich müsste zur Behandlung nach Amerika gehen«, sagt er mit einem bitteren Lachen.

Es ist kein Wunder, dass Jora sich in Sachen Entzug Richtung Westen orientiert, weist der Punjab doch eine der höchsten Auswanderungszahlen Indiens auf. Der Bundesstaat hat eine lange Geschichte freiwilliger und unfreiwilliger Migration, Erstere verursacht durch die Verlockungen des Westens, Letztere durch die Schrecken der Teilung Britisch-Indiens in Indien und Pakistan im Jahr 1947. Daher ist die Punjabi-Diaspora weit verstreut. Einige Cousins von Jora und Jagdev leben in Europa; einer baut in Griechenland Oliven an, der andere arbeitet in einem Molkereibetrieb in Italien. Jagdev erzählt mir, dass auf einigen Häusern im Punjab Wassertanks in Form eines Adlers auf den Dächern stehen – ein Statussymbol, das anzeigt, dass einer der Hausbewohner das Weite gesucht und sich im Ausland niedergelassen hat. Interessanterweise dominieren Sikhs auch in Nordamerika das Truckergeschäft. Ich frage mich, ob diese Neigung zur Migration mit der Vorliebe des Punjabis für diesen Beruf zusammenhängt, denn was ist Truckfahren schon anderes als ein stetes Wandern von einem Ort zum anderen?

»Eigentlich soll man *bhukki* nur zweimal am Tag zu sich nehmen«, sagt Jora. »Einmal nach dem Mittagessen und einmal nach dem Abendessen. So war es in unserem Dorf üblich. Wenn man sich daran hält, ist es harmlos und hat sogar eine positive Wirkung. Ich bin selbst schuld. Ich habe meine Grenzen überschritten. All die langen Fahrten und niemand, der dich ermahnt, dass es genug ist.«

Jora erläutert, wie der größtenteils mäßige Opiumkonsum im Punjab vor 100 Jahren dem exzessiven Gebrauch wich. Einst Droge der Wahl für körperlich stark beanspruchte Landarbeiter, ist Opium durch den mit der Grünen Revolution[1] gewachsenen Wohlstand im Punjab zur Freizeitdroge geworden.

Es ist nicht anders als im Rest der Welt – die Ursache liegt im Zerfall gesellschaftlicher Strukturen und Normen, im Verlust traditioneller Werte, die durch unbekümmertes Konsumverhalten ersetzt wurden. Der Werbeslogan *Yeh Dil Maange More* (das Herz begehrt mehr) gilt nun nicht mehr nur für Pepsi, sondern auch für *bhukki*.

Jedenfalls ist *bhukki* im Punjab nicht das Hauptproblem. Jagdev, dessen einzige Laster eine gelegentliche Flasche Whisky und Kautabak sind, erzählt mir, sie hätten noch einen jüngeren Bruder gehabt, der an einer Überdosis *chitta* gestorben sei – das Punjabi-Wort für Weiß, die Farbe von Heroin, von Elend und Tod.

1 Umstellung der Landwirtschaft auf moderne Produktionsmethoden ab Mitte der 1960er-Jahre (A. d. Ü.)

»Wir sprechen nur selten über ihn. Er hat sich zu Tode gespritzt. Seine Sucht war so schlimm, dass er auf der Suche nach geeigneten Venen auch vor seinen Geschlechtsteilen nicht haltgemacht hat«, gesteht er. »Man konnte ihm nicht helfen«, fügt er einen Moment später hinzu, als wollte er sich trösten.

Es bedrückt mich, dass diese sympathischen Brüder so viel Leid und Verlust erfahren haben. Jora schweigt. Sein gequälter Blick ist starr auf die Straße gerichtet. Ich denke an die Tausende Familien im Punjab, die durch den Pesthauch des Drogenmissbrauchs unter der dortigen Jugend zerstört worden sind. Eine ganze Generation wurde ausgedünnt. »Die Lage ist wirklich schlimm«, sagt Jagdev. »Heroin, Pillen, alles ist frei verkäuflich. Als wäre es Medizin. Du brauchst nur zur Apotheke zu gehen.«

Während *bukkhi* aus Rajasthan kommt, stammt das meiste *chitta* aus Afghanistan und wird über die Grenze zu Pakistan ins Land geschmuggelt. Unglücklicherweise grenzt der Punjab an den Goldenen Halbmond, eine Region, die Pakistan, Afghanistan und Iran umfasst und aus der ein Großteil des illegal produzierten Opiums weltweit stammt.

Chitta ist das neueste Ungeheuer, das im Punjab wütet. Alarmierend dabei ist, dass dieser Begriff nicht mehr nur Heroin meint, sondern einen tödlichen Cocktail aus verschiedenen billigen synthetischen Drogen einschließt. *Chitta* hat im gesamten Punjab eine Legion verzweifelter, oft gemeingefährlicher Abhängiger hervorgebracht, vornehmlich in den Grenzregionen. Traditionelle Rauschmittel wie *bhukki* dagegen sind immer noch gesellschaftlich akzeptiert, wenn auch in schwindendem Maße. Amarinder Singh, von März 2017 bis September 2021 Regierungschef des Punjab, musste während seines Wahlkampfs klarstellen, dass sich sein Versprechen, Drogen innerhalb von vier Wochen nach seinem Amtsantritt zu verbieten, auf *chitta* bezog und nicht auf traditionelle Rauschmittel – sonst hätte er zu viele potenzielle Wähler verschreckt.

Nicht nur, dass *chitta* den Geist und schließlich das Leben des jüngeren Bruders auslöschte, auch *bhukki* forderte ein Opfer: Joras Ehe. Zwei Jahre nach der Heirat verließ ihn seine Frau, als sie das schockierende Ausmaß seiner Sucht entdeckte. Inzwischen hat er den Gedanken ans Vaterwerden aufgegeben und führt eine heimliche Beziehung mit einer verheirateten Frau aus einem Nachbardorf, die ihn gelegentlich in seinem gemieteten Zimmer in Sirhind besucht.

Wir nähern uns der Grenze zwischen Rajasthan und Haryana. Um uns herum nur öde braune Landschaft, und der Wind, der durch die geöffneten Fenster in den Truck weht, scheint direkt aus der Hölle zu kommen. Jora deutet auf die vor sich hinrostenden Wracks abgeschleppter Lkws in einem Schrottplatz am Highway.

»Die meisten wurden von Fahrern zurückgelassen, die *bhukki* von Rajasthan in den Punjab geschmuggelt haben und bei Kontrollen durch die RTO oder die Polizei geflohen sind. Aus Angst, verhaftet zu werden, sind sie nicht mehr zurückgekommen. In dieser Gegend wird viel *bhukki* geschmuggelt«, sagt er.

Jora braucht eine Pause. Wir halten auf einen Tee bei einer Bretterbude am Straßenrand. Als ich uns aus einem der allgegenwärtigen Glasbehälter ein paar Kekse hole, stupst mich Jora an und nickt in Richtung eines Fahrers, der den Besitzer der Imbissbude beiläufig um ein Glas Wasser bittet, um seine Dosis *bhukki* hinunterzubefördern. Das Ganze passiert schnell und unauffällig, und als der Mann fertig ist, schenkt er uns ein verschwörerisches Grinsen und geht zu seinem Truck, wobei er sich den ganzen Weg am Rücken kratzt.

Auch bei Jora war mir aufgefallen, dass er sich regelmäßig am Rücken kratzt, aber ich hatte es für eine Eigenart von ihm gehalten. Auf meine Nachfrage hin gibt er zu, dass man einen Opiumabhängigen an dem unkontrollierbaren Drang, sich zu kratzen, erkennt. Einer der Hauptgründe, warum Jora Opium nimmt – zumindest rechtfertigt er es so –, ist, dass das Kratzen das beste Mittel gegen Schläfrigkeit ist und er dadurch nahezu unmenschlich lange hinter dem Steuer sitzen kann.

Als wir wieder in den Truck steigen, ist es Zeit für Joras Ritual, denn seit seiner letzten Dosis sind einige Stunden vergangen. Er zieht das Päckchen *bhukki* aus dem Geheimfach im Armaturenbrett. »Willst du auch was?«, fragt er. Nach kurzem Überlegen und angesichts der milden Wirkung beim ersten Mal beschließe ich, das volle Programm durchzuziehen. Jora reicht mir die Visitenkarte. Noch eine Schippe. Noch ein Schluck Wasser. Vielleicht liegt der Reiz in der Wiederholung. Und tatsächlich spüre ich dieses Mal mehr.

Ungefähr eine Stunde vergeht, es dämmert langsam. Im Truck herrscht Schweigen, und mit einem Ruck wird mir klar, dass meine Aufmerksamkeit sich schon eine ganze Weile auf die weißen Streifen in der Straßenmitte konzentriert hat. Der Zug meines Raum-Zeit-Kontinuums scheint auf einer Schmalspurstrecke unterwegs zu sein. Die Reichweite meines Verstandes hat sich auf einen Spalt verengt, und an den Rändern meines Gesichtsfelds nehme ich alles nur noch verschwommen wahr.

Ich kann nachvollziehen, warum Jora *bhukki* beim Lkw-Fahren als unabdingbar betrachtet. Unter dem Einfluss von Opium ist sein Körper immun gegen Hitze, Müdigkeit, Hunger und andere Ablenkungen durch unsere Biologie. Sein Bewusstsein kann frei umherschweifen, während sich sein Unterbewusstsein in einem hypnotischen Zustand befindet und er alle nötigen Tätigkeiten mechanisch ausführt.

Außerdem gaukelt einem das Opium vor, dass die Zeit schneller vergeht. Angesichts dieser Wirkung verstehe ich endlich, was der bekannte Sänger Chamkila meinte, als er dem opiumsüchtigen Trucker aus dem Punjab mit diesen denkwürdigen Zeilen ein Denkmal setzte: *»Jandi goli afeem di andar. Jandi goli afeem di andar. Goli andar. Yaar Jalandhar!«* – Schluck das Opium, es wirkt sofort. Und schon ist dein Freund in Jalandhar!

Tod auf Rädern

Das *dhaba,* das Jora fürs Abendessen ansteuert, ist offensichtlich kein typisches Trucker-Lokal. Statt Lkws drängen sich auf dem brechend vollen Parkplatz SUVs und andere Viertürer, ein Hinweis auf die gehobene Kundschaft dieses »vegetarischen Familienrestaurants«. Ich frage mich, warum Jora uns hierhergebracht hat. Die vermutlich saftigen Preise werden Joras und Jagdevs Tagegeld von 250 Rupien gewiss übersteigen. Noch ist mir nicht klar, dass ich im Begriff bin, eine Kostprobe der Gastfreundschaft des Punjab zu erhalten.

Zunächst fühle ich mich in der gediegenen Atmosphäre des Restaurants fehl am Platz. Mit so etwas hatte ich auf dieser Reise nicht gerechnet. Nun sitze ich hier, verschwitzt und staubverkrustet, ein wenig benebelt vom *bhukki,* zwischen fröhlich umhertollenden Kindern, Onkeln mit dröhnenden Stimmen und Tanten in grellbunten Saris, neben denen Joras Lkw verblassen würde, und fühle mich irgendwie betrogen. Bin ich etwa 1000 Kilometer in einem Truck gereist, nur um wieder in der Welt anzukommen, die ich hinter mir gelassen habe? Doch sobald die straff gespannten *charpoys* des *dhaba* unter uns nachgeben und kurz darauf Gläser mit Lassi wie von Zauberhand vor uns erscheinen, löst sich mein Unbehagen in Wohlgefallen auf.

Mit barscher Stimme ordert Jora zwei *paneer subjis* und *tandoori rotis* bei einem geschniegelten Kellner. Misstrauisch mustert dieser unsere abgerissene Erscheinung, sein Stirnrunzeln signalisiert uns, dass wir nicht hierhergehören. Aber Jora lässt sich davon nicht beirren.

Als die *subjis* kommen, teilen wir die zwei Portionen gerecht unter uns auf. Gewiss nicht Joras und Jagdevs übliches Menü, denke ich mir, während ich mein Fladenbrot mit *subji* fülle; sogar Cashewkerne schwimmen wie kleine Eisberge in der Soße. Eine reichhaltige Mahlzeit. Meine Befürchtung bestätigt sich, als die Rechnung kommt: über 500 Rupien. Doch als ich meine Börse hervorholen will, reißt mir Jora die Rechnung mit einem ungewohnt grimmigen Funkeln in den Augen aus der Hand. Mein Protest fällt schwach aus, denn ich möchte ihn nicht beleidigen. Aber mir ist klar, dass dieses Essen ein seltenes Vergnügen für Jora und Jagdev sein muss, da ein Truckfahrer im Durchschnitt nur um die 100 Rupien pro Tag Lebensmittel ausgibt.

Ich will von Jora wissen, warum er ausgerechnet dieses *dhaba* ausgesucht und mir dann nicht einmal erlaubt hat, selbst zu zahlen. Er antwortet dasselbe wie zuvor Shyam und Rajinder: »Du bist unser Gast.« Womit habe ich diese Großzügigkeit bloß verdient? Die Antwort ist: mit gar nichts. Liegt es daran, dass Menschen wie Jora einfach von Natur aus gut sind? Liegt es an meiner privilegierten Stellung, an einem seit Jahrhunderten verinnerlichten Bewusstsein von Standesunterschieden, das sich hier offenbart? Oder ist es die Beziehung zwischen einem Autor und seinem Subjekt, zwischen Beobachter und Beobachtetem, die in Jora das Bedürfnis weckt, in einem guten Licht zu erscheinen? Wahrscheinlich werde ich es nie herausfinden.

Obwohl Jora bewusst ist, welchen sozialen Rang er als Trucker einnimmt, möchte er mir doch beweisen, dass es ihm im Grunde an nichts fehlt, dass er ein relativ wohlhabender, ehrbarer und angesehener Mann ist. Stolz erzählt er mir von seinem Hyundai Accent, um den ihn seine verantwortungslosen Verwandten, die ihn und seine Brüder im Stich ließen, beneiden würden. Ich bin überrascht. Tatsächlich hatte ich nicht erwartet, dass ein Lkw-Fahrer ein solches Auto besitzt.

Wir steigen wieder in den Truck. Vorsichtig setzt Jora den Wagen zurück, dirigiert von Jagdev, der sich aus dem Fenster hängt und ihn anweist: »Weiter, weiter, weiter«, wobei er gleichzeitig nach unaufmerksamen Fußgängern alias potenziellen Verkehrsopfern Ausschau hält. Jora rangiert den Truck auf die Straße und tritt aufs Gaspedal.

Es fühlt sich gut an, wieder unterwegs zu sein – den Wind im Gesicht zu spüren, die Landschaft von meiner erhöhten Position aus als buntes Band an mir vorüberziehen zu sehen – ein wahrhaft königlicher Blick auf Indien. Tatsächlich reisten Könige früher hoch oben auf dem Elefantenrücken, um dem Himmel ein wenig näher zu sein. Für meine Gefährten ist es natürlich nur ein weiterer Arbeitstag auf der Straße. Zum Nachtisch zündet sich Jora eine Zigarette an.

Ich hatte erwartet, dass wir auf dem National Highway 8 bleiben und über Delhi nach Chandigarh fahren, aber nach einiger Zeit biegt Jora plötzlich ab. Er erklärt mir, dass er den Checkpoint an der Grenze zwischen Rajasthan und Haryana umfahren möchte und sich daher lieber an die unbefestigten Straßen hält, die weniger streng oder überhaupt nicht von der Polizei kontrolliert werden. Nicht nur, dass der Lastwagen stark überladen ist, was den Beamten sicher sofort auffallen würde, Jora hat auch ungefähr ein Kilo *bhukki* bei sich – ein Drittel seines monatlichen Bedarfs –, das er unterwegs in der Nähe von Kota gekauft hat. Selbst im Geheimfach würde es bei einer gründlichen Durchsuchung bestimmt entdeckt werden.

Der Truck gehört Jora nicht, er ist Eigentum eines im Ausland lebenden Sikhs vom Volk der Jats, der Tankstellen in den USA betreibt und einmal im Jahr in den Punjab kommt. Ihm ist Joras Opiumabhängigkeit bekannt, und er hat ihm diese Route zugeteilt, damit Jora regelmäßig *bhukki* kaufen kann.

Doch für dieses Entgegenkommen verlangt er auch eine Gegenleistung.

Da Jora sich gut auf den ländlichen Straßen in Haryana auskennt und weiß, wie man eine Begegnung mit den Beamten vermeidet, kann der Eigentümer den Lkw straflos überladen. Das Geld, das Jora vor den Begehrlichkeiten der Polizisten, des Mautstellenpersonals und der RTO-Beamten rettet, darf er behalten und damit sein mageres Gehalt von 7000 Rupien aufbessern. Eine klassische Win-Win-Situation, allerdings mit einem Verlierer: dem Staat.

»Das Geld, das ich nicht ausgebe, würde wahrscheinlich sowieso nicht in der Staatskasse landen. Die Beamten stecken alles in die eigene Tasche.« Durch den Aufbau eines Netzes vonInformanten in den Büros der RTO hat Jora den eintönigen und gefährlichen Job als Truckfahrer geschäftstüchtig in ein kleines Unternehmen verwandelt und einen raffgierigen Staat mit seinen eigenen Mitteln geschlagen. Wohl aus diesem Grund konnte er sich auch als Truckfahrer einen Hyundai Accent leisten.

Nicht dass ein einsamer Wolf wie Jora sich besonders fürs Sparen interessiert. Er ist der Inbegriff eines großzügigen Truckers. Er hat keine Angehörigen, die von ihm abhängig sind. Nach seinen Äußerungen zu schließen, hat er keine großen Erwartungen an die Zukunft und wird einfach so weitermachen bis zu seinem Ende. Was ihn dazu treibt, Kosten zu sparen und Abstriche zu machen, ist die verzweifelte Notwendigkeit, seine Süchte zu finanzieren. Die monatlichen drei Kilogramm *bhukki* kosten ihn 6000 Rupien. Dasselbe gilt für sein tägliches Zigarettenkontingent von vier Schachteln. Ohne Zigaretten könnte er – wenn auch ungern – auskommen. Das *bhukki* dagegen ist unverzichtbar. Sollte er einmal kein Geld mehr dafür haben, wird er sich entweder verschulden oder in einer Entzugsklinik landen, was angesichts seiner früheren fehlgeschlagenen Versuche wenig erfolgversprechend ist. Es ist, als hätte sich Jora ohne funktionierende Bremsen auf eine gefährliche Reise begeben.

Der Highway liegt inzwischen weit hinter uns, und das betrifft auch die Lichter der Zivilisation. Ohne diese Navigationshilfen fühle ich mich unsicher und desorientiert. Wir rollen durch die Finsternis, ohne dass ich sagen könnte, wo wir uns gerade befinden. Die Scheinwerfer des Lkws sind wie ein wandernder Sonnenstrahl, der seinen Schein auf eine jungfräuliche Erde wirft. Die schmale Straße, wenn man sie überhaupt so nennen kann, ist nicht asphaltiert. Vermutlich würde schon eine Nacht mit heftigem Regen sie fortwaschen. Ich bin beeindruckt, wie geschickt Jora die tieferen Schlaglöcher umfährt, während ich mich hilfesuchend an der Lehne des Fahrersitzes festklammere.

Wahrscheinlich liegt es am *bhukki*, aber ich sinniere, ob nicht ein Großteil der »ungelernten« Inder – zu denen Jora gehört – das wenige, was sie verdienen, ihrem Erfindungsreichtum im Alltag verdankt. Angestellte mit sicherem Einkommen nennen es herablassend *jugaad* (Improvisationstalent), womit sie auf womöglich illegale kreative Lösungen anspielen, oder sprechen gar verächtlich von Korruption. Aber Moral muss man sich leisten können; wenn man jeden Tag um seine Grundbedürfnisse kämpfen muss, ist sie ein Luxus. Ein Konstrukt der Mächtigen, um die Machtlosen zu kontrollieren.

Eigentlich wäre es Aufgabe der Printmedien, diese Ungleichheit zu thematisieren, aber sie konzentrieren sich eher auf den »formellen Sektor«, wo das menschliche Wohlergehen nur über das Pro-Kopf-Einkommen und den Index der menschlichen Entwicklung definiert wird. Die vielen Inder hingegen, die im informellen Sektor schuften, bleiben unerwähnt – ihr Kampf ums Überleben, ihr Streben nach Wohlstand, ihr stilles Durchhaltevermögen, ihr unerklärlicher Optimismus, Joras schwielige Hände. Genauso wenig erfährt man über die schwindelerregende Kluft zwischen Reich und Arm und die krass unterschiedlich erlebte Realität, als wären sie Angehörige zweier verschiedener Spezies.

Vielleicht liegt es daran, dass es in Indien schon immer so war – eine kleine, sich abschottende Führungselite in ihren Festungen oder »bewachten Siedlungen«, die den Wohlstand vom Rest des Landes großzügig abschöpfte. Zumindest sagen das die Geschichtsbücher, nur dass sie es in wissenschaftliche Begriffe wie »Feudalismus« oder »Zentralisierung der Agrarüberschüsse« kleiden. Es ist gut möglich, dass Indien in mir dieselben widersprüchlichen Gefühle von Abscheu und Bewunderung hervorriefe, wenn ich zurück in die Vergangenheit reisen würde. Tatsächlich war die Ungleichheit auch in der Antike und im Mittelalter so offensichtlich, dass viele Reisende aus China, Europa und Westasien sich genötigt sahen, auf die Diskrepanz zwischen dem Elend der breiten Bevölkerung und der ungezügelten Prachtentfaltung des Adels hinzuweisen. Sollte jemals die wahre Geschichte Indiens aus Sicht der weniger Privilegierten geschrieben werden, würde sie wahrscheinlich unser Selbstverständnis als Nation auf den Kopf stellen, denn während wir gerne betonen, dass Indien ein *sone ki chidiya* (goldener Vogel) war, wurde nie infrage gestellt, wie all das Gold aufgehäuft werden konnte. Noch heute ist das hierzulande beliebte Narrativ das der aufstrebenden Supermacht. Auf globaler Bühne besitzt Indien eine nahezu unwiderstehliche Anziehungskraft und beeinflusst den Rest der Welt subtil durch seine schiere Masse an Menschen. Bei einer Reise durch Indien gewinnt man jedoch den Eindruck, dass im Wesentlichen alles beim Alten geblieben ist. Ja, die Lehmhütten wurden durch hässliche Ziegelbauten ersetzt. Aber was hat sich schon am Leben der Bewohner verändert?

Jora und Jagdev wissen, welche Bedeutung den Lkw-Fahrern für die Wirtschaft des Landes zukommt. »Es heißt, dass die Fahrer für die Wirtschaft unerlässlich sind«, meint Jagdev.

»Wenn sie sich zusammenschließen und streiken würden, würden die Preise für Güter des täglichen Bedarfs in die Höhe schnellen, und das Land würde zum Stillstand kommen. Aber es gibt keine Einigkeit, und das ist das Problem.«

Und da die Trucker so gespalten sind – aufgrund unterschiedlicher Besitzverhältnisse, Gebiete, Kasten, Religionen und Sprachen –, hat es keine Organisation geschafft, die Gesamtheit der indischen Lkw-Fahrer zu einen.

Vielleicht ist diese fehlende Einigkeit innerhalb der Arbeiterschicht der Grund dafür, dass Gewerkschaften in Indien gescheitert sind. Da die Arbeiter für verschiedene kleine Bosse arbeiten, gibt es keinen großen Boss, gegen den man sich gemeinsam auflehnen könnte. Die spät einsetzende Industrialisierung, bei der das Kapital nur einen geringen Druck ausübte, hat dazu geführt, dass nur wenige großindustrielle Betriebe entstanden sind. Stattdessen bilden Kleinst-, Klein- und mittelständische Unternehmen – der sogenannte KKMU-Sektor – das Rückgrat der indischen Wirtschaft. Oft besitzen diese Mini-Unternehmen nur einen einzigen Büroraum, und ihre gesamte Existenz beruht darauf, den normalerweise gigantischen Auflagendschungel zu meiden. Irfan Habib und Tapan Raychaudhuri schreiben dazu in *The Cambridge Economic History of India:*

Die Kleinunternehmer konnten niemals aus dem Geschäft gedrängt werden, eben weil sie klein sind, wenig investieren und noch weniger Gewinn erzielen, und die Macht der Großen wurde durch die Allgegenwart der Kleinunternehmen eingeschränkt. Der Hauptgrund, warum Abdul Ghafur, Ende des 17. Jahrhunderts Gujarats größter Kaufmann und Schiffseigner, keine Monopolstellung in der von ihm bevorzugten Handelszone auf dem Roten Meer erreichen konnte, war seine Unfähigkeit, mit der Vielzahl kleiner Händler fertig zu werden, obschon er viele in den Bankrott trieb.

Die kleinteilige Struktur der Wirtschaft führt auch heute noch dazu, dass es viele Bosse und noch mehr Arbeitnehmer gibt, und die Bosse mit ihren kleinen Firmen sind kaum besser gestellt als ihre Untergebenen. Aus demselben Grund sind auch Landreformen in Indien gescheitert. Die meisten Bauern sind bereits Klein- und Kleinstbauern, woher also das Land nehmen, um es an die Landlosen zu verteilen, wo gibt es Hoffnung für die Hoffnungslosen?

Mithilfe sporadischer Dosen *bhukki* und Zigaretten fährt Jora weiter, zwischendurch für einige Stunden abgelöst von Jagdev. Als Jora gegen zwei Uhr nachts am Steuer die Augen zufallen, parkt er den Truck an der erstbesten Stelle am Straßenrand. Zeit zum Schlafen, was bedeutet, uns in der engen Kabine irgendwie zu »arrangieren«, auf die klassische indische Art Kopf an Fuß.

Am nächsten Morgen weckt mich lebhaftes Vogelgezwitscher. Es ist sieben Uhr, und trotz der unbequemen Lage habe ich überraschend gut geschlafen. Jora und Jagdev sind noch nicht aufgewacht. Ich strecke mich, setze mich auf und sehe, dass die sepiafarbene Landschaft von gestern einem Meer aus Grün gewichen ist. Sonnenstrahlen liebkosen meinen Arm. Als ich aus dem Lkw springe, weht eine sanfte Brise den Geruch von reifem Getreide und frischem Kuhmist heran. Ach, Haryana! Genau für solche Augenblicke geht man auf Reisen, wenn das Unbekannte im Morgenlicht seinen Schleier fallen lässt und man einfach nur in einem Zustand köstlicher Verwirrung dasteht.

Nach einiger Zeit erwacht auch Jora, schlüpft in seine Schuhe, springt aus dem Truck und putzt sich als Erstes die Zähne. Dann stellt er *gurbani* an – melodische, von Sikh-Gurus verfasste

Hymnen – und summt mit. An diesem wunderbaren Morgen, an dem das Dorfleben langsam erwacht und diese beruhigenden Melodien Balsam für meine Seele sind, empfinde ich einen tiefen inneren Frieden. Wenn die ersten Klänge von *gurbani* ans Ohr dringen, wird auch ein Fremder ein bisschen zum Sikh.

Dann ist es Zeit zum Aufbruch. Jora faltet die Hände über dem Lenkrad zum Gebet, bevor er den Zündschlüssel dreht. Die *gurbani* werden vom Dröhnen des Motors übertönt, der nach der nächtlichen Erholung wie neu belebt klingt. Als Zeichen des Respekts schaltet Jora die heilige Musik aus.

Ich bin froh, dass ich nun bei Tag wieder erkennen kann, wo es hingeht. Wir fahren durch ein verschlafenes Städtchen, das sich für die üblichen Verrichtungen eines neuen ereignislosen Tages rüstet. Lebensmittelhändler bauen ihre Waren auf. Nackte Ziegelgebäude starren auf mich herab. Ich schreibe in mein Notizbuch, dass diese Bauten aussehen, als würden sie schon seit der Harappa-Zeit hier stehen, bis hin zur Farbe der Ziegel. In Haryana gibt es einige der größten Harappa-Fundstätten, die bedeutendste ist Rakhigarhi.

Es ist kaum zu glauben, dass dies dasselbe Land ist, in dem die Vorfahren der Haryanvis einst ein geordnetes Straßennetz und ausgeklügelte Entwässerungssysteme anlegten. Wie konnte all das Wissen über Städtebau in Vergessenheit geraten? In den meisten Siedlungen erblicken wir ein schmutziges Durcheinander aus brennenden Müllhaufen, mit schleimigen Algenteppichen bedeckten Gewässern und hoch aufgeschichteten Kuhfladenhaufen. Diese trostlose Monotonie wird nur durch die vielen kleinen Tempel unterbrochen, die Shiva und Krishna geweiht sind – die einzigen Gebäude mit einem Anstrich.

Am meisten stößt mir jedoch auf, dass in den Dörfern auf unserer Route ausschließlich die Frauen für die schwere körperliche Arbeit zuständig sind. Sie sind allgegenwärtig – schuften auf den Feldern, treiben mit Heuballen beladene Ochsen vor sich her, klopfen Kuhfladen mit bloßen Händen, balancieren randvoll mit Wasser gefüllte Gefäße auf den Köpfen. Und die Männer? Die meisten spielen Karten im Schatten eines Baumes oder liegen faul auf *khats* (Bettgestellen) am Straßenrand, ihr einziger Begleiter eine schwelende *hukka* (Wasserpfeife).

Es macht mich betroffen, wie die Frauen sich abmühen, ihre Gesichter mit ihren *dupattas* (Schleier) zu bedecken, während sie sich in der Sonne abrackern. Sie halten den Stoff mit den Zähnen fest, ihr schweißüberströmtes Gesicht zu einer schiefen Grimasse verzerrt. Es ist, als wäre ich in einer Dystopie gelandet, aber die Dystopie ist Wirklichkeit, diese verschleierten, sich plagenden Frauen sind real. Als Mann muss man sich in Haryana wie im Paradies fühlen. Man wird für seine bloße Existenz gepriesen.

»Was hältst du von Haryana?«, frage ich Jora.

Er nimmt kein Blatt vor den Mund.

»Bandar-jaat.« Wörtlich heißt das »Affenkaste«.

»Warum sagst du das?«

»Sie haben keinen Anstand. Stell dir vor, hier rauchen schon Siebenjährige *beedis!*«

»Im Ernst?«, frage ich ungläubig.

»Ja. Wahrscheinlich weißt du es nicht, aber es sind die üblen Haryanvis und Rajasthanis, die die Trucker-Community in Verruf gebracht haben. Wir Punjabis waren die ersten Trucker, sogar schon vor der Unabhängigkeit.«

Er betont, sie gehörten zu der kleinen Gruppe von Fahrern, die mutig genug seien, sich auch ohne Sprachkenntnisse auf unbekanntes Terrain vorzuwagen. Sie seien die einzigen *asli,* die einzigen wahren indischen Fahrer, wie er es nennt. Der Rest der Trucker arbeite höchstens in den zwei oder drei angrenzenden Staaten oder auf festgelegten Routen. In diesem Dünkel könnte ein Körnchen Wahrheit stecken. Nicht nur, dass *Gadar,* der einzige Bollywood-Blockbuster mit einem Trucker als Protagonisten, im Punjab spielt. Es ist auch allgemein bekannt, dass viele der kleinen Speditionen in Indien nach der Unabhängigkeit und der Teilung des Punjab, vor allem im Norden, von aus Pakistan vertriebenen Punjabis aus der Händler-Kaste gegründet wurden, die keine andere Möglichkeit hatten, ihren Lebensunterhalt zu verdienen. So wandten sie sich dem Lkw-Fahren zu und eröffneten, wo sie schon mal dabei waren, überall auch noch Punjabi-*dhabas*.

Doch bei der Fahrt durch die kleinen Städte Haryanas fällt mir auf, dass es kaum solche *dhabas* gibt. In den meisten Lokalen scheint man zu glauben, dass *chow mein* (Asiapfanne), Burger und Pizza das Menü der Wahl für soziale Aufsteiger sind. Von den Straßenständen bis hin zu halbwegs anständigen Restaurants sind diese Gerichte hier der letzte Schrei. Der Wandel der kulinarischen Präferenzen im konservativen Haryana ist offensichtlich so alarmierend, dass ein *khap panchayat* (Ältestenrat) die Zunahme von Vergewaltigungen dem Verzehr von *chow mein* anlastet!

Aber vielleicht wird einfach zu wenig Werbung für Gerichte wie das *aloo paratha* gemacht, das wir uns im *dhaba* eines Freundes von Jora schmecken lassen. Jora scheint sich hier wie zu Hause zu fühlen, denn er nimmt nach dem Essen ein Bad. Jagdev lehnt dankend ab. Ich bin beeindruckt, welch großen Wert Jora auf Sauberkeit legt.

»Wer sich als Sikh des Wahren Guru bezeichnet, soll am frühen Morgen aufstehen und über den Namen des Herrn meditieren. Er soll sich bemühen, sich regelmäßig zu waschen und in Ambrosia zu baden. Wie der Guru lehrt, soll er *Har, Har* singen, das vertreibt alle Missetaten, Sünden und Schmerzen«, rät Guru Ram Das im Guru Granth Sahib. Gewohnheiten, Sauberkeit, Ehre und Frömmigkeit – Jora verkörpert wahrlich diese typischen Eigenschaften eines Punjabis.

Über kleine Städtchen wie Jind und Kaithal erreichen wir die Garnisonsstadt Ambala. Inzwischen befinden wir uns wieder auf einem National Highway. Es ist später Nachmittag, die tief stehende Sonne blendet uns. Da die Straße gut befestigt ist, erreichen wir an die 60 Stundenkilometer, nahezu Überschallgeschwindigkeit für einen so überladenen Truck wie unseren. (Im Durchschnitt schafft ein Lkw auf Fernstrecken 20 Stundenkilometer.) Chandigarh liegt keine 50 Kilometer weit entfernt, und ich freue mich bereits auf eine ruhige, erholsame Nacht, vorzugsweise nach einem Punjabi-Whisky als Schlummertrunk.

Ein Kleinwagen, ein grauer Tata Indica mit einer fünfköpfigen Familie an Bord, will ein Stück vor uns die Straße queren. Jora beginnt wie verrückt zu hupen. Wie mir mit Schrecken klar wird, versucht er dem Autofahrer zu signalisieren, dass er sein extrem überladenes Ungetüm nicht rechtzeitig abbremsen kann. Bei dieser Geschwindigkeit besitzt der Lkw die Wucht eines Rammbocks.

Ich bin wie gelähmt. Die Szene läuft wie in Zeitlupe ab – der Fahrer des Indica zögert einen Moment, beschließt aber dann wohl, Joras Hupen als bei Fernfahrern typisches Renommiergehabe abzutun, und trifft die fatale Entscheidung, in die Straße einzubiegen. Die Tonlage von Joras beschwörendem Gemurmel ist jetzt einen Tick höher, Panik mischt sich mit hinein.

Als ich mich schon auf eine ohrenbetäubende Kollision gefasst mache – seltsamerweise bin ich innerlich ganz ruhig, es ist diese Art Ruhe, die einen überkommt, wenn man damit rechnet, gleich seinem Schöpfer gegenüberzutreten –, ruckt Jora in letzten Moment am Lenkrad und lässt den Truck durch die enge Lücke zwischen dem Heck des Indica und einem Fahrradfahrer am Straßenrand schießen. Puh!

»Verdammt«, flucht Jora leise. »Und dann heißt es immer, der Trucker war betrunken.« Er lässt die angespannten Schultern sinken und zündet sich eine neue Zigarette an.

Noch aufgewühlt von dieser Nahtoderfahrung schwöre ich mir, niemals, unter gar keinen Umständen, einen hupenden Lkw-Fahrer zu ignorieren. Die Wahrscheinlichkeit ist groß, dass sein Truck überladen ist, was die Bremswirkung um bis zu 40 Prozent verringert. Er kann also gar nicht rechtzeitig anhalten, selbst wenn er wollte.

Außerdem sieht die Welt von der Fahrerkabine eines Trucks ganz anders aus. Allgemein wird angenommen, dass man von dort oben einen guten Überblick hat, aber durch die Bauweise eines Trucks entstehen tote Winkel. Je größer der Truck, desto mehr tote Winkel – direkt davor, dahinter und an den Fahrzeugseiten (in Indien vor allem links). Daher besteht eine wichtige Aufgabe des *khalassi* darin, die linke Seite des Fahrzeugs im Blick zu behalten und den Fahrer durch heikle Straßenabschnitte zu dirigieren. Doch bei dem zunehmenden Fahrermangel in Indien sind immer mehr Leute allein unterwegs, obwohl zwei Fahrer Vorschrift sind.

Von nun an werde ich diesen brummenden Ungetümen gebührenden Respekt zollen, was leider bei einem Großteil der Inder nicht der Fall ist. Im Dschungel des indischen Straßenverkehrs sollte man Lastwagen eigentlich wie Elefanten begegnen – mit ehrfurchtsvollem Abstand. Doch stattdessen werden die Trucks ungestraft und dreist von den Kleineren wie von lästigen Ameisen drangsaliert, die aufgrund des Statusgefälles manchmal sogar offen ihre Verachtung zeigen. Trotzdem reagiert Jora mit Nachsicht und Humor auf die Kleineren und macht sogar gelassen Platz, wenn ihn unbedingt ein Raser überholen will. »Man weiß oft nicht einmal, ob sie von links oder von rechts gekommen sind«, meint er gestikulierend wie ein Stand-up-Comedian.

Jora ignoriert die Tatsache, dass das Überladen von Trucks seit 2005 durch eine Entscheidung des Obersten Gerichts ausdrücklich verboten ist. Er weiß nur, dass er seinen Fahrstil an die Ladung »anpassen« muss. Und wenn man sich auf dem Highway so umsieht, kommt man kaum auf die Idee, dass es ein solches Verbot gibt. Hier gelten ganz andere Gesetze, als das Oberste Gericht denkt.

Manchmal liegt das Problem in der Gesetzgebung selbst begründet. Es gibt so viele und oft widersprüchliche Gesetze – Überbleibsel aus Indiens dirigistischer Vergangenheit –, dass sie zu einem Hemmschuh werden. Ihre unrealistischen Vorgaben sind ein Garant ihrer Wirkungslosigkeit.

So verbietet bereits der Motor Vehicles Act (das Kraftfahrgesetz) kategorisch eine Überladung, also eine Überschreitung des zulässigen Fahrzeuggesamtgewichts. Doch die Bundesstaaten fanden einen Weg, dieses lästige Hindernis zu umgehen. Sie gaben »Goldkarten« aus, ein bisschen bürokratische Alchemie, die auf magische Weise Illegales legal machte: Gegen Bezahlung einer nach Ladegewicht gestaffelten Strafe durften die Spediteure die Fahrzeuge überladen. Eine Klage gegen diese Praxis vor dem Obersten Gericht führte dann zu dem Urteil von 2005.

Doch leider werden Beschlüsse des Obersten Gerichts, vor allem solche, deren Umsetzung den einzelnen Bundesstaaten überlassen wird, unverhohlen missachtet. Die Bundesstaaten wissen, dass das Oberste Gericht Dringenderes zu tun hat, als jede einzelne Regierung wegen ihrer Untätigkeit zur Verantwortung zu ziehen. Außerdem verfügt das Gericht auch gar nicht über den Verwaltungsapparat, der dafür erforderlich wäre.

Das himmelschreiendste Beispiel ist die Reform der Polizei. 2006 beschloss das Oberste Gericht eine rechtsverbindliche, sieben Punkte umfassende Reformagenda für die Bundesstaaten. Aber selbst ein Jahrzehnt nach dem Urteil wurde noch kaum ein Punkt umgesetzt. Jeder weiß um die tief verwurzelte Korruption bei der Polizei, doch diese ist so stark mit der Wirtschaftspolitik der Bundesstaaten verflochten, dass der politische Wille zum Wandel fehlt.

Dasselbe gilt für die Überladung der Trucks, ohne die das gesamte Transportwesen zusammenbrechen würde. Keinem der Hauptprotagonisten in diesem gesetzwidrigen Drama – den Beamten der RTO, den Spediteuren und den Versendern der Waren – ist an ihrer Abschaffung gelegen.

Da die RTO-Beamten hohe Summen dafür kassieren, überladene Trucks passieren zu lassen, wollen sie natürlich, dass alles so bleibt, wie es ist. Schließlich gehören die Verkehrsbehörden vor allem deshalb zu den lukrativsten Staatsressorts. Die Trucker auf dem Transport Nagar in Udaipur kannten unzählige Geschichten über Razzien der Steuerbehörden, bei denen große Mengen Schwarzgeld unter Sofas oder Badezimmerfliesen von Beamten der Verkehrsbehörden gefunden wurden – auch bei niedrigen Beamten und einfachen Angestellten. So gelang es beispielsweise einem Büroboten in Nellore, Andhra Pradesh, eine Summe von einer Milliarde Rupien anzuhäufen, weil es in seinem Ermessen lag, welche Akten an höhere Beamte weitergeleitet wurden und welche nicht. Tatsächlich war sein Job so gewinnbringend, dass er wiederholt Angebote zur Beförderung ablehnte, denn dies wäre Sand in seinem gut geölten Getriebe aus Gönnerschaft und Einfluss gewesen.

»Du solltest mal zur Grenze zwischen Madhya Pradesh und Rajasthan fahren und filmen, wie sie dort das Geld in Jutesäcken einsammeln«, hatten mir die Trucker in Udaipur nahegelegt. Sie präsentierten mir Quittungen mit einem Buchstabencode. »Hier, AQ steht für eine Zahlung von 5000 Rupien und SS für 3500. Die Summe hängt von der Ladekapazität des Lkws ab.« Ich war fassungslos, wie organisiert das Ganze ablief – die Verkehrsbeamten hatten die Korruption ja fast schon zu einer Kunstform erhoben.

Die Gebiete teilten sie untereinander auf. »Die Grenzkontrolleure treiben monatlich *haftas,* Schutzgelder, von uns ein, und die

Quittung dafür wird nur an dem einen speziellen Grenzübergang anerkannt. Will man über einen anderen Grenzposten nach Madhya Pradesh fahren, braucht man auch eine andere Quittung. Daher sind wir oft gezwungen, wieder zum selben zu fahren und dafür einen Umweg in Kauf zu nehmen.«

Die Spediteure wiederum überladen die Lkws, um ihre Gewinne zu maximieren. Da Frachtraten normalerweise in Rupien pro Kilometer pro Tonne berechnet werden, ist der Erlös einer einfachen Fahrt für den Spediteur direkt proportional zur Menge der Überladung. Shekhawat in Udaipur hatte mir das anhand der 400 Kilometer langen Strecke zwischen Udaipur und Sanganer veranschaulicht. Ein vorschriftsgemäß beladener 21-Tonner erbringt für eine einfache Fahrt Einnahmen von 25 000 Rupien. Zieht man die 16 000 Rupien für Diesel, Bestechungsgelder, Mautgebühren und Löhne ab, bleibt ein Gewinn von 9000 Rupien. Überlädt der Spediteur den Lkw bis zu seiner doppelten Kapazität von 42 Tonnen, verdient er 50 000 Rupien, während sich seine Aufwendungen auf ungefähr 30 000 Rupien belaufen. Das bedeutet satte 20 000 Rupien Gewinn pro Fahrt, mehr als das Doppelte von dem, was ihm bei Einhaltung der Vorschrift geblieben wäre.

Solche Praktiken greifen vor allem in Regionen um sich, die besonders schwere Produkte erzeugen. Dazu gehört auch Rajasthan, der zweitgrößte Gesteinslieferant Indiens. Der Bundesstaat fördert 90 Prozent des indischen Marmors und ist zudem der zweitgrößte Erzeuger von Zement im Land. Bei solchen Gütern ist die Ladekapazität eines Lkws schnell überschritten.

Aber im Fall von Rajasthan und vielen anderen Bundesstaaten fördern die jeweiligen Regierungen selbst das Überladen von Lastwagen, indem sie diese Praxis trotz des höchstrichterlichen Verbots durch das Festsetzen eines Bußgeldkatalogs legalisieren. Als ich mich auf dem Transport Nagar in Udaipur umhörte, erklärten alle einhellig, dass diese Bußgeldkataloge das Ergebnis der Lobbyarbeit von mächtigen Marmorgroßhändlern, Bergbauunternehmen, Zementherstellern und den großen Speditionen selbst seien.

Spediteure wissen sehr wohl, dass das Überladen auf Dauer zu Schäden an der Karosserie und den Reifen führt und die Wartungskosten erhöht. Warum behalten sie diese Praxis trotzdem bei? »Sie denken nur an ihren kurzfristigen Profit, nicht an die langfristigen Verluste«, hatte Shekhawat auf meine Frage erwidert.

Im Grunde gilt diese Aussage auch für die ökologische Krise, die durch unsere Fixierung auf Wachstum und das damit einhergehende rücksichtslose Konsumverhalten verursacht wurde. Im weiteren Sinne spiegeln Transportunternehmer mit ihrer Unfähigkeit, über den unmittelbaren Profit hinauszudenken, nur die Kurzsichtigkeit des Kapitalismus wider.

Dem Ganzen liegt allerdings eine gewisse Logik zugrunde. Laut Shekhawat hat das Überladen zwei Gründe. Erstens fallen für einen neuen Truck noch keine Wartungskosten an. Und zweitens müssen Lkw-Eigentümer normalerweise in den ersten drei bis vier Jahren nach dem Kauf Kredite abbezahlen.

»Während der ersten beiden Jahre müssen die Motorteile und die Karosserie nicht kostspielig gewartet werden«, sagte er. »Versicherung, Zulassung, Zustand, alles okay, also sahnen die Spediteure mit der Überladung ordentlich ab. Im dritten Jahr wechseln sie nur die Reifen aus. Danach überladen sie weiter, aber nur so viel, dass der Truck nicht kaputtgeht.

Üblicherweise haben wir eine Art Abmachung mit den RTO-Beamten. Innerhalb des Bundesstaates ist das einfach, aber über die Grenzen hinweg ist es schwieriger.« Die Abmachung könne entweder eine monatliche Zahlung direkt an die höheren Beamten vorsehen oder das Verteilen kleinerer Beträge an die niedrigen Beamten vor Ort. Auch die Weltbank stellte 2005 fest: »Es ist gängige Praxis, Fahrzeuge zu überladen, und Lkw-Fahrer berichten, dass 10 Prozent ihrer Frachterlöse von Zahlungen für eine unbehelligte Durchfahrt aufgezehrt werden.«

Den Dritten im Bunde – den Versendern der Waren – geht es wiederum darum, Frachtkosten zu sparen. Durch die Überladung eines Trucks müssen sie die Ladung nicht auf mehrere verteilen.

Vom Standpunkt der Spediteure aus betrachtet würden Firmen, die sich dem Überladen kategorisch verweigern, den Bankrott riskieren. Ihre Kunden sind oft mächtige Akteure der örtlichen Wirtschaft, die um jeden Preis Kosten sparen wollen. Sie würden sich sofort einen anderen Spediteur suchen, der keine Skrupel hat, seinen Truck zu überladen. Und so bleibt alles beim Alten.

Wenn diese Praxis nun so eine Win-Win-Win-Situation für die Hauptbeteiligten darstellt, könnte man meinen, dass es sich um eine opferlose Straftat handelt. Leider ist das nicht der Fall. Überladene Lkws sind für einen Großteil der tödlichen Unfälle auf indischen Straßen verantwortlich. Laut einem Bericht der Indian Foundation for Transport Research and Training werden jährlich annähernd 92 500 Menschen von überladenen Trucks getötet – also alle sechs Minuten einer.

Angesichts der Komplizenschaft der offiziellen Stellen ist es schwierig, exakte Zahlen zu erhalten. Einem Bericht des Internationalen Instituts für nachhaltige Entwicklung aus dem Jahr 2013 zufolge ist jedoch »die Überladung in Indien aus Rentabilitätsgründen eher die Regel als die Ausnahme und führt zu einem schnelleren Fahrzeugverschleiß und häufigen Pannen«. Die IFTRT schätzt, dass 70 Prozent der Lkws, die eine Genehmigung zum landesweiten Warentransport haben, überladen werden.

Außerdem führt die Überladung von Lkws zu Straßenschäden, die ein gewaltiges Loch in die Staatskasse reißen. Allerdings variieren die Angaben dazu. In einem Bericht des indischen Analyse-Unternehmens CRISIL heißt es, »bereits eine zehnprozentige Überladung kann die Lebensdauer von Straßen und Highways um 35 Prozent reduzieren«, während S.P. Singh von der IFTRT hier sogar von 80 Prozent ausgeht.

Unterdessen riskieren Fahrer wie Jora ihr Leben und das der anderen, indem sie schwerfällige Fahrzeuge auf schlechten Straßen steuern. Wie könnte man diese Gefahr bannen? Für Shekhawat gibt es nur eine Lösung: »Letztlich wird das Überladen erst aufhören, wenn die Strafen höher sind als die Profite. Wird ein überladener Truck erwischt, sollten alle Beamten entlang der Strecke zur Verantwortung gezogen und sowohl Versender als auch Spediteure bestraft werden.« Leichter gesagt als getan, wenn Staatsbedienstete auf allen Ebenen ein persönliches Interesse daran haben, dass Lkws weiter überladen werden.

Die Dämmerung bricht herein. Es hat über 30 Stunden gedauert, um die 700 Kilometer von Jaipur zurückzulegen, und wir haben immer noch 30 Kilometer vor uns. Ich frage mich, wie Jora das aushält. Obwohl ich die ganze Zeit nur dagesessen und ihn mit meinen Fragen belästigt habe, ächzt mein Körper vor Müdigkeit.

Ich kann die Ankunft in Chandigarh kaum erwarten, von dessen Zauber ich schon so viel gehört habe. Die Hauptstadt der Bundesstaaten Punjab und Haryana wurde ab 1952 von Le Corbusier nach einer strengen geometrischen Ordnung angelegt. Aber hauptsächlich sehne ich mich nach einem Bett, am besten nach einem ordentlichen Trinkgelage in einer billigen Kneipe, begleitet von scharfem *tandoori chicken.*

So bin ich natürlich ein wenig verärgert, als in der Ferne ein Checkpoint auftaucht. Beim Näherkommen sehe ich viele aufs Geratewohl am Straßenrand geparkte Lkws. So schnell werden wir wohl nicht nach Chandigarh kommen. Jora hält ebenfalls an und stapft mit den Papieren in der Hand zum Checkpoint.

Auf dem Weg zur Kontrollstelle tummeln sich zahlreiche *chaiwallahs,* die um Kunden buhlen, dazu Tabak- und *beedi*-Verkäufer, die sich ebenfalls ein Geschäft erhoffen. Der Tee, den Jagdev und ich kaufen, ist milchig und sehr süß.

»Magst du so stark gesüßten Tee?«, frage ich Jagdev.

»Ja, absolut. Gezuckerter Tee liefert uns die Energie, um weiterfahren zu können. Wir nennen ihn den Neunzig-Meilen-Tee.«

Das ist interessant. Und nachvollziehbar – gesüßter Tee ist für Trucker wie Jagdev nicht nur eine kleine Erfrischung, sondern eine billige Energiequelle. Vermutlich ist das auch der Grund dafür, dass die Mehrheit der Inder literweise Nachmittagstee in sich hineinschüttet.

Als Jora zurückkommt, wirkt er ziemlich aufgelöst. Durch eine Computerabfrage am Checkpoint ist herausgekommen, dass sie an einem früheren Posten auf der Strecke keine Steuer gezahlt hätten. Auf ihrer Fahrt vom Punjab nach Kota hatten sie mit einer Ladung Stahl einen Schleichweg genommen, um die Zahlung der Umsatzsteuer zu vermeiden. Aber nun, da sie mit einer Ladung Kota auf dem Rückweg sind, werden sie von ihrer Verfehlung eingeholt.

Also dürfen wir nicht passieren. Jora möchte nun bis Mitternacht warten und dann, begleitet von einem Beamten vom Checkpoint, ins ungefähr 100 Kilometer entfernte Devigarh fahren, um den Inspektor zu bestechen und die Waren durchzubekommen.

»Was schätzt du, was das kosten wird?«, frage ich ihn.

»Wahrscheinlich um die 5000.«

Jora rät mir, eine andere Mitfahrgelegenheit nach Chandigarh zu suchen.

»Bist du sicher?«

»Ja. Du bist bestimmt todmüde. Trampe nach Chandigarh, es sind nur noch 25 Kilometer. Ich geb dir die Adresse von einem billigen Hotel. Wir kriegen das schon hin, keine Sorge«, meint er.

Als wir zwei weitere Runden Tee ordern, um den Abschied noch ein wenig hinauszuzögern, fällt mir ein geparkter Holzlaster auf. Ich frage Jagdev, ob er weiß, wofür die Baumstämme gedacht sind. »Das da? Das ist Salbaumholz. Kommt aus Malaysia«, sagt er. »Auch unser Truck besteht aus solchem Holz, das bekanntermaßen extrem robust ist. Man kann den Wagen jahrelang überladen, ohne dass die Karosserie kaputtgeht.«

»Interessant. Wo, sagtest du, wurde euer Truck gebaut?«, frage ich.

»Sirhind. Trucker aus ganz Indien lassen dort die Karosserien herstellen«, erwidert er. »Wir wohnen übrigens dort. Warum kommst du nicht in drei Tagen zu uns? Dann sind wir bestimmt wieder zu Hause. Und du erholst dich in der Zwischenzeit ein bisschen in Chandigarh.«

Er wendet sich an Jora. »Wir könnten ihn doch mal zu Mewa Singhs Werkstatt mitnehmen, oder?«

Jora nickt. »Und wir machen eine Spritztour mit dem Accent«, meint er schmunzelnd

»Komm, ich zeig dir was.« Jagdev führt mich zur Beifahrertür des Trucks und deutet auf eine festgenietete Metallplakette. Komisch, dass sie mir bisher nicht aufgefallen ist. Sie trägt den Namenszug des Truckbauers – *»Mewa Singh, Sirhind, Est. 1978«*.

Zeit für den Abschied. Doch bevor ich den Mund öffnen kann, um *alvida* zu sagen, umarmt mich zuerst Jagdev und dann Jora. Die beiden Brüder, die so leicht nichts erschüttern kann, sind mir ans Herz gewachsen. Daher bin ich froh, dass wir uns bereits in drei Tagen in Sirhind wiederbegegnen werden.

Ich schnappe mir mein Gepäck und gehe in der Dunkelheit immer Richtung Chandigarh, auf der Suche nach irgendeinem motorisierten Beförderungsmittel dorthin. Währenddessen wiederhole ich im Geiste den Namen auf der Plakette. Mewa Singh … Es klingt verheißungsvoll. Auf die Begegnung mit diesem berühmten Karosseriebauer freue ich mich schon jetzt.

Die *ustads* von Sirhind

Schon wenige Minuten nach meiner Ankunft in Sirhind wird mein Bild vom stolzen Punjabi sowohl bestätigt als auch widerlegt. Während ich an dem vereinbarten Treffpunkt an einer Unterführung des Highways auf Joras Freund warte, spricht mich ein hohläugiger Sikh in einem schmutzigen weißen *kurtapajama* an. In beiläufigem Ton verlangt er zehn Rupien, nicht mit der einstudierten Verzweiflung des erfahrenen Bettlers, sondern ganz unbefangen und ein bisschen dreist, als wären wir alte Bekannte. Ich bin darüber so verblüfft, dass ich ihm fast reflexhaft das Geld reiche. Er schiebt es in die Tasche, torkelt in den nächsten Spirituosenladen, kommt mit einer Plastiktüte – vermutlich seiner täglichen Alkoholration – wieder heraus und schlurft davon.

Als ich noch ein Kind war, erzählte mir jemand, und zwar, wie ich hinzufügen möchte, im Brustton der Überzeugung, dass ich niemals einen bettelnden *sardar* erleben würde. Nichts hatte diese Ansicht erschüttert – bis jetzt. In genau solchen Augenblicken wird einem klar, dass man auf Reisen nicht nur etwas lernt, sondern auch *ver*lernt, nämlich dann, wenn lange bestehende Vorurteile durch eigene Erfahrungen widerlegt werden.

Da der Mann jedoch gar nicht richtig gebettelt hatte, war mein Bild vom stolzen Punjabi nicht vollends zerstört. Er hatte sich mir gegenüber nicht unterwürfig verhalten, er hatte gefragt, und ich hatte ihm das Geld gegeben. Man könnte sagen, ich habe eine Lektion gelernt: Wenn du nur selbstbewusst genug auftrittst, tun die anderen, was du verlangst. Aber vielleicht hatte er in mir auch nur ein leichtes Opfer gewittert.

Während ich mir ein Glas *mosambi*-Saft von einem Straßenstand gönne, fährt Joras alter Freund in einem weißen Accent vor. Er steigt aus und schüttelt mir überschwänglich die Hand.

»Ein Freund von Jora ist auch mein Freund«, begrüßt er mich. »Ich bin Amarinder, aber meine Freunde nennen mich Palle.« Er umarmt mich kräftig.

Palle hat raspelkurze Haare, und auf seinem kantigen Gesicht liegt stets ein fröhliches Grinsen. Mit seinem blütenweißen Hemd, das in einer braunen Cordsamthose steckt, und auf Hochglanz polierten schwarzen Schuhen könnte man ihn für einen Bruder des bekannten Kricketspielers Virat Kohli halten. Auf jeden Fall besitzt er mehr Modebewusstsein als ich, denke ich mit Blick auf meine schäbigen Klamotten – ein altes T-Shirt, Schlabber-Jeans und staubige *chappals,* Ledersandalen.

Sobald wir im Auto sitzen, bietet er mir eine Dose eisgekühltes Pepsi-Cola an, von dem das Kondenswasser perlt. Zwar wäre mir Wasser lieber gewesen, aber da es so heiß ist, nehme ich die zuckrige Erfrischung gerne an. Schnell merke ich, dass Palle zu der Art von Freunden gehört, denen es Freude bereitet, alles für das Wohl ihrer Schützlinge zu tun. Er erzählt mir, er habe einen Hochschulabschluss und erst kürzlich den Einstellungstest bei der State Bank of India bestanden. Im Moment wartet er auf die Mitteilung, an welchem Dienstort im Punjab er eingesetzt wird.

»Bereit?«, fragt er und startet den Motor. Was ich auf der Fahrt von Sirhind zu sehen bekomme, unterscheidet sich kaum von all den vielen anderen staubigen Kleinstädten Indiens, nur dass es hier ziemlich schwierig ist, Zigaretten aufzutreiben. Da es Sikhs nicht erlaubt ist, einen *paan*-Laden zu führen, in dem auch Zigaretten erhältlich sind, werden diese von Biharis in überwiegend von Migranten bewohnten Vierteln betrieben. Jedenfalls befinden wir uns nicht im lebensfrohen Punjab der Bollywood-Filme – die Stadt strahlt eine dürre Freudlosigkeit aus, die gut zu ihrer makabren Geschichte passt.

Wie schon der Name sagt, betrachteten die Moguln Sirhind als die Grenze von Hindustan (Sirhind kommt angeblich von »Sar-i hind«, was »Grenze Hindustans« bedeutet). Die Stadt war ein wichtiges Handels- und Verwaltungszentrum entlang der Route zwischen Delhi und Lahore. In der Überlieferung der Sikhs jedoch ist sie ein Ort des Frevels und des Schreckens – eine »verfluchte« Stadt. Während der Kämpfe zwischen Sikhs und Moguln wurden hier im Jahr 1704 zwei von Guru Gobind Singhs Söhnen, die *sahibzadas,* auf Geheiß des Mogul-Statthalters von Sirhind lebendig eingemauert.

Als der Guru dies erfuhr, soll er die Stadt verflucht haben. Er prophezeite ihre totale Zerstörung – eines Tages würden die Überreste der Häuser von Eseln untergepflügt und wieder zu fruchtbarer Erde werden. Und tatsächlich sorgten *misls* (Militärverbände) der Sikhs dafür, dass sich die Prophezeiung erfüllte. 1764 eroberten sie die mittlerweile von Afghanen besetzte Stadt und machten Sirhind dem Erdboden gleich.

Die gesamte Stadt mit einer Ausdehnung von zehn Kilometern wurde unter den *misls* aufgeteilt und in einer konzertierten Aktion geschleift. Kein Stein blieb auf dem anderen. Danach pflügten Jassa Singh Ahluwalia und weitere Anführer der *misls* die Reste mit Eseln unter und erfüllten somit Guru Gobind Singhs Fluch. Wie es heißt, dauerte es weitere 100 Jahre, bevor die Ruinen von Sirhind im Schwemmland der Flüsse Sutlej und Yamuna versanken.

Bald erreichen wir Mewa Singhs Werkstatt, die an der Straße unterhalb der Grand Trunk Road liegt. Es ist ein brütend heißer Tag, und die Einfahrt zum Gebäude bildet einen starken Kontrast zum grellen Sonnenlicht – eine dunkle, rechteckige Öffnung in der roten Ziegelmauer, gerade groß genug für einen Lkw. Palle verabschiedet sich und teilt mir mit, dass Jora und Jagdev mich gegen Abend hier treffen werden. Bis dahin kann ich mich in der Werkstatt umsehen.

Drinnen ist es einige Grad kühler. Scheppern, Knallen und Surren vermischt sich mit Gelächter und lautstarken Wortwechseln. Die etwa 16 000 Quadratmeter umfassende imposante Backsteinhalle beherbergt Schränke, Werkzeuge, Aluminiumzuschnitte, Malerschablonen, Blechplatten und staubüberzogene Bilder von Sikh-Gurus und Hindu-Gottheiten. Die Wand rechts vom Eingang schmückt ein riesiges Poster von Guru Gobind Singh mit seinen beiden den Märtyrertod gestorbenen Söhnen. Darunter steht groß in Gurmukhi-Schrift: *»Koti Koti Pranaam«* (Tausend Gebete).

Ein Arbeiter hämmert Stahlbleche. Andere fügen aus Holzprofilen die Rahmenkonstruktion einer Karosserie zusammen. Die nächsten sind mit Schweißen beschäftigt, der Lichtbogen taucht ihre konzentrierten Gesichter in einen orangefarbenen Schein.

Mewa Singh, der Meister, ist ein 64-jähriger würdevoller Sikh mit zerfurchtem Gesicht und ergrautem Wallebart, der untrennbar mit seinem Smartphone verbunden zu sein scheint. Wartende Kunden und arbeitende Handwerker umringen ihn und sprechen ihn ehrfurchtsvoll mit *sardarji* an, dem Titel für strenge, aber gerechte Anführer.

Lkw-Eigentümer sind da, aus Amerika zurückgekehrte Sikhs, Patriarchen, deren farbenfrohe *kurtas* sich über dicken Bäuchen spannen, während ihre Sprösslinge modisch ausgebleichte Jeans und Marken-T-Shirts von J. Crew tragen. Alle verfolgen gebannt, wie ein Truckkünstler weinrote Farbe auf das Heck ihres Trucks aufträgt, als plötzlich eine Fontäne aus Schweißfunken sie erschrocken zur Seite springen lässt. Ein Jugendlicher verteilt heißen, gesüßten Chai – Teepause an einem harten Arbeitstag.

Ich brauche eine Weile, um die Vielfalt der Aufgaben in der Werkstatt zu verstehen. Schließlich ist der Weg eines Trucks vom bloßen Fahrgestell zu einem bunt geschmückten Lasttier sehr komplex. Er ist eine ganze Symphonie aus Metall und Holz.

Mewa Singh & Co., gegründet 1978, ist einer der größten Lkw-Karosseriebauer in Sirhind mit einem jährlichen Umsatz von über 10 Millionen Rupien. Sein Geschäft floriert, weil er weiß, welche Bedeutung seine Arbeit für die Kunden hat. Für einen Trucker, der üblicherweise acht Monate des Jahres auf den Straßen verbringt, ist eine Lkw-Karosserie genauso wichtig wie ein Haus für den sesshaften Normalbürger. Mewa Singh ist sich dessen bewusst. »Das ist eine große Sache, vergleichbar mit der Wahl des Lebenspartners.«

Das Ganze beginnt mit einem »Chassis« – dem nackten Fahrgestell, an dem Getriebe und Motor, die Reifen, die Radaufhängungen, die Auspuffanlage und das Lenkgehäuse befestigt sind. Lkw-Hersteller liefern normalerweise nur dieses Chassis, um die Aufbauten kümmern sich dann Männer wie Mewa Singh. Mit anderen Worten, jeder Truck auf Indiens Straßen wurde Stück für Stück sorgfältig von einer hochspezialisierten Gruppe aus Tischlern und Innenausstattern in Handarbeit zusammengefügt.

An der Spitze dieser Gruppe steht der *ustad* – der Handwerksmeister, der sich auf alle Tätigkeiten versteht. Wie mir einer der Arbeiter bewundernd erzählt, kann der *ustad,* der heute allerdings nicht anwesend ist, die Landkarte Indiens freihändig, ohne Schablone, in eine Aluminiumplatte ritzen. Auch Mewa Singh rühmt sich, ein *ustad* zu sein. Er krempelt die Hemdärmel hoch und sagt: »Jahrzehntelang habe ich alle Arbeiten selbst gemacht. Und selbst heute wäre ich schneller als die meisten hier.«

Da er es inzwischen nicht mehr nötig hat, selbst mitzuarbeiten, zieht sich Mewa Singh allerdings bald in sein klimatisiertes Büro zurück, um »dringende Arbeiten« zu erledigen. Ich spaziere durch die Werkstatt und spreche Handwerker an, möchte genau nachvollziehen, wie aus einem Chassis ein vollwertiger Truck wird. Viele der Männer schauen neugierig von ihrer Beschäftigung auf und finden es faszinierend, dass hier ein Mann in Shorts mit einem Notizbuch in der Hand herumläuft.

Ich erfahre, welche Rohmaterialien bei der Herstellung der Karosserien verwendet werden: Sperrholz, Laminat, Stahl, Aluminium, fluoreszierendes Klebeband und malaysisches oder indisches Salbaumholz. Letzteres ist der wichtigste Garant für die Stabilität der Karosserie (wie schon sein wissenschaftlicher Name *shorea robusta* andeutet). Trucker behaupten, dass die Aufbauten aus Salbaumholz, die in Sirhind gefertigt werden, regelmäßig bis zu 65 Tonnen Ladung wie Marmor und weitere Baumaterialien tragen können. Spediteure, die ihre Trucks mit Marmor oder Kota überladen, lassen diese normalerweise in Sirhind oder Nagaur – einem Zentrum des Karosseriebaus in Rajasthan – fertigen.

Das Verfahren ist aufwendig. Zunächst entsteht eine Rahmenkonstruktion aus Holz und Metall, angefangen bei der Kabine über dem Fahrersitz bis hin zum Heck. Anschließend werden die Seitenwände des Laderaums auf bis zu drei Vierteln seiner Höhe mit rechteckigen Stahlplatten verkleidet. Der obere Teil der Wände besteht aus Salbaumholzplatten, die in derselben Farbe gestrichen werden wie der Stahl. Auch der

Boden der Ladefläche, der das Gewicht tragen muss, ist aus Salbaumholz.

Eine Gruppe Arbeiter schweißt den Kastenaufbau zusammen, eine andere nietet Blechzuschnitte auf die Karosserie, um dem Truck eine robuste Metalloberfläche zu verleihen. Das hölzerne Fachwerk des Kabinenaufbaus wird mit Salbaumholzplatten geschlossen. Danach wird die Kabine ebenfalls mit Blech ummantelt, das mit geometrisch geformten Aluminiumzuschnitten verziert ist.

Sobald die Kabinenhülle fertig ist, machen sich die Innenausstatter ans Werk. Sie gestalten die Kabine ganz nach den individuellen Kundenwünschen, beispielsweise mit Geheimfächern (um Schmuggelware zu verstecken) und fluoreszierendem Klebeband (damit die Kabine in der Nacht leuchtet). Danach bauen die Elektriker die Musikanlage und den Ventilator ein. Anschließend wird der Truck spritzlackiert, und zuletzt verzieren die Truckkünstler die Karosserie mit Schriftzügen und Bildern.

Außer den Arbeitern sind auch die beiden Söhne von Mewa Singh anwesend. Sie tragen blütenweiße *kurtas,* als wollten sie sich schon rein äußerlich von dem mit ihrem Gewerbe verbundenen Schmutz distanzieren. Mit auf dem Rücken verschränkten Händen spazieren sie herum und tun so, als würden sie die Arbeit überwachen; mit ihrer beträchtlichen Leibesfülle strahlen sie eine natürliche Autorität aus. Mewa Singhs Neffe, der auf demselben Gelände einen Laden für Lkw-Ersatzteile betreibt, schaut ebenfalls vorbei. Er trägt Jeans mit niedrigem Bund, damit der Markenname seiner Unterwäsche sichtbar ist – was inmitten von dem in einer Werkstatt üblichen Staub und Schmutz fehl am Platz wirkt.

Als einer der Söhne, ein Mann mit grell pinkfarbenem Turban und dünnem Bart, bemerkt, dass ich die Handwerker bei ihrer Arbeit unterbreche, bittet er mich, immer nur mit jeweils einer Person diskret in einer ruhigen Ecke zu reden. Aber es gibt keine ruhigen Ecken, und immer wieder kommen die Arbeiter auf mich zu und wollen wissen, was ich da in meinem Buch notiere. Schließlich beauftragt der Sohn den Buchhalter Sitaram Swarn Mandal, einen gebrechlich wirkenden Mann, der stille und dienstbeflissene Tüchtigkeit ausstrahlt, ein Auge auf mich zu haben.

Doch Mandal hat anscheinend wenig Lust, den Aufpasser zu spielen. Rasch schaffe ich es, ihn abzuwimmeln, und wende mich an Jagdish Sharma, einen Dekorateur aus dem Distrikt Madhubani in Bihar, der konzentriert Quadrate, Dreiecke und Sterne aus Aluminiumstreifen zuschneidet und sie auf Blechplatten befestigt. Laut seiner Auskunft benötigt man für einen Truck bis zu neun Meter Stahlblech.

Sharma ist einer von 20 Arbeitern in dieser Werkstatt, die je nach ihrer Funktion in Gruppen arbeiten – Elektriker, Schweißer, Innenausstatter, Karosseriebauer, Kabinenbauer, Maler und Dekorateure für das fluoreszierende Klebeband. Jede Gruppe führt konzentriert ihre spezifische Aufgabe aus, ohne sich von den anderen ablenken zu lassen. Ist ein Team fertig, wird der Truck ans nächste Team weitergeleitet. Gearbeitet wird von zehn Uhr vormittags bis neun Uhr abends mit einer Mittagspause zwischen eins und zwei. Sonntage sind frei.

Neben dem Heer von Biharis, die fast alle aus Madhubani stammen, arbeiten hier nur zwei Sikhs. Einer davon ist Sharma. Er hat einen ordentlich gestutzten Schnurrbart, und wundersamerweise ist seine Kleidung makellos sauber. Er erzählt mir, dass die sogenannte Madhubani-Kunst eine lange Tradition hat, weshalb sich die Menschen aus dieser Region besonders gut auf Design und Innenausstattung verstehen.

Normalerweise dauert es einen Monat, bis die Karosserie montiert ist. Momentan befinden sich hier sieben oder acht Trucks in den unterschiedlichsten Fertigungsstadien – einige bestehen nur aus einem Stahlrahmen mit Lenkgehäuse und Rädern, andere sind teilweise mit Blech und Holz verkleidet, während einer bereits mit der Spritzpistole lackiert wird, weshalb die Kleidung der Arbeiter über und über mit grünen Sprenkeln übersät ist.

Zwischen den Arbeitern drücken sich die Truckfahrer und –eigentümer herum, um sicherzugehen, dass ihre Vorgaben genauestens eingehalten werden. Während der vier Wochen, in denen die Karosserie ihres Lkws gebaut wird, übernachten sie in von Mewa Singh organisierten Unterkünften.

Bald finde ich heraus, dass die meisten Truckeigentümer, die auf grob zusammengeschweißten Stühlen hocken und rauchen, aus Kaschmir und Ladakh stammen. Vor der Werkstatt komme ich mit Farooque ins Gespräch, einem schlanken Mann, dessen schmale Augen und Lächeln ihm ein seltsam schlangenartiges Aussehen verleihen. Von ihm erfahre ich, dass viele Männer aus den Dörfern Kaschmirs Lkw-Fahrer sind. Farooque selbst stammt aus einem Dorf mit 300 Haushalten in der Nähe von Anantnag, wo mehr als hundert Trucker herkommen. Er fährt mit seinem 15 Jahre jüngeren Bruder Shaukat.

Farooque erzählt mir, dass die Kaschmiris bei Lkw-Karosserien spezielle Designs bevorzugen und durchaus bereit sind, dafür etwas mehr springen zu lassen. »Wenn ein Punjabi 100 000 Rupien für die Ausstattung ausgibt, dann investiert der Kaschmiri das Doppelte«, erklärt er stolz. Bei Trucks aus Kaschmir steht normalerweise der Name Allahs in Englisch und Urdu an der Wagenfront. Außerdem sind bei ihnen Darstellungen von Lebewesen, auch von religiösen Gestalten, verboten, da es im Islam als Vorrecht Allahs gilt, Lebewesen zu erschaffen. Stattdessen sind die Karosserie und der Innenraum der Kabine üppig mit geometrischen oder floralen Ornamenten verziert. Auch die Ausstattung der Kabinen fällt mit Plüschsitzen, fluoreszierenden Bändern und LCD-Bildschirmen für die abendliche Unterhaltung wesentlich luxuriöser aus. In ihrer Opulenz gleichen die Trucks der Kaschmiri eher den Trucks unserer Nachbarn im Westen als den indischen. Die pakistanischen Trucks werden auf der ganzen Welt für ihre beeindruckend schöne, kunstvolle Bemalung bewundert.

Ich frage die Brüder, warum sie die über 500 Kilometer von Kaschmir ins staubige Sirhind auf sich genommen haben. Shaukat erwidert, dass Sirhind einer der wenigen Orte sei, wo man wisse, wie man einen Truck nach Kaschmiri-Art baue. Außerdem gefällt ihnen die Robustheit der hiesigen Trucks. Man sehe es der Konstruktion nicht an, dass sie aus Holz sei. »Und das Salbaumholz hält 20 bis 25 Jahre und fault nicht, wenn es nass wird.«

Während Farooque bis zur zehnten Klasse in die Schule gegangen ist, kann Shaukat einen Bachelor- und Masterabschluss vorweisen. Aber Truckfahren war die einzige Arbeitsmöglichkeit für ihn. »Junge Leute mit guter Ausbildung finden nur schwer einen Job«, erklärt er. »Es gibt ein paar Stellen in Kühlhäusern und Zementfabriken, aber die meisten haben nur die Wahl, auf einer Apfelplantage zu arbeiten oder in den Staatsdienst einzutreten. Letzteres ist ziemlich schwierig, denn als Kaschmiri mit einem mittleren Bildungsabschluss in Urdu hat man bei den Aufnahmeprüfungen keine Chance.«

Und so ergibt die Entscheidung fürs Truckfahren Sinn. Auch wenn es ein nicht ungefährlicher Job ist, stimmt der Lohn. Farooque verdient durchschnittlich 50 000 Rupien im Monat. »Natürlich steigen die Einnahmen während der Zeit der Apfelernte. Überladung ist die Norm, und da verdienen wir schon mal das Doppelte.«

Beim Thema Äpfel gerät Farooque förmlich außer sich. Für ihn sind sie sogar der Grund für den Konflikt zwischen Indien und Pakistan. »Es liegt an unseren Äpfeln, dass Indien niemals Gebiete an Pakistan zurückgeben wird. Die Besetzung durch die Armee soll sicherstellen, dass Äpfel und Trockenfrüchte nach Indien geschickt werden und nicht ins viel nähere Pakistan. Aber ich kann es ihnen nicht verdenken. Äpfel aus Kaschmir sind nun mal die besten der Welt.« Ich muss schmunzeln.

Die Aufstände der Separatisten in Kaschmir hatten jedoch auch Auswirkungen auf sein Dorf. Mehr als 50 junge Männer sind spurlos verschwunden, einige über die Grenze nach Pakistan, andere vermutlich tot, irgendwo verscharrt in einem namenlosen Grab. »Die Rebellen sind für uns Helden. Jeder von ihnen ist einer von uns, der sein Leben für den Kampf gegen die Unterdrückung gegeben hat.« Dass er diese umstürzlerische Meinung so offen äußert, macht mich schaudern. Aber wenn man bedenkt, dass Anantnag und die benachbarten Distrikte im Süden Kaschmirs in den letzten Jahren zum Epizentrum der Aufstände geworden sind, ist es wohl wenig überraschend.

Mich interessiert, welche Erfahrungen er und sein Bruder in Indien gemacht haben, das für sie als Kaschmiris »Ausland« ist. Keine allzu guten. Farooque erzählt mir, dass Lastwagen mit kaschmirischen Nummernschildern häufiger von der Polizei und RTO-Beamten kontrolliert werden, weil die Trucks besonders weite Strecken zurücklegen und die Fahrer dementsprechend viel Bargeld mitführen. »Am schlimmsten ist die Polizei in Delhi. Nur um nach Delhi hineinzufahren, müssen wir bis zu 4000 Rupien zahlen, also meiden wir Delhi lieber ganz. Wir fahren die Äpfel lieber nach Ahmedabad, dort sind die Leute fairer und gastfreundlicher«, sagt er. Und Shaukat erzählt mir mit einer Mischung aus Verachtung und Fassungslosigkeit, wie ein Passant in Bihar 50 Rupien für eine Wegbeschreibung verlangte.

Bei all diesen heftigen Klagen über Indien scheint Bollywood das Einzige zu sein, was die Brüder mit dem Land verbindet. Sie sind große Fans des Schauspielers Sanjay Dutt. »Als er einmal nach Kaschmir kam, um einen Film zu drehen, war ich mitten unter den Fans, die sich um ihn drängten. Ich erinnere mich, dass ein Typ sogar auf die Kühlerhaube von Dutts Wagen gesprungen ist, um einen Blick auf ihn werfen zu können«, lacht Shaukat.

Ich frage sie, was sie während ihrer Touren am meisten vermissen, wenn sie an ihre Heimat denken. »Das Wasser«, antwortet Farooque. »Das Wasser in Kaschmir ist etwas ganz Besonderes. Im Vergleich dazu schmeckt es überall sonst salzig. Wenn ich in Indien unterwegs bin, freue ich mich vor allem auf einen Schluck aus unserem Dorfbrunnen.«

Noch ein Grund mehr, um nach Kaschmir zu fahren, denke ich mir, während ich vergeblich versuche, mir mit meinem kleinen Notizbuch bei 40 Grad im Schatten Luft zuzufächeln.

»Außerdem gibt es dort keine Stechmücken«, fügt Shaukat hinzu.

Ich traue meinen Ohren nicht. Ist das möglich? Eine Gegend ohne Mücken? Nun ja, das könnte der Grund sein, warum der Mogulkaiser Jahangir mit Nachdruck über Kaschmir sagte: »Wenn es ein Paradies auf Erden gibt, dann ist es dies, dies, dies.«

Während mir die sengenden Strahlen der Nachmittagssonne auf den bereits schwitzenden Kopf brennen, male ich mir sehnsüchtig aus, in Srinagar anzukommen und den kühlen Wind auf dem Gesicht zu spüren. Da taucht ein beleibter Polizist auf, dem man seine Bestechlichkeit schon von Weitem ansieht. Einer von Mewa Singhs Söhnen eilt ihm zur Begrüßung entgegen und nimmt ihn zu einer diskreten Unterredung beiseite. Ich nutze die Gelegenheit, um mit dem Mann zu sprechen, auf den ich mich am meisten gefreut hatte – Vinod Kumar, Truck-Art-Künstler.

Indische Truck Art geht auf die 1940er-Jahre zurück. Während des Zweiten Weltkriegs gab es in Indien zahlreiche Militärlastwagen. Nach dem Krieg wurden sie für den Transport von zivilen Gütern und Passagieren eingesetzt und von den neuen Besitzern bunt bemalt – die modernen Könige der Straße waren geboren. In einer Forschungsarbeit aus Pakistan, wo die Truck Art höchstes Ansehen genießt, findet sich folgende Beschreibung:

Die Fahrerkabine erinnert an den königlichen Thronsaal. Über dem Kabinendach ragt die Verlängerung des Ladeaufbaus nach vorn, die treffenderweise taj *oder Krone genannt wird. Sie erinnert an den* jharoka *oder Balkon, wo der König sein Volk sehen und vom Volk gesehen werden konnte. Die Sitze erinnern an die kostbaren Seiden- und Brokatstoffe, die man mit Königen verbindet, die Decke ist mit Darstellungen des Sheesh Mahal oder Spiegelpalasts geschmückt, einem beliebten Bauwerk der Mogulherrscher … Die Malereien zeigen Tiere und Landschaften, die von einfachen Leuten wegen der Eigenschaften und wegen des Lebensstils, die sie verkörpern, am meisten bewundert werden – ein Ideal, das wenig mit ihrem Alltag auf trockenen, staubigen Straßen und in überfüllten Städten zu tun hat.*

Die Entstehung dieser Kunst liegt aber womöglich noch viel weiter zurück. Man kann sich wirklich fragen, warum bunt verzierte Trucks ausschließlich auf dem indischen Subkontinent verbreitet sind. Es mag damit zu tun haben, dass der Warentransport in Indien schon immer eine farbenfrohe Angelegenheit war. Für die Kunsthistorikerin Nuzhat Kazmi ist Truck Art die Fortführung einer Tradition alter indischer Nomadenvölker, die bereits ihre Last- und Reittiere schmückten. Anders als die Europäer bewerteten Völker wie die Banjari ihre Ochsen und Kamele nicht nur nach ihrem Nutzen. Sie putzten ihre Ochsen heraus, sie verzierten ihre Kamele mit Borten, sie verehrten sie, ja, erlaubten ihnen sogar, die Wanderroute des Stammes zu bestimmen. Dies illustriert ein Bericht über die Banjaras aus dem 19. Jahrhundert:

Die Banjaras in Zentralindien betreiben eine ausgefallene Form der Ochsenverehrung: In jeder tanda *(Karawane) gibt es einen besonderen Ochsen, der dem Gott Balaji geweiht ist und Hatadia genannt wird (dieses Sanskrit-Wort bedeutet, dass seine Tötung eine schreckliche Sünde wäre). Er muss keine Lasten tragen, wird mit Girlanden aus rot gefärbter Seide und Glöckchen sowie Messingkettchen und Ringen an Hals und Füßen geschmückt und über und über mit Ketten aus Kaurimuscheln und Seidenquasten behängt. Er geht an der Spitze der* tanda, *und wo er sich niederlässt, schlagen die Menschen ihr Lager auf. Wenn Schwierigkeiten auftauchen, knien sie vor ihm nieder und erflehen Hilfe, und wenn sie selbst oder ihr Vieh krank sind, vertrauen sie darauf, dass ihre Gebete zu ihm Heilung bringen.*

Diese Zuneigung und Verehrung wurden offensichtlich auf Trucks übertragen, als sie die Ochsenkarren als vorherrschendes Transportmittel ablösten. In Sirhind gibt es den Beruf des Truck-Art-Künstlers seit den 1970er-Jahren. Und heutzutage ist Kumar einer von Tausenden, die diesem Gewerbe in ganz Indien nachgehen. Der dunkelhäutige, schweigsame Mann aus Shamli im Distrikt Muzaffarnagar trägt gerade breite Farbstriche auf das Heck eines Lkws auf. Wie er mir erzählt, übt er den Beruf schon seit zwölf Jahren aus, und er ist sowohl für die kunstvolle Gestaltung der Schriftzüge als auch für die Bilder verantwortlich. Pro Truck bekommt er 600 Rupien, die er sich mit einem Geschäftspartner teilt. Normalerweise braucht er vom Morgen bis zum späten Nachmittag, um einen Wagen zu verzieren.

Er malt Bilder aus seiner Fantasie. Sein Repertoire umfasst grüne Berglandschaften, Kühe und Kälber, das Taj Mahal, Pfauen, auf Weltkugeln sitzende Adler, Buchstaben mit 3-D-Effekt, die er mit geübter Hand pinselt. Gewöhnlich sind die Motive der Bilder vorgegeben, aber trotzdem gelingt es Kumar, den künstlerischen Konventionen der indischen Truck Art treu zu bleiben.

Ich sehe zu, wie er die Umrisse einer sittsam in einen *chaniya-choli* (weiter Rock mit Bluse) gekleideten Frau auf das Heck eines Trucks skizziert. Dann trägt er die Farben für den Hintergrund flächig auf. Wenn die Grundierung eine halbe Stunde lang getrocknet hat, macht sich Kumar an die Feinarbeit.

Ich nutze seine Pause, um ihn mit Fragen zu löchern. Kumar bezeichnet sich selbst als *kalakaar*, Künstler, kein anderes Wort würde ihn besser beschreiben. »Letztlich kommt alles von hier«, sagt er und berührt seine Stirn. Allerdings werden seiner Kreativität durch die Central Motor Vehicle Rules, die Zentrale Kraftfahrzeugordnung, Grenzen gesetzt. Sie nötigt ihn, Slogans staatlicher Kampagnen wie *Hum Do Hamare Do* (Eine Familie, zwei Kinder) oder *AIDS Se Bacho* (Gib Aids keine Chance) sowie Mobilnummer und Namen des Fuhrunternehmens und AIP (All India Permit) auf die Trucks zu schreiben – zusätzlich zu den oft recht eigenwilligen Mottos, die die Truckeigentümer vorgeben. Ein Spruch lautet beispielsweise: »Das Fahrzeug des Besitzers, der Schweiß des Fahrers, stolz fährt die Schönheit über den Highway.« Und inzwischen rühmen sich viele, der »König der Straße« zu sein.

Es ist kurz vor Sonnenuntergang, Zeit für eine weitere Runde Chai. Mewa Singhs Assistent kommt aus dem Büro und winkt mich zu sich. Der Meister gewährt mir eine Audienz.

Wie ein Feudalherrscher residiert Mewa Singh in seinem geräumigen Büro, umgeben von Bittstellern, die demütig auf an den Wänden aufgereihten Stühlen sitzen. Auf Einbauregalen stehen Porträts von Sikh-Gurus neben Ersatzscheinwerfern und Rücklichtern. An der Wand hinter Mewa Singh hängen sowohl ein hinduistischer als auch ein muslimischer Kalender und eine riesige Landkarte von Indien. Dazu zahlreiche ältere Gruppenfotos mit stattlichen *sardars,* die in Feierlaune neben Trucks posieren, zweifellos denkwürdige Momente im Leben von Mewa Singh & Co.

Mewa Singh deutet auf eines der Fotos. »Das war der erste Truck, der in dieser Werkstatt gebaut wurde«, sagt er. »Lange her – 1983!« Plötzlich leuchtet sein sonst so ernstes Gesicht vor Freude. Ich frage ihn nach den Anfängen der Werkstatt.

»Als ich 13 Jahre alt war, starb meine Mutter an Krebs. Damals hatten wir eine Menge Schulden – mehr als 7000 Rupien. Auch mein Vater baute Truckkarosserien, und so half ich ihm für einen Tageslohn von zwei Rupien in der Werkstatt, in der er angestellt war. Dort habe ich das Handwerk von der Pike auf gelernt. Ich war ein guter Arbeiter. Für eine Aufgabe, die ich damals in zwei Stunden erledigt habe, brauchen Arbeiter heutzutage acht Stunden.

Es dauerte zehn Jahre, bis wir unsere Schulden abbezahlt hatten. 1978 machten sich mein Vater und seine vier Brüder mit drei Angestellten selbstständig. Es war ein kleiner Betrieb. In unserem Haus war gleichzeitig die Werkstatt untergebracht. Der Truck, an dem sie arbeiteten, stand draußen auf der Straße. Damals kostete eine Karosserie ungefähr 11 000 Rupien, und üblicherweise verdienten sie 500 Rupien an jedem Truck, den sie bauten.

Bald nahmen sie ein Darlehen auf und errichteten eine eigene Werkstatt. Land und Baumaterial waren billig, und so hatten sie das Geld bereits nach wenigen Jahren zurückgezahlt. Kurze Zeit später begann ein Bihari bei ihnen zu arbeiten. Er holte mehr Männer aus seinem Dorf nach, und heute wird diese Branche von Arbeitern aus Bihar beherrscht.

Unsere ersten Kunden kamen hauptsächlich aus dem Punjab, aber wir erwarben uns einen so guten Ruf, dass auch Fahrer aus Kaschmir auf uns aufmerksam wurden. Sie brachten einen Truck mit, um uns zu zeigen, welches Design sie haben wollten, und bald brachten wir es hier zur Meisterschaft. Heutzutage gibt es viele Konkurrenzunternehmen in Patiala, Moga, Jira und Jalandhar, aber die Fahrer aus Kaschmir kommen für ihre Karosserien immer noch nach Sirhind. Sie vertrauen nur uns.

Dagegen haben wir kaum mehr Kunden aus anderen Bundesstaaten wie Haryana und dem Punjab. Denen geht es nur noch um die Kosten, nicht mehr um die Qualität. Wenn man ihnen ein Angebot macht, das ein paar Tausender über ihren Vorstellungen liegt, laufen sie zur Konkurrenz.

Deswegen leidet unser Geschäft. Es ist immer noch ein Familienunternehmen – wir sind insgesamt neun Familien. Aber die Nachfrage ist gesunken, und es gibt viele hungrige Mäuler zu stopfen. Also erweitern wir unseren Geschäftsbereich. Mein Bruder und mein Neffe führen hier auf dem Grundstück einen Laden für Ersatzteile, und ich tue mein Bestes, um meine Söhne bei anderen Betrieben unterzubringen.«

Als ich das Büro verlasse, stoße ich auf Jora, Jagdev und Palle, die sich mit einigen Arbeitern unterhalten. Dank der spannenden Eindrücke in der Werkstatt hatte ich sie fast vergessen. Jagdev schüttelt mir herzlich die Hand. Währenddessen bleibt Jora im Hintergrund; er lehnt an einem Truck und spielt mit einem Schlüsselbund.

Vor dem Büro herrscht so viel Lärm, dass wir hinter das Werkstattgelände flüchten. Dort befindet sich ein riesiger staatlicher Getreidemarkt. Man hört das pulsierende Rattern der Dreschmaschinen, die Wolken von Spreu ausspucken. Vor uns in der Abenddämmerung liegt eine ganze Dünenlandschaft von frisch gedroschenem Weizen.

Sikh-Bauern mit beeindruckenden Vollbärten und gezwirbelten Schnurrbärten sitzen in Grüppchen auf Getreidesäcken beieinander und bewachen ihren Weizen, bevor die Food Corporation of India ihn ankauft. Währenddessen kauen sie Tabak, den sie aus Päckchen ziehen, die laut Aufschrift einst »hochwertige USB-Kabel« enthielten. Einige Bauern warten schon seit zehn Tagen darauf, dass man ihnen ihre Ernte abkauft. Viele von ihnen sind Ehrfurcht gebietende Erscheinungen. Doch als ich sie anspreche, entpuppen sie sich als äußerst warmherzige Menschen, ihre Mienen verziehen sich zu einem freundlichen Lächeln, und sie wirken überhaupt nicht mehr grimmig. Wenn es darum geht, die Menschen im Punjab einzuschätzen, darf man eben nicht nach dem Bart urteilen. Man muss das Lächeln suchen, das hinter dem dichten Gestrüpp verborgen liegt.

Es ist bereits dunkel, als wir den *mandi* verlassen. »Komm, wir zeigen dir unseren Hyundai Accent«, sagt Jora, der uns mit den Schlüsseln in der Hand Richtung Highway vorausgeht. Nachdem ich Jora in seinem Truck erlebt habe, wirkt er auf dem Fahrersitz des Accent seltsam geschrumpft. Das Fahrzeug ist ähnlich liebevoll wie ein Truck mit Gardinen und viel Glitzerdeko ausgestattet. Einen Ehrenplatz nimmt ein LCD-Bildschirm ein, auf dem Jora Musikvideos aus dem Punjab abspielt. Wir machen uns auf den Weg zu seiner Wohnung.

Jora ist Untermieter in einem Haus mit drei Zimmern. Seine aus Bihar stammende Vermieterin, ihre zehnjährige Tochter und ihr vierjähriger Sohn begrüßen uns im Flur. Das Abendessen ist in Vorbereitung; die Frau backt *rotis* auf einem *chulha* (Ofen). Jora bewohnt ein großzügig geschnittenes Zimmer mit einem stabilen Bett und pastellgrünen Wänden. Ein Regalschrank mit drei Brettern beherbergt Besteck, Gläser und einen zerbrochenen Aschenbecher, und wenn seine Freundin zu Besuch kommt, kann Jora sogar einen Vorhang vors Fenster ziehen. Seine wichtigsten materiellen Besitztümer sind ein Fernseher und ein Klimagerät. Da der Deckenventilator nicht funktioniert, steht die Hitze im Zimmer. Jora schaltet das Klimagerät ein, das uns zunächst heiße Windstöße ins Gesicht bläst. Er justiert die Lamellen, um das zu beheben, und zündet sich eine Zigarette an.

Wir setzen uns aufs Bett, öffnen die gerade gekaufte Flasche Whisky und trinken bis in die Nacht hinein. Zu vorgerückter Stunde wird die Unterhaltung eher auf Punjabi als auf Hindi geführt, sodass ich nicht alles verstehe.

»Vor zehn Jahren war hier alles noch Ackerland. Jetzt ist es vorwiegend ein Bihari-Viertel«, erklärt Palle. »Aber man sieht hier nicht sonderlich viele Muslime. Die meisten sind während der Teilung nach Pakistan gegangen.« Das stimmt. Der einzige Muslim, der mir auffiel, war ein nicht besonders fromm wirkender Handlungsreisender, der Medizin für die Libido anbot. Spuren von Sirhinds islamischer Vergangenheit sind jedoch immer noch sichtbar. Hier befindet sich das gut besuchte Mausoleum von Scheich Ahmad Sirhindi. Dieser konservative islamische Gelehrte hatte die Klage der Orthodoxen gegen Großmogul Akbars synkretistische Religionspolitik geführt, wofür ihm der Titel Mujaddid-i-Alf-i Thani oder »Erneuerer des Islam im zweiten Jahrtausend« verliehen wurde.

Nach seinem dritten Glas Whisky gesteht Jagdev, dass er seine Familie während der Touren schrecklich vermisst. »Ich überlege schon, bei Mewa Singh zu arbeiten. Dann könnte ich jeden Abend mit meiner Tochter spielen. Ich mag gar nicht daran denken, dass ich übermorgen wieder fahren muss«, sagt er, während wir die letzten Schlucke Whisky leeren.

Danach bestehen Jora und Jagdev darauf, mich zu einem billigen Motel in der Nähe zu bringen. Dort angekommen, feilschen sie für mich heftig mit dem Mann an der Rezeption. Animiert durch den Alkohol, umarme ich sie überschwänglich zum Abschied. Als ich ihrem weißen Accent nachschaue, überfällt mich eine tiefe Traurigkeit.

Trunken schwanke ich die Stufen zu meinem Zimmer hinauf und falle auf das steinharte Bett. Minuten später spüre ich, wie sich eine Mücke auf meiner Wange niederlässt. Reflexartig schlage ich nach ihr, verfehle sie jedoch und verpasse mir eine heftige Ohrfeige. Kurz darauf summt mir die Mücke wieder ins Ohr. Bevor ich wegdöse, muss ich an Shaukats letzte Bemerkung denken. Mückenfreies Kaschmir, ich komme!

Die Sommerflüchtlinge in Kaschmir

Als ich in Jammu ankomme, ist es bereits dunkel. Während ich durch die Stadt schlendere, fällt mir auf, dass hier Einflüsse von Hindus, Muslimen und Sikhs sichtbar sind. Man fühlt sich an den Punjab vor der Teilung Indiens erinnert, allerdings ohne das berühmte friedliche Miteinander. Stattdessen ist eine gewisse Unsicherheit zu spüren, vielleicht dadurch bedingt, dass wir uns im einzigen indischen Bundesstaat mit muslimischer Bevölkerungsmehrheit befinden[2], in der es überdies immer wieder zu Spannungen kommt. Bezeichnend für die hier vorherrschende Atmosphäre ist eine Anschlagtafel in einem kaschmirischen Restaurant, in dem ich ein ausgezeichnetes *rogan josh* zu mir nehme.. Da steht: »Hier ist es strengstens verboten, sich über Politik zu unterhalten.« So etwas ist mir wirklich noch nie begegnet.

Die Spannungen gehen auf die Teilung zurück, vielleicht gab es sie aber auch schon davor – die Gewaltausbrüche im Punjab während der Teilung sind gut dokumentiert, doch die Gräuel in Jammu sind weniger bekannt. Die Muslime in Jammu sollen von der Armee des Dogra-Herrschers in Absprache mit den Hindus

2 2019 wurde der Bundesstaat Jammu und Kaschmir in die Unionsterritorien Jammu und Kaschmir im Westen und Ladakh im Osten aufgeteilt. (A. d. Ü.)

und den Sikhs systematisch massakriert und vertrieben worden sein. Unter den Soldaten befanden sich Sikh-Flüchtlinge aus dem von Pakistan besetzten Teil Kaschmirs, die »mit blanken Schwertern durch die Straßen zogen«. Die Massaker wurden angeblich organisiert, um die demografische Zusammensetzung der Bevölkerung in dieser Region zu ändern: Jammu sollte indisch bleiben, selbst wenn Kaschmir an Pakistan fiel.

In Teilen von Jammu fühlt man sich von der Architektur her fast nach Kaschmir versetzt. Doch noch immer stecke ich im Flachland fest, und es ist genauso heiß wie im Punjab. Die Menschen sprechen Dogri, eine Sprache, die dem Punjabi im Tonfall auffallend ähnelt – sie ist die einzige weitere Tonsprache Indiens, das heißt, dass sich die Bedeutung eines Wortes oder Satzes je nach Tonhöhe ändert, was bei indogermanischen Sprachen eher selten vorkommt. So kann das Wort *kar* zum Beispiel Haus, Hände oder Kopfschuppe bedeuten, je nachdem in welcher Tonlage es gesprochen wird.

Am nächsten Tag gegen Mittag mache ich mich auf den Weg zum Transport Nagar in Jammu. Es liegt direkt am National Highway 44 – ein riesiger, unbefestigter Parkplatz für Trucks auf der Durchreise. Die Sonne steht hoch am Himmel. Eine Schlange ramponierter Lkws erzeugt eine undurchdringliche Staubwolke, die alles mit einer feinen goldbraunen Schmutzschicht bedeckt. Als ich mir mit dem Taschentuch die Stirn abwische, bleibt dort eine schmierige Mischung aus Schweiß und Staub zurück. Das Thermometer ist schon locker über 40 Grad gestiegen, mich plagen heftige Kopfschmerzen. Das muss das erste Anzeichen eines Sonnenstichs sein, denke ich, und steuere die nächste Linderung verheißende Flüssigkeitsquelle an, einen Wassermelonenstand, der von einem Bihari aus dem Distrikt Katihar betrieben wird. Als mir der süße, leicht würzige Saft durch die Kehle rinnt, fühle ich mich wie neugeboren.

Während ich mehrere Fahrer wegen einer Mitfahrgelegenheit anspreche, wird mir klar, dass bei der Fahrt nach Kaschmir die größte Herausforderung in dem bergigen Gelände besteht, das nun einmal bezwungen werden muss. Kein Wunder, dass Indien für die meisten aus Kaschmir stammenden Trucker eine einzige langweilige Ebene ist.

Es gibt nur eine einspurige Straße, die das Kaschmirtal mit dem Rest Indiens verbindet. Dieser Highway ist Kaschmirs strategische Lebensader, was bedeutet, dass die Lkws hier über ein Konvoi-System abgefertigt werden – der Verkehr wird an abwechselnden Tagen von Jammu oder Srinagar durchgelassen. Der Konvoi mit Ziel Srinagar startet ab Mitternacht in der etwa 80 Kilometer von Jammu entfernten Stadt Udhampur, die Lkws werden sich also erst am späten Abend auf den Weg machen. Und ich muss hier einen ganzen, brütend heißen Nachmittag hinter mich bringen.

Ich klappere einen Truck nach dem anderen ab und erläutere den Fahrern mein Projekt, gebe ihnen meine Handynummer und beschwöre sie, mich anzurufen, wenn sie aufbrechen.

Gegen drei Uhr nachmittags meldet sich unerwartet einer von ihnen, der ebenfalls Farooque heißt. Ich hatte nicht wirklich mit einem Rückruf gerechnet und mich schon halb darauf eingestellt, eine weitere Nacht in Jammu verbringen zu müssen. »In zehn Minuten geht's los«, erklärt er. Ich soll ihn in der Nähe eines *SBI*-Geldautomaten am Terminal treffen. Mein Herz macht vor Freude einen Sprung. Ich kann es kaum erwarten, dieser unerbittlichen Hitze zu entfliehen, hinauf zu den nebelverhangenen Gipfeln!

Farooque ist ein schlaksiger 35-jähriger Mann mit einem nervösen Lächeln und freundlich funkelnden Augen, der eine triste graue Hose und ein kariertes Hemd trägt. Bevor er den Motor anlässt, murmelt er ein Gebet und richtet den Blick zur Kabinendecke. Angesichts der gefährlichen Route und der ramponierten Straßen kann er Beistand von oben nur allzu gut gebrauchen. Sein Truck ist ein robuster rotgrüner Dreiachser mit stylishen Schiebetüren. Solche Türen habe ich bei einem Lkw noch nie gesehen. Auf der Motorhaube und am Heck steht in leuchtenden Farben die Zahl 786, die bei südasiatischen Muslimen als Glückszahl gilt, sowie *»Ya Allah«* und *»Ya Mohammad«*. Das Innere der Kabine ist ebenso wie der Truck außen sehr minimalistisch gestaltet, es gibt weder Malereien noch Fotos, nur das abstrakte geometrische Muster der Laminatverkleidung. Farooques *maal* besteht aus einer riesigen Menge Harnstoff, 20 Tonnen, mehr als doppelt so viel wie die erlaubte Ladekapazität seines Lkws. Mit dem Harnstoff sollen Apfelbäume in den höher gelegenen Regionen des Kaschmirtals behandelt werden.

Mit einem lauten Rums schließt sich die Schiebetür, das Signal zum Aufbruch. Wir verlassen das staubige Terminal und schlängeln uns durch die schmalen Gassen Jammus zu einer Tankstelle. Mir fällt auf, dass der linke Seitenspiegel fehlt, was mir die Fahrt angesichts der Tatsache, dass Farooque ohne *khalassi* unterwegs ist, doppelt gefährlich erscheinen lässt. Ich mache ihn darauf aufmerksam. An der Tankstelle springt er heraus und befestigt im Handumdrehen einen Spiegel in der Halterung.

Farooque fährt schon seit 15 Jahren, fünf davon auf der wahrscheinlich gefährlichsten Straße Indiens – dem Srinagar-Leh-Highway. Ich atme auf: Wenn er immer noch am Leben ist, muss er einfach ein guter Fahrer sein. Trotzdem bin ich etwas beklommen, als ich sehe, wie er den Truck mit dem Ellbogen steuert, während er mit der linken Hand Wasser trinkt und mit der rechten telefoniert. Nicht zur Nachahmung empfohlen!

Bald befinden wir uns auf dem National Highway 44, einer gut asphaltierten vierspurigen Fernstraße, die sogar mit einer Fahrbahntrennung ausgestattet ist. Ich frage Farooque, ob die gesamte Strecke bis Srinagar so gut ausgebaut ist. Er lacht schallend auf. »Du machst wohl Witze«, antwortet er. »So wie hier ist es nur bis Udhampur, vielleicht noch 60 bis 70 Kilometer. Danach wird es schrecklich. Durch die Überschwemmungen sind die Schäden noch größer geworden. Auch diese Straße wurde nicht vom Staat gebaut. Die Tunnel zwischen Jammu und Udhampur haben private Bauunternehmen gegraben.« Bereits jetzt bekomme ich eine Ahnung von der Inkompetenz und Gleichgültigkeit der Regierung in dieser Region.

Die Sonne brennt durch die Scheiben des Lkws, der heiße Wind ist nicht so wohltuend, wie ich erhofft hatte, und so träume ich mich in das waldige Kaschmir, das ich von Ansichtskarten kenne. Der Fluss Tawi ist eine Weile unser Begleiter, glitzernd schlängelt er sich durch eine mit Felsen gesprenkelte Landschaft von reiner Schönheit. Auf den Ästen kahler Bäume sitzen schnatternde Affen. Sie haben sich erstaunlich gut an das Leben neben dem Highway angepasst – wie die Fußgänger blicken sie sogar nach links und rechts, ehe sie die Straße überqueren!

Wir kommen an winzigen Schreinen vorbei, die dem Sufi-Heiligen Pir Baba gewidmet sind und angeblich jede *mannat* (Gunst) gewähren, die seine Anhänger erbitten. Die violetten und grünen Fahnen auf den Schreinen flattern im Wind, eine Erinnerung an Kaschmirs historische Verbindung zum Sufismus, in dem sich Elemente des Islam und des Hinduismus vereinen. Bevor der militante Islam in den 1980er-Jahren in Kaschmir Wurzeln schlug, war die dortige Kultur für ihren Synkretismus bekannt; die Region war einer der wenigen Orte auf dem Subkontinent, wo sufistische Heilige als *rishis*, Erleuchtete, bezeichnet wurden. Der einflussreichste von ihnen war Noor ud-Din Wali, auch als Nund Rishi bekannt, der im 15. Jahrhundert lebte.

Nach etwa 30 Kilometern, die wir dank der Überladung des Lkws mit nur 20 Stundenkilometern bergauf und gerade mal 45 auf ebenem Gelände zurückgelegt haben, entdecke ich eine Gruppe schlaksiger junger Männer mit Stoffbeuteln am Straßenrand, die den Daumen in die Luft recken und mitfahren wollen. Farooque zögert zunächst, doch schließlich bremst er den Lkw auf Schritttempo ab und ruft aus dem Fenster: »Das kostet 2500 Rupien.« Ich bin verwirrt. Wie ich erfahre, umfasst dieser Betrag die Beförderung von vier *sawaaris* (Passagieren), den Stoffbeuteln mit all ihren Habseligkeiten und einem Bündel Feuerholz zu der etwa 300 Kilometer entfernten Stadt Sopore. Während sie über den Preis feilschen, frage ich mich besorgt, wie so viele Menschen in die enge Kabine passen sollen. Letztendlich ist es Farooque die Mühe doch nicht wert, und ich stoße einen Seufzer der Erleichterung aus.

Doch als wir weiterfahren, häufen sich die neben der Straße kauernden Anhalter. Ich werde den Verdacht nicht los, dass das Ganze System hat. Ein afghanisch aussehender Mann mit einem getupften Turban hockt auf den Fersen, seine Besitztümer um sich verstreut, und starrt uns trübsinnig nach, als wir vorbeirauschen. Wer *sind* diese Leute?

»Das sind Gujjars«, sagt Farooque. »Im Sommer ziehen sie für einige Monate in die Berge, um ihre Schafe und Ziegen weiden zu lassen.«

Ich fasse es nicht. Hier begegnet mir doch tatsächlich die uralte Tradition der Wanderweidewirtschaft, die von den nomadischen Hirtenvölkern der Gujjars und Bakarwals betrieben wird. Ganze Familien strömen mit ihren Herden zu den üppigen subalpinen und alpinen Weiden, um der Sommerhitze zu entkommen. Nachdem ich nun schon einen Monat lang im

Hitzedunst unterwegs bin, kann ich diesen Fluchtdrang nur allzu gut nachvollziehen. Wir sind hier alle Sommerflüchtlinge.

Üblicherweise reisen mehrere Gujjar-Familien zusammen in einer Karawane oder *kafila,* begleitet von scharfen Hütehunden, die die Herde auf den Weiden vor wilden Tieren beschützen. Einstmals beförderten sie ihren Besitz mit Pferden, was heute zum Teil die Trucks übernehmen, da die traditionelle Wanderroute der Nomaden nahezu parallel zum Jammu-Srinagar-Highway verläuft. Sie brechen im Mai auf und kehren im Oktober zurück ins Flachland, wenn die Temperaturen in Kaschmir unter den Gefrierpunkt sinken.

Ich als Großstädter kann mir eine solche Lebensweise nur schwer vorstellen. Die Menschengrüppchen, die die Fernstraße säumen, erscheinen mir in unserer modernen Welt völlig aus der Zeit gefallen. Oder vielleicht ist das moderne Leben bei ihnen einfach noch nicht angekommen – sie haben nur davon gehört, dass dieses Phänomen an Orten wie Mumbai und Delhi existieren soll. Wieder einmal wird mir bewusst, dass Indien ein Land ist, in dem viele verschiedene Jahrhunderte nebeneinander existieren. Denn mit der Kamera meines Smartphones nehme ich ein Nomadenvolk ins Visier, dessen Lebensstil sich im Lauf der Jahrhunderte kaum verändert hat. Abgesehen davon natürlich, dass sie jetzt in diesen neumodischen Trucks mitfahren.

Als die Sonne sinkt, erblicke ich immer wieder blökende Schafe und Ziegen, die widerwillig auf der Straße trotten, beaufsichtigt von zwei oder drei Jungs mit robusten *lathis* (Schlagstöcken). Um der sengenden Hitze zu entgehen, wandern die Gujjars und Bakarwals gewöhnlich erst nach Einbruch der Dämmerung über die Highways. Manche wählen auch eine andere Route über ausgetretene Bergpfade, viele davon uralte Handelsrouten, die heute kaum noch jemand kennt. Als die Regierung 2005 mit der Rekonstruktion der verfallenen Mughal Road begann, wandte sie sich an die Gujjars und Bakarwals, um ihren Verlauf nachzuvollziehen.

Nachdem Farooque mehrere Anhalter ignoriert hat, hält er, wahrscheinlich aus Mitleid, neben einem Mann und seiner verhutzelten Mutter. Der Mann, Salim, hat lockiges Haar, Knopfaugen und trägt eine weiße, aber fleckige *kameez*. An einem seiner Finger funkelt ein Ring mit einem knallrosa Stein. Farooque verlangt 1500 Rupien, Salim bietet 1000. Sie feilschen eine Weile und einigen sich schließlich auf 1300 Rupien. Wir helfen der greisen Mutter beim Einsteigen durch die hoch gelegene Kabinentür. Salim verstaut seine Habseligkeiten auf dem Dach und springt herein.

Er zieht seine Schuhe aus – ja, die meisten Nomaden tragen Schuhe, um das schwierige Gebirgsterrain zu meistern –, und sogleich steigt uns ein abscheulicher Gestank in die Nase. »Wirf die Socken raus«, fordert Farooque ihn angeekelt auf. Salim kommt seiner Anordnung mit kleinlauter Miene nach. An dem Gestank ändert sich jedoch nichts. Ich bemerke, dass die Füße des Mannes krank aussehen, als hätten sie längere Zeit in warmem Wasser gesteckt: Sie sind runzelig, geschwollen und knollig und werden von Fliegen umschwärmt.

Seiner Familie gehört eine Herde von über 200 Ziegen und Schafen, die sein Bruder über Bergpfade treibt. Sie leben vom Verkauf von Wolle und Milchprodukten. Ihre milchlastige Kost ergänzen sie durch alles, was der Wald an Nahrung bietet.

»Wir leben in den Bergen in provisorischen Unterkünften«, erklärt er.

Zerknirscht denke ich daran, dass Farooque wegen mir keinen weiteren Anhalter mitnehmen kann, der ihm ein hübsches Sümmchen einbringen könnte. Doch als ich ihm Geld anbiete, schüttelt er den Kopf. »Du bist mein Gast«, sagt er bestimmt. Schon wieder dieser Satz.

Mir geht durch den Sinn, dass die Gujjars weitaus weniger gastfreundlich behandelt werden – vielleicht kommt das von dem tief verwurzelten Misstrauen und der Feindseligkeit, die sesshafte Menschen gegenüber Nomaden hegen, obwohl man Lkw-Fahrer als eine Mischung aus beidem betrachten könnte. Eine Klasse von Nomaden blickt auf eine andere herab.

Ungefähr 45 Kilometer hinter Jammu stoppen wir, weil ein paar der Fahrer an der Spitze unserer inoffiziellen, aus fünf Lkws bestehenden Kolonne eine größere Gruppe Gujjars aufsammeln. Da sind eine meckernde Ziege mit ihrem Kitz, zwei ältere Frauen, ein Paar mit seiner kleinen Tochter und ein Cousin des Mannes, der Anfang 20 ist. Sie tragen mit Kokosseilen verschnürte Bündel, die Utensilien und Zubehör für ein geräumiges Zelt enthalten. Die Ziege mit ihrem Kitz soll ihnen auf dem Weg zu den Weiden Milch liefern. Sie hieven die Ziege auf den Truck, und der Cousin macht sich daran, Gras auszurupfen, damit sie etwas zu fressen hat. Inzwischen wird es dunkel, und ich erblicke die Lichter des Vaishno-Devi-Tempels, die an dem ansonsten unbesiedelten Berg glitzern.

Die anderen Trucker, ein Brüderpaar namens Liaqat und Javed, ebenfalls Dogra-Muslime, putzen ihre Lkws mit größter Sorgfalt, spritzen Wasser auf alle sichtbaren Teile und reiben sie mit einem Lappen trocken. Liaqat, ein dunkler, grüblerisch wirkender Hüne, an die 1,95 groß, hatte offenbar traumatische Erfahrungen mit Frauen. Auf dem Kotflügel seines Lasters steht: »Nimm Gift, aber trau keinem Mädchen.« Er ließ den Spruch anbringen, nachdem ihn seine Frau wegen einem anderen Mann verlassen hatte.

Er kratzt sich die breite Brust und erklärt, er nehme normalerweise keine Gujjars mit, denn »die stinken«. Doch da Javed schon einigen zugesagt hat, gibt er nach. Javed, ein hoch aufgeschossener Mann mit einem dichten, in Form gestutzten Bart und einem freundlichen, wenn auch leicht argwöhnischen Lächeln, berechnet den Gujjars 5000 Rupien für die Mitnahme, nicht gerade ein Schnäppchen.

Bald machen sie sich daran, auf einem Gaskocher das Essen zuzubereiten, ein einfaches *dal-chawal.* Anders als die meisten ihrer indischen Kollegen nehmen die Trucker aus Kaschmir auf ihren Touren stets Proviant mit. In Kaschmir sind *dhabas* dünn gesät. Außerdem kommt es wegen der schmalen, schlechten Straßen häufig zu massiven Verkehrsstockungen. Ein liegen gebliebenes Fahrzeug genügt, dass sich kilometerlange Staus durch die Berge winden. Und im Winter brauchen die Trucker auf den verschneiten Straßen für die 300 Kilometer lange Strecke von Jammu nach Srinagar bis zu zehn Tage. Unter solchen Umständen kann fehlender Proviant den Hungertod bedeuten.

Nach dem Essen fahren wir weiter und halten dann ein Stück vor Udhampur an. Die Fahrer befinden, dass es Zeit für ein Schläfchen ist. Der Plan lautet, eine kleine Ruhepause einzulegen und sich dann dem Konvoi anzuschließen, der gegen Mitternacht von Udhampur startet. Es ist etwas frisch geworden, und alle legen sich auf Decken, die sie an einem geeigneten Plätzchen ausbreiten – am Straßenrand, auf dem Lkw-Dach, in der Kabine, überall, nur nicht mitten auf der Fahrbahn.

Ich bin gerade dabei, mich am Straßenrand niederzulassen, als Mohammed Arub auf mich zutritt, der Cousin des Gujjar-

Paares. Ich nehme ihn in der Dunkelheit erst wahr, als er sich eine *beedi* anzündet.

»Wahrscheinlich werde ich nie wieder Gelegenheit haben, mit einem gebildeten Menschen wie Ihnen zu sprechen. Ich war nur bis zur achten Klasse in der Schule«, beginnt er. »Und ich hätte eine Bitte. Könnten Sie mir irgendwo einen Job besorgen? Vom Schafe- und Ziegenhüten kann man nicht mehr leben.«

Ich erkundige mich, nach welcher Art von Beschäftigung er sucht. Dabei stellt sich heraus, dass er Jammu und Kaschmir eigentlich nicht verlassen will.

»Ich kenne hier alle geheimen Bergpfade und kann Sie zu Orten bringen, an denen Sie nicht einmal Handyempfang haben«, legt er dar. »Ich wäre ein guter Guide. Außerdem weiß ich alles über Heilkräuter und darüber, wie man Nahrung findet und sich wilde Tiere vom Leib hält. Wenn Sie Touristen oder Ausländer kennen, die nach Kaschmir kommen wollen, kann ich sie herumführen.«

In vertraulichem Ton erzählt er mir von einem Kraut, das in abgelegenen Gegenden wächst – oder genauer gesagt, an Orten, wo man keine »Hunde, Esel und Frauen« hört. »Wer dieses Kraut besitzt, dem kann keine Frau widerstehen«, behauptet er. So fasziniert ich seinen enthusiastischen Ausführungen lausche, beschleicht mich doch nach einer Weile das Gefühl, dass ich nichts für ihn tun kann. Ich sage ihm, dass ich mein Bestes versuchen werde, und wir tauschen Telefonnummern aus.

Mein Gespräch mit Arub verdeutlicht mir, dass die modernen Zeiten einen hohen Tribut von den nomadisch lebenden Gujjars und Bakarwals fordern. Deshalb entscheiden sich manche, sesshaft zu werden, allerdings nicht ohne sich abzusichern. Ein Sohn der Familie führt normalerweise das Familiengewerbe weiter, während der andere im modernen Leben sein Glück versucht. Arubs jüngerer Bruder studiert an einer Ingenieurschule in Jammu. Arub muss weiter die Ziegen und Schafe hüten, damit seine Familie die Schulgebühren für seinen Bruder bezahlen kann. »Wenn er einen guten Job findet, kann ich hoffentlich damit aufhören«, meint er und klettert geschickt auf das Dach des Lkws, um sich zu seiner schlafenden Familie zu gesellen.

Gegen Mitternacht wird Liaqat von einem Cousin am *naka* (Kontrollpunkt) von Udhampur telefonisch benachrichtigt, dass sich der Konvoi in Bewegung gesetzt hat. Wir werden mit lauten Rufen aus unserem Schlummer geweckt, und als sich alle wieder sortiert haben, finde ich mich in Javeds Truck zusammen mit Arub, dem Gujjar-Paar und seinem Kind wieder.

In der Morgendämmerung halten wir erneut. Während sich die Trucker unter einem Wasserfall waschen, spaziere ich ein bisschen herum. Ich bin umgeben von glitzernden Bächen und nackten Felsen, Ausläufern des Pir-Panjal-Gebirges mit seinen schneebedeckten Gipfeln, die in der Ferne aufragen. Die Straßen sind jetzt schmaler und weisen Schäden auf, die entweder von der letzten Überschwemmung stammen oder schon immer da waren. Das ist schwer zu sagen, denn seit Udhampur ist die Fahrbahn durchgehend in einem miserablen Zustand.

Es gibt die Bahnlinie von Baramulla nach Banihal, eine wichtige Verbindung für Pendler, durch die sich der Personenverkehr auf dem NH 44 verringert hat. Doch für Trucker ist die Situation vor allem durch die Überschwemmungen noch schlechter geworden. Loses Geröll kullert einen Felshang herunter, während wir Richtung Srinagar fahren, und bei jeder kniffligen Kurve schicke ich stumme Stoßgebete zum Himmel, dass wir das alle heil überstehen mögen.

Wir bremsen abrupt, als wir einen der Trucks aus unserer Kolonne entdecken, der gefährlich nah am Rand des Abhangs steht, wenige Zentimeter trennen die Insassen vom sicheren Tod. Offenbar ist der Fahrer am Steuer eingeschlafen. Javed hält ihm eine Standpauke, er solle sich gefälligst zusammenreißen, und wir setzen unseren Weg fort.

Javeds Erzfeind ist die Polizei von Jammu und Kaschmir. Immer wieder versuchen Beamte in hellblauen Uniformen, die an die Schuluniformen der städtischen Schulen von Mumbai erinnern, uns anzuhalten, aber Javed ignoriert sie einfach. Er behandelt die Polizei mit Verachtung, für ihn sind Polizisten keine Ordnungshüter, sondern Erpresser in Uniform, die *haraam ki kamaai,* Schmiergeld, fordern. Er hat ein ganzes Arsenal an fantasievollen Schimpfwörtern für sie parat.

In den nächsten Stunden gibt es vier solche Versuche, uns anzuhalten, die von Javed aber jedes Mal vereitelt werden. Wenn er die Polizei sieht, bleibt er stur auf dem Gaspedal und reißt erst im letzten Moment das Lenkrad herum. Einmal beginnt unmittelbar hinter dem Kontrollposten eine Steigung. Ein dicker Polizist läuft neben unserem Truck her, der sich bergauf quält, und droht Javed mit seinem *lathi.* Javed ruft ihm höhnisch zu, er könne sich sein Geld morgen holen. Der wütende Polizist, inzwischen vollkommen außer Atem, schlägt mit seinem Stock nach Javed, der geschickt ausweicht.

Aber die Trucker, mit denen ich zu tun habe, sind auch nicht gerade Musterbeispiele für Gesetzestreue. Als wir durch die Kleinstadt Ramban am Fluss Chenab fahren, machen wir an einem *dhaba* Halt. Liaqat hat von einem Freund die Information erhalten, dass weiter vorne der Stellvertreter des hiesigen Polizeikommissars auf der Lauer liegt – ein unbestechlicher Mann, der dafür bekannt ist, überladene Trucks vorschriftsgemäß zu bestrafen. Zufälligerweise sind sämtliche Trucks in unserer Kolonne überladen. Die Fahrer bekommen von ihren Chefs bescheidene Geldbeträge für solche Eventualitäten. Aber durch gewieftes Vermeiden dieser »unnötigen« Mehrkosten bessern die meisten Trucker ihr mageres Gehalt von 5000 bis

8000 Rupien auf. Wieder ein Beispiel dafür, dass unser Land ohne Gesetzesübertretungen nicht funktionieren würde. Wie üblich kann man niemanden dafür verantwortlich machen; es liegt einfach am System.

Eine Stunde später fahren wir weiter und geraten prompt in einen Stau. Ein Mann nutzt die Gelegenheit, um sich unserem Truck zu nähern und uns um *chanda,* Almosen, anzubetteln, die für den Bau einer neuen Moschee in der Nähe gedacht sind. Javed gibt ihm 100 Rupien. Der Mann preist ihn für seine Großzügigkeit und stellt ihm eine Spendenquittung aus. Gegen Abend nähern wir uns dem drei Kilometer langen, einspurigen Jawahar-Tunnel, hinter dem Javed zufolge »das echte Kaschmir beginnt«.

»Im Tunnel müssen wir mit gleichmäßigem Tempo fahren. Wir können nicht beschleunigen«, erklärt er, während wir durch die bedrückend enge Röhre kriechen. Hinter dem Tunnel passieren wir ständig Angehörige der indischen Bundespolizei CRPF und der Armee. Überall sieht man Stacheldraht, oft werden damit sogar Aussichtspunkte für Touristen mit so idyllischen Bezeichnungen wie »Gigantisches Panorama« abgesperrt.

Nach einer Stunde erreichen wir den *naka,* an dem die Steuern für die Fracht fällig werden. Alle unsere Trucks sind überladen, was normalerweise eine saftige Strafe nach sich zieht, der Betrag variiert je nach Schweregrad des Verstoßes. Aber Liaqat meint, mit 1000 Rupien Schmiergeld lasse sich eine Strafe vermeiden, unabhängig von der Höhe des Übergewichts. Dem Staat gehen hier regelmäßig eine Menge Einnahmen durch die Lappen.

Gewöhnlich verlassen die Gujjars hinter dem Jawahar-Tunnel die Lkws und zerstreuen sich auf die Bergpfade, die zu ihren bevorzugten Weiden führen. Etwa 20 Kilometer hinter dem Tunnel verabschiedet sich Arub von mir und verspricht, mich anzurufen. Er und seine Verwandten sammeln ihr Feuerholz zusammen, nehmen ihre Ziege und schlagen einen unbefestigten Weg ein, der vom Highway abgeht. Im Zwielicht sind ihre Gestalten nur noch schemenhaft zu sehen.

Nachdem Salim und seine alte Mutter unseren Truck verlassen haben, ist plötzlich in der Kabine so viel Platz! Ich strecke die Beine aus.

Außer ein paar Keksen haben wir den ganzen Tag nichts gegessen, und ich habe einen Bärenhunger, als wir uns an einem *vaishno dhaba* ein üppiges Mahl in Form eines *rajma-chawal* gönnen. Inzwischen kümmert es mich nicht mehr, wie weit es noch bis Srinagar ist, längst halte nicht mehr nach Kilometersteinen Ausschau, von denen die meisten ohnehin unleserlich sind. Mittlerweile weiß ich ja, dass man bei Reisen mit dem Lkw immer aufs Improvisieren gefasst sein muss. Ich überlasse mich mit Leib und Seele dem Ungewissen.

Liaqat teilt mir mit, dass wir über Nacht hier rasten und Srinagar am folgenden Nachmittag erreichen werden. Als ich mich zum Schlafen bereit mache, fällt mir ein Spruch auf dem Truck in Auge, der widersprüchlich klingt, aber die Devise der meisten hartgesottenen Inder perfekt einfängt: »Arbeite wie ein Kuli, lebe wie ein Prinz.« Nicht übel, denke ich und freue mich über die nächtliche Kühle, die endlich meinen Körper durchdringt. Und Sie werden es nicht glauben, aber es gibt keine Stechmücken.

Eine Gujjar-Frau füttert auf dem Weg von Jammu nach Srinagar ihre Ziege. Auf Reisen nehmen Gujjar-Familien üblicherweise ein paar Ziegen mit, die ihnen unterwegs Milch liefern.

Naga-Damen in Kohima suchen Schutz vor dem Nieselregen.

Eine Gujjar-Familie lädt ihre Habseligkeiten auf einen Truck, darunter mit Kokosseilen verschnürte Bündel und Feuerholz, um sich auf den Hochgebirgsweiden zu wärmen.

Blick von einem Truck auf Kaschmir

Jora am Steuer seines Trucks auf dem Weg nach Chandigarh

Beim Aufbruch in Mumbai strömt goldenes Abendlicht in unseren Truck.

Malerischer Sonnenuntergang während der Fahrt von Nellore nach Palamaner

Ein khalassi *blickt hinab zum Fluss Krishna in Andhra Pradesh.*

Lkw-Karosseriebauer Mewa Singh in seinem Büro in Sirhind. Hinter ihm warten Bittsteller auf die Gelegenheit zu einem Gespräch.

Ein junger Gujar-Trucker im Sanwaliaji-Tempel in Rajasthan

Im Büro eines Kommissionsagenten in Bhiwandi

Die hölzerne Rahmenkonstruktion einer Fahrerkabine in Mewa Singhs Werkstatt

Ein mathadi *beim Entladen eines Lkws in Bhiwandi*

Essen bei Kerzenschein: Truckfahrer im Maa Kali Dhaba in Nagaland

Ein Soldat bewacht den NH 39 in Manipur.

Der USB-Stick mit Songs, der uns fast das Leben gekostet hätte, und der Liebesbrief, den Raju in Mahendras Namen verfasst hat

Kilometerlange Staus sind auf dem einspurigen Jammu-Srinagar-Highway in Kaschmir an der Tagesordnung.

TEIL ZWEI

AUFSTAND
NAGALAND UND MANIPUR

Der Schatten der *andarwalas*

Dicke Regenwolken hängen am Himmel, als ich frühmorgens in Dimapur eintreffe, das im trüben grauen Licht nicht gerade anheimelnd wirkt. Mir ist, als hätte ich ein tropisches Kriegsgebiet betreten. Eine seltsame Beklommenheit liegt in der Luft. Überall bröckelnde Fassaden, und die Straßen wurden vom Durchgangsverkehr und von häufigen Regengüssen so in Mitleidenschaft gezogen, dass sie nur noch ein holperiger Matsch aus Beton und Schlamm sind.

Ich mache mich auf die Suche nach einer Unterkunft. Da ich mich unweit des Bahnhofs befinde, gibt es reichlich Hotels, und ich werde rasch fündig. Auf einem Zettel an der schmuddelig-weißen Wand meines Zimmers steht der scheinheilige Hinweis: »Reinlichkeit kommt gleich nach Frömmigkeit. Bitte halten Sie das Zimmer sauber.« Jemand hat mit Bleistift hinzugefügt: »Wir putzen es nämlich nicht.« Als ich den Raum inspiziere, stelle ich fest, dass der Witz ins Schwarze trifft.

Ich lasse mich aufs Bett fallen und schalte den Fernseher ein, denn bei einem Hotelaufenthalt gehört es einfach dazu, dass der Fernseher unbeachtet im Hintergrund läuft. Außerdem bin ich neugierig, welche Sender es in Nagaland gibt. Gerade läuft DD National, aber was ich sehe, verwirrt mich – eine Frau in einem Sari liest die Nachrichten … auf Sanskrit? Nicht zu fassen. Zum ersten Mal wird mir bewusst, wie absurd archaisch das Programm des indischen Staatsfernsehens wirken kann, besonders in den Grenzregionen des Landes. Oder ist das vielleicht eine hirnrissige Masche zur kulturellen Beeinflussung dieser Unruheregionen, indem man sie buchstäblich sanskritisiert?

Nach fettigen *aloo parathas* zum Frühstück mache ich mich in Richtung Bahnhof auf, um die Stadt zu erkunden. Das Ausmaß an Schmutz ist schockierend, besonders wenn man bedenkt, dass es in Nordostindien im Durchschnitt sauberer ist als im indischen Kernland. Offene Abwasserkanäle überfluten die Straße. Berge von Müll säumen die Gassen, in denen ausgemergelte Männer auf Fahrradrikschas an mir vorbeieilen. Der Zettel an der Wand meines Hotelzimmers passt eigentlich für die gesamte Stadt Dimapur.

Eine große stehende Pfütze – schwarz wie Erdöl – liegt direkt gegenüber dem Bahnhof, eine Brutstätte von Stechmücken, die dicht über ihrer Oberfläche schwirren. Neben der Pfütze verkaufen Straßenhändler billige Trackpants, Obst, Arm- und Fußreife und andere Modeaccessoires. Über mir verläuft eine Hochstraße, und als ich den Blick nach oben richte, sehe ich dort ein paar Naga-Polizisten, die mich beobachten, eine Erinnerung daran, dass ich hier ein Fremder bin.

Ich suche nach der Inner Line Permit (ILP), einer noch auf die Kolonialzeit zurückgehenden Einreisegenehmigung, die indische Staatsbürger vor einem Besuch Nagalands beantragen müssen. Doch meine Hosentaschen sind vollgestopft mit nutzlosen Quittungen und anderen Zetteln, die sich als Reisesouvenirs angesammelt haben. Mein Wühlen in den Taschen macht mich den Polizisten auf der Hochstraße bestimmt noch verdächtiger. Mit einem Seufzer der Erleichterung finde ich schließlich den zusammengeknüllten winzigen Zettel.

In dieser trostlosen Umgebung vergisst man leicht, dass diese heruntergekommene Stadt der bedeutendste Bahnknotenpunkt des Brahmaputra-Tals und somit lebenswichtig für die Wirtschaft von Nagaland und Manipur ist. Und auch von der illustren Geschichte Dimapurs ist nichts mehr zu spüren. Im Zweiten Weltkrieg gelang es den Alliierten, von hier aus den japanischen Vorstoß nach Indien zu stoppen, was der indischen Bevölkerung wahrscheinlich Massensterben, Folter, Vergewaltigung und Versklavung ersparte, die gewöhnlich mit der japanischen Besatzung einhergingen.

Während der entscheidenden, erbitterten Schlacht um Kohima, auch Stalingrad des Ostens genannt, verlief die Nachschubroute der Alliierten über Dimapur. Noch heute kommen Güter, die für Manipur und Nagaland bestimmt sind, darunter auch Getreide von der Food Corporation of India, mit Frachtzügen in Dimapur an. Dort werden sie ausgeladen und mit Lastwagen auf dem National Highway 39 weiterbefördert. Der NH 39 ist die Lebensader von Nagaland und Manipur, die einzige Straße, die von Dimapur im Flachland über die bewaldeten Naga Hills zu der an der Grenze zu Myanmar liegenden Stadt Moreh in Manipur führt.

Doch in den nebelverhangenen Hügeln oberhalb von Dimapur ist der Krieg noch nicht vorbei. Dort tobt seit fast 70 Jahren Asiens längster Aufstand, der bis heute nicht abflauen will. Sowohl in Nagaland als auch in Manipur gilt nach wie vor der berüchtigte Armed Forces Special Provision Act (AFSPA), der den Sicherheitskräften weitreichende Durchsuchungs- und Festnahmebefugnisse gibt. Daher kann man den NH 39, der durch diese konfliktträchtige Region verläuft, mit Fug und Recht als die unsicherste Fernstraße Indiens bezeichnen.

In den Hügeln ringsum tummeln sich die unterschiedlichsten Rebellengruppen. Die Kämpfer stammen aus verschiedenen Volksgruppen und hängen diversen Ideologien an. Einige, darunter der NSCN-IM (National Socialist Council of Nagaland – Isak-Muivah), streben ihren eigenen Staat Nagalim an, zu dem auch überwiegend von Naga-Völkern bewohnte Teile Assams, Myanmars, Manipurs und Arunachal Pradeshs gehören sollen. Andere, wie die Kangleipak Communist Party, eine marxistische Revolution. Und so weiter und so fort. Aber letztendlich wollen alle das Land und die Einkünfte aus dem lukrativen Waffen- und Drogenschmuggel an der Grenze zwischen Indien und Myanmar unter ihre Kontrolle bringen. Daher sind Konflikte zwischen den einzelnen Volksgruppen die Hauptursache von Gewalt.

Ich möchte herausfinden, wie sich diese Sachlage auf die Trucker und den Warentransport auswirkt, und suche daher eine Mitfahrgelegenheit von Dimapur nach Imphal. Es sind nur 200 Kilometer, aber es ist eine Reise von Indien nach Beinahe-Indien.

Als ich durch die Straßen der Stadt laufe, sehe ich in den Läden eine unglaubliche Vielfalt an exotischen Produkten. Es gibt ungewöhnliche Marken von Softdrinks, deren Namen ich häufig gar nicht entziffern kann, und sogar koreanische Algen, die dem Ladenbesitzer zufolge sehr nahrhaft sein sollen. Offensichtlich findet über die durchlässige Grenze zwischen Indien und Myanmar ein stetiger Schmuggel von ostasiatischen Gütern statt.

Die guten wirtschaftlichen Möglichkeiten machen die Handelsstadt zu einem Anziehungspunkt für Migranten. Auf ihren rauen Straßen treffen die einheimischen Dimasa Kachari auf Biharis, Nepalesen, Jains, Marwaris, Bengalen und viele andere. Wie verständigen sie sich miteinander? Ich erfahre von einem Bihari-*paanwallah*, einem Betelverkäufer, dass sie eine ungewöhnliche Kreolsprache namens Nagamesisch benutzen – eine wilde Mischung aus Assamesisch, Bengali und Hindi. Wow, davon habe ich noch nie gehört. Was Sprachen angeht, ist Indien wirklich immer für Überraschungen gut.

Nagamesisch ist eine jahrhundertealte Sprache, auch wenn ihre genauen Ursprünge unbekannt sind. Als die Briten Nagaland 1832 »entdeckten«, dachten sie, dass die Verkehrssprache Assamesisch wäre, doch stattdessen stellten sie fest, dass die Menschen eine frühe Form von Nagamesisch sprachen. Die 21 Naga-Stämme mit ihren unterschiedlichen Sprachen hatten anscheinend eine abgewandelte Variante des Assamesischen entwickelt, um miteinander und mit den assamesischen Steuereintreibern und Händlern kommunizieren zu können.

Die Verwendung des Nagamesischen nahm während der Kolonialherrschaft zu, da es immer mehr Austausch zwischen Nagas und Assamesen gab. Aber erst als Nagaland 1963 ein indischer Bundesstaat wurde, setzte sich das Nagamesische großflächig durch. Die Naga-Gesellschaft war seit jeher von kriegerischen Auseinandersetzungen zwischen den einzelnen Volksgruppen geprägt gewesen. Doch als die Finanzmittel der Zentralregierung flossen und deren Beamte nach Nagaland kamen, konnten die Nagas aller ethnischen Gruppen ohne Angst ihre traditionellen, wehrhaften Dörfer verlassen und sich der multiethnischen Arbeiterschaft anschließen, die die darauf folgende massive Entwicklung vorantrieb und so das Nagamesische weiter verbreitete.

Ich schlendere in der Nähe des Bahnhofs herum und stoße bald auf die Bahngleise. Anstatt Züge, wie ich eigentlich erwartet hätte, erblicke ich hier seltsamerweise den Gemüsemarkt von Dimapur. Es ist ein überfüllter Ort, an dem verkauft, gekauft und gefeilscht wird. Ich wage mich auf die Gleise, denn da die Eisenbahnlinie in Dimapur endet, kann ich sicher sein, dass keine Züge auf mich zurasen werden.

Als ich das Angebot in Augenschein nehme, wird mir klar, dass dies ein etwas anderer Gemüsemarkt ist. Einer der Händler verkauft große grüne Frösche aus einem Eimer, lebende Tiere, die auf eine lange Kokosschnur aufgefädelt sind. Einige von ihnen unternehmen klägliche Versuche, aus dem Eimer zu entkommen, als ahnten sie, dass die Bratpfanne auf sie wartet, doch sie werden unweigerlich vom Gewicht der anderen zurückgezogen.

An einem anderen Stand gibt es gelbe Seidenraupen, die auf Planen ausgebreitet liegen. Elegante Naga-Damen in schönen Kleidern und mit Stofftaschen wählen sie nach mir unbekannten Kriterien aus. Offenbar eignen sie sich wunderbar als Nachmittags-Snack. Bei einem Kilopreis von 350 Rupien sind sie allerdings nicht gerade billig.

Die meisten Händler sind Munda-Frauen aus dem Bundesstaat Jharkhand. Wie sie mir erzählen, essen sie die Frösche und Seidenwürmer nicht selbst. »Die sind nur für den Verkauf. Wir wissen aber, wie man sie zubereitet.« Ein paar Naga-Männer bieten nicht identifizierbare Fleischbrocken aus Eimern feil. Wegen des vielen Bluts traue ich mich aber nicht, einen genaueren Blick darauf zu werfen. Erst als ich zwei Pfoten erspähe, die aus der Tasche einer Naga-Dame ragen, wird mir klar, was sich in dem Eimer befindet. Hundefleisch.

Liebe Hunde, ihr könnt mit eurem Welpenblick sämtliche Herzen erweichen, nur nicht die der nicht gerade wählerischen Nagas. Das sind findige Leute, die erkannt haben, dass es nur das Nahrungsangebot einschränkt, wenn man sich an Tabus hält.

Nachdem ich den Markt nach Herzenslust erkundet habe, kehre ich auf die parallel zu den Gleisen verlaufende Straße zurück und trete nach wenigen Schritten durch die Überreste eines kaputten Eisentors in einen weitläufigen Hof. Vor mir erstreckt sich ein endlos langer, rostroter Güterzug. Vor den Waggons reihen sich, so weit das Auge reicht, Lkws, um die herum Menschen wuseln – Fahrer, Händler, Pendler, Arbeiter.

Als ich mich näher heranwage, sehe ich, dass die Arbeiter unhandliche Säcke auf dem Kopf transportieren. Sie legen die Strecke zwischen Lkw und Waggon in einem Tempo zurück, als stünde jemand mit der Stoppuhr neben ihnen. Der Schweiß rinnt über ihre vor Anstrengung zusammengekniffenen Gesichter.

Wie ich herausfinde, wurde der Zug von einer Gruppe ortsansässiger Marwari-Händler gebucht. Ein paar von ihnen überwachen das Entladen und machen Notizen in vergilbten Heften. Die Säcke enthalten Kartoffeln, die für Imphal bestimmt sind. Jedem Waggon ist ein Lkw zugeteilt, der 20 Tonnen Ladung aufnimmt, viel mehr als die neun Tonnen, für die die Lkws ausgelegt sind.

Die schwere Arbeit wird hauptsächlich von Biharis erledigt, die *lungis,* Wickelröcke, oder ausgebeulte Shorts tragen und über und über mit feinem, goldenem Kartoffelstaub bedeckt sind, der auch an den Wänden der Waggons klebt. Beim Schleppen der schweren Jutesäcke arbeiten sie zu zweit, mithilfe einer Hebezange hieven sie sie auf Schulterhöhe, um sie dann auf ihrem mit einem *gamchha,* einem dünnem Baumwolltuch, gepolsterten Kopf zu dem wartenden Lkw zu tragen.

Von den zweieinhalb Rupien, die sie pro Sack verdienen, fließen sechs Prozent an den Vermittler, ein Hungerlohn für diese Schufterei. Lose Kartoffeln, die aus Löchern in den Säcken fallen, werden in einer Plastiktüte gesammelt und weggeschafft oder abgegeben, je nachdem, ob ein Aufseher in der Nähe ist oder nicht. Unterdessen wehen schwache Klänge aus einem Lautsprecher herüber, »The Lord's Song« mit Gitarrenbegleitung. Als ich mich suchend umdrehe, erspähe ich in der Ferne einen Kirchturm.

Ich plaudere mit ein paar Truckern, um herauszufinden, wie ich nach Kohima kommen könnte. Zu meiner Bestürzung erzählen sie mir, dass Trucker, die Güter des täglichen Bedarfs wie Getreide und Kraftstoff transportieren, in Konvois mit 200 Fahrzeugen unterwegs sind und von paramilitärischen Einheiten begleitet werden – zum Schutz vor Aufständischen, die inoffizielle »Steuern« eintreiben.

Zum Glück erfahre ich, dass manche Trucker auch unabhängig von solchen Konvois fahren, in kleinen Gruppen, die sich aufgrund ihrer gemeinsamen Sprache oder Herkunft zusammenfinden. Ich werde es wohl bei ihnen versuchen müssen, denke ich, fest entschlossen, eine Mitfahrgelegenheit nach Kohima zu finden. Das kann ja wohl kein Ding der Unmöglichkeit sein.

Man sagt mir, der beste Ort, um einen Truck nach Kohima zu finden, sei die Tankstelle der Numaligarh Refinery Limited (NRL), die etwas außerhalb von Dimapur liegt und wo der Sprit am billigsten ist. Also lasse ich mich mit einer klapprigen Autorikscha dorthin bringen, vorbei an verlassenen Einkaufsarkaden und verrammelten Geschäften.

Bald wird mir klar, dass Nagaland sonntags quasi zum Stillstand kommt. Anders als im Rest von Indien, wo der Sonntag für Familienausflüge reserviert ist, ist er in Nagaland der Tag des Herrn – der traditionelle christliche Feiertag, an dem man sich der Familie und dem Gebet widmet und die Arbeit ruhen lässt. Die Baptistische Kirche von Nagaland, der drei Viertel der Bevölkerung angehören, nimmt das offenbar ziemlich wörtlich. Die Sonntagsruhe ist so verbreitet, dass selbst politische Parteien darauf achten, am Sonntag keine Kundgebungen abzuhalten, sondern sich stattdessen auf den Haustürwahlkampf beschränken.

Auf den Straßen von Dimapur gibt es unzählige Schlaglöcher, und es ist unmöglich, allen auszuweichen. Nach dem Regen heute Morgen sind sie mit Wasser gefüllt, das die Konsistenz von geschmolzener Schokolade hat, weshalb die Fahrer ihre Tiefe schwer einschätzen können. Ich sehe eine alte Frau in einem zerlumpten Sari, die sich abmüht, mit einem Becher das Wasser aus einem der Löcher zu schöpfen. Durch das Spritzwasser der vorbeifahrenden Autos füllt es sich sofort wieder, worauf sie den Becher erneut eintaucht. Und so weiter und so fort. Ich bin gleichermaßen entsetzt wie bestürzt. Was um alles in der Welt war das denn gerade? Wird sie dafür etwa bezahlt?

Die Autorikscha fährt klappernd zur Stadt hinaus. Wir befinden uns auf einer schmalen, von Bäumen gesäumten Straße Richtung Naga Hills, an deren Fuß sich unser Ziel befindet. Als wir die Tankstelle endlich erreichen, sehe ich erleichtert die Trucks, die kreuz und quer auf dem Gelände parken. Es ist Mittagszeit, und so sind die meisten Fahrzeuge verlassen. Schließlich entdecke ich doch ein paar Männer, die in einem Truck Pause machen.

Bei meinem Anblick springt einer von ihnen aus der Kabine, ein gedrungener Mann mittleren Alters mit beginnender Glatze, sommerlich bekleidet mit einem braunen *baniyan* und einem blau-weiß karierten *lungi*. Nennen wir ihn Avirup Roy, ein Bengale aus Dharmanagar, einer Kleinstadt im Bundesstaat Tripura. Ich erläutere ihm mein Projekt und frage dann, wo ich einen Truck nach Kohima finden könnte.

»Normalerweise hier«, entgegnet er. »Aber heute gibt es auf dem Highway eine *bandh,* eine Straßenblockade. Einige bewaffnete *andarwalas* haben bei Mao zwei Trucks in Brand gesteckt. Deshalb fährt heute keiner.«

»Wer sind denn diese *andarwalas?*«, frage ich beunruhigt.

»Schwer zu sagen. Es gibt so viele von ihnen. Ich schätze, es waren die Mao-Nagas«, meint er. »Aber bevor wir uns weiter unterhalten, möchte ich dich um eins bitten: veröffentliche nicht meinen richtigen Namen. Wenn die *andarwalas* herausfinden, dass ich mit irgendwelchen Leuten über sie rede, machen sie mich kalt.«

Ich verspreche es ihm.

»Unsere Arbeit ist gefährlich. Die Rebellen schütteln uns wie Tempelglocken«, fährt er nun freimütiger fort. »Sie sind die Herrscher in ihrem Gebiet und machen, was sie wollen.«

Wie er mir anvertraut, betreiben die *andarwalas* an der Fernstraße inoffizielle Checkpoints. Es wäre töricht von den Truckern, wenn sie versuchen würden, daran vorbeizufahren, denn anders als die Polizei verfügen die Rebellen in der Regel über kleinere Fahrzeuge, mit denen sie die Lkws leicht einholen. Wenn sie einen erwischen, nehmen sie ihm sein ganzes Geld ab. In der Regel tragen sie die Waffen nicht offen mit sich herum, sondern verstecken sie in ihren Autos.

Roy erzählt mir, dass die Beträge, die die Aufständischen verlangen, von der Art der transportierten Güter abhängen. Wenn die Ladung aus Zement oder Eisen besteht, wird es teurer als bei Kartoffeln oder anderen Lebensmitteln. Roy bezahlt im Durchschnitt 8000 Rupien pro Fahrt, wobei ein Teil der Summe an die Aufständischen und der andere an die Polizei geht.

»Zwischen den Rebellen und der Polizei besteht kein großer Unterschied. Es ist so, als wäre in einer Familie der eine Bruder Polizist und der andere *andarwala*«, meint er.

Erst letztes Jahr »kidnappten« Aufständische auf dem NH 39 Roys Mahindra-Kleinlastwagen. Es war das einzig Wertvolle, was er besaß. Roy hatte die Ersparnisse seines ganzen Lebens in den Wagen investiert – alles, was er in seinen 25 Jahren als Trucker beiseitelegen konnte. Ja, er hat seine Lebensgrundlage verloren, aber am schlimmsten für ihn ist, dass er immer noch nicht weiß, wer die Täter waren. Die Polizei konnte den Fall nie aufklären. Roy weiß nur, dass maskierte Männer mit Waffen herumfuchtelten und ihn aufforderten zu fliehen, wenn ihm sein Leben lieb sei. Das ließ er sich nicht zweimal sagen.

»Danach war mein Leben ruiniert«, erzählt er. Er hatte den Mahindra erst ein Jahr zuvor gekauft und bekam nur einen Bruchteil seiner Investition wieder.

Als er den Diebstahl anzeigte, verlangten die Polizisten 25 000 Rupien Schmiergeld nur dafür, dass sie die Anzeige aufnahmen. Alles in allem gab er über 200 000 Rupien aus, um die verschiedenen Leute zu bestechen – die Polizisten, den *dalal*, der den Fall der Versicherung meldete, und die Mitarbeiter der Versicherung, die zu ihm kamen, um den Sachverhalt aufzunehmen. Nach all der Mühe erhielt er von der Versicherung nur etwas mehr als 200 000 Rupien. Aber um den Laster zu finanzieren, hatte er bei der Bank einen Kredit von über 600 000 Rupien aufgenommen. Jetzt kann er die monatliche Rate von 12 000 Rupien nicht mehr bezahlen, weil er seine Erwerbsquelle verloren hat. »Aber der Bank ist der Diebstahl vollkommen egal«, sagt er.

So war er gezwungen, sich als Hilfskraft zu verdingen, nach 25 Jahren Berufserfahrung noch einmal ganz von vorn anzufangen. Und selbst das hatte er der Großherzigkeit eines ehemaligen *ustad* zu verdanken, der ihn in seinem Lkw mitfahren ließ.

»Der *ustad* ist wie eine Familie für mich«, sagt Roy. »In Zeiten der Not hilft einem nur die Familie.«

Roy hofft, finanziell wieder auf die Beine zu kommen. Im Augenblick ist das einzige Licht am Ende des Tunnels die Erwartung, dass ihr *seth* bald einen neuen Truck kaufen wird, den er dann nach einem halben Jahr fahren darf, sodass er ein volles Gehalt verdient. Im Augenblick ist Roy von der Güte seines *ustad* abhängig.

Anders als sein *ustad* erhält Roy keinen Lohn, sondern ernährt sich und seine Familie von dem Geld, das ihr Chef seinen Fahrern für die Unkosten mitgibt. Um Steuern zu vermeiden, sowohl offizielle als auch inoffizielle, fahren Roy und sein *ustad* normalerweise bei Nacht, wenn es weniger Checkpoints der Polizei und der Rebellen gibt. Tagsüber kostet die Fahrt seinen Angaben zufolge 30 000 Rupien, nachts nur 18 000, oft auch weniger. Der Differenzbetrag wandert direkt in die Taschen von Roy und seinem *ustad.*

Ich durchblicke das stillschweigende Arrangement zwischen Roy und seinem *ustad* nicht so ganz. Es kommt mir so vor, als würden sich die Bedingungen ihrer Vereinbarung je nach den Umständen immer wieder ändern, geleitet von einem Geist der Anpassung und Koexistenz.

Wie wäre es sonst möglich, dass in diesem riesigen Land mit über einer Milliarde Einwohnern nicht im Kampf um die begrenzten Ressourcen Anarchie ausbricht? Vielleicht hat es damit zu tun, dass die Menschen jederzeit bereit sind, sich anzupassen, auf ihre Zeit zu warten. Es wurde schon viel gesagt über die bemerkenswerte indische Resilienz. Lassen Sie mich nur eins sagen: Indien besteht fort, weil es sich anpasst.

Ich verabschiede mich von Roy, aber nicht ohne ihm 500 Rupien zuzustecken. Er weist sie nicht zurück, sondern bezahlt sie mit einem Ratschlag. »Nimm dich unterwegs in Acht. Hier kann alles passieren. Die *andarwalas* sind überall. Erst vor zwei Monaten wurden in Manipur 20 Soldaten bei einem Hinterhalt auf dem NH 39 getötet.«

Ich weiß, dass die Wahrscheinlichkeit, dass mir etwas Schlimmes zustößt, äußerst gering ist, da die *andarwalas* die regulären Trucker normalerweise in Ruhe lassen. Dennoch ist mir mulmig zumute. Sollte ich lieber zurück ins Kernland reisen? In eine vertrautere Umgebung? Aber natürlich beschließe ich, am nächsten Tag wiederzukommen. Ich muss den NH 39 mit eigenen Augen erleben.

Amar Akbar Anthony

Das Trampen ist eine unsichere Sache, was aber zuweilen auch glückliche Zufälle nach sich zieht. Man weiß nie, auf wen man trifft. Als ich am nächsten Tag nach dem Mittagessen zur Tankstelle zurückkehre, dauert es nicht lange, bis ich einen Truck gefunden habe. Der Tankstellenleiter bittet die Tankwarte netterweise, die Kunden zu fragen, ob jemand nach Kohima unterwegs ist und mich mitnehmen würde. Schon bald erklärt sich jemand bereit.

Ich klettere in den Lkw, während der Fahrer bezahlt. Außer mir hat er noch zwei Begleiter. Als wir auf die Straße einbiegen, läuft Bollywood-Musik aus den Neunzigern – Kumar Sanu säuselt romantische Liebeslieder. Es ist fast, als würde der subalterne Teil der indischen Gesellschaft in einer Zeit feststecken, in der die Weltsicht der indischen Popkultur auf Liebe, Rache und gebrochene Herzen beschränkt war, und die glitzernden Aufstiegsversprechen der heutigen Bollywood-Kultur ausblenden.

Hindu-Götter schmücken die Mitte der Frontscheibe – Shiva, Durga, Lakshmi, überraschenderweise Brahma und sogar ein südindischer Gott mit Schnurrbart und einem Elefanten als Reittier. »Unser Marwari-*seth* aus Dimapur ist sehr fromm«, bemerkt Mohammad, der ernste Bengali aus dem Distrikt Kokrajhar in Assam, der am Steuer sitzt, stylish in Jeans und Jeansjacke.

Mohammad erzählt mir, dass sie drei Tonnen *mutter* (Erbsen) nach Imphal transportieren, mehr als das Doppelte der erlaubten Kapazität des Trucks. Wegen der Unruhen in Mao planen sie allerdings nicht, gleich bis nach Imphal durchzufahren. In erster Linie wollen sie fort aus Dimapur, um der schwülen Luft des Flachlands zu entkommen und die frische Brise der Berge zu genießen. Ich kann es ihnen nachfühlen. Das sind Männer ganz nach meinem Geschmack.

Sie geben ein merkwürdiges Trio ab. Der dunkelhäutige Mann mit den sehnigen Armen, der neben mir sitzt, heißt David. Er trägt ein kohlrabenschwarzes *ganji*, Unterhemd, und eine schmutzige blaue Jeans und gehört zum Volk der Munda aus Jharkhand, lebt aber im Distrikt Karbi Anglong in Assam. Ich frage, wie er in Assam gelandet ist.

»Ich bin dort aufgewachsen«, erzählt er. »Meine Eltern und Großeltern waren Arbeiter auf einer *chai bagan*, einer Teeplantage.« Die Mundas zählen zu den Ureinwohnern Indiens und schufteten wie viele andere Angehörige der *adivasi*-Volksgruppen während der Kolonialzeit als Zwangsarbeiter auf den Plantagen von Assam. Heute umfassen die sogenannten Tea-Tribes Millionen von Menschen und machen fast ein Fünftel der assamesischen Bevölkerung aus. David ist einer von ihnen.

Der Dritte im Bunde ist Rahul Boro, ein Hindu-Bodo, der ebenfalls aus dem Distrikt Kokrajhar in Assam stammt. Rahul ist ein schmächtiger Bursche, gerade mal 19 Jahre alt. Anders als Mohammad und David, die abgearbeitet und verschlossen wirken, ist Rahul voller Lebenslust.

»Rahul, David und Mohammad. Zusammen sind wir Amar Akbar Anthony der Straße«[3], schmunzelt er. Als Vertreter von drei unterschiedlichen ethnolinguistischen Gruppen – tibetobirmanisch, austroasiatisch und indoarisch – spiegeln sie das fragile ethnische Gleichgewicht Assams wider, in dessen fruchtbaren

3 *Amar Akbar Anthony* ist ein Hindi-Film von Manmohan Desai aus dem Jahr 1977. Er handelt von drei Brüdern, die von ihren Eltern getrennt werden. Amar wird von einem Hindu, Akbar von einem Muslim und Anthony von einem Christen großgezogen. (A. d. Ü.)

Flusstälern sich in mehreren Wellen Migranten ansiedelten, sodass hier im Laufe der Zeit eine Art Mini-Indien entstand. Durch diesen historischen Hintergrund ist Assam heute ein größtenteils multiethnischer Staat, in dem schwelende ethnische Konflikte sich mit dem endlosen Kampf um knappe Ressourcen vermischen – was Nativisten förmlich dazu einlädt, Chaos zu stiften.

2012 kam es in Kokrajhar, dem Distrikt, aus dem Rahul und Mohammad stammen, zu massiven Zusammenstößen zwischen den indigenen Bodos und den bengalischen Muslimen, die in Assam oft automatisch als *miyas* verunglimpft werden, als illegale Einwanderer aus dem heutigen Bangladesh. Mehr als 400 000 Menschen, hauptsächlich bengalische Muslime, wurden durch die Ausschreitungen in Kokrajhar vertrieben, fast 100 getötet.

Auch zwischen den Bodos und den *adivasi*-Tea-Tribes bestehen historische Animositäten. In vielen Distrikten wurde immer wieder von gewalttätigen Konflikten berichtet.

Ich überlege kurz, ob ich meine Reisegefährten nach ihrer Meinung zu diesen Problemen fragen soll, entscheide mich jedoch dagegen, denn ich will das ethnische Gleichgewicht in diesem Truck nicht auch noch durcheinanderbringen.

Trotzdem finde ich, dass diese Diversität auch ihre Vorteile hat. Die drei, Mohammad, Rahul und David, sprechen insgesamt elf Sprachen: Mundari, Nagamesisch, Assamesisch, Hindi, Bhojpuri, Englisch, Bengalisch, Punjabi, Kachari, Dimasa und Manipuri. Elf Sprachen! Bei den meisten davon kann ich es nachvollziehen, aber woher kann Rahul Punjabi? Wie ich erfahre, wurde er von einem Sikh-*ustad* im Punjab ausgebildet, und so blieb ihm keine Wahl: »Du musst die Sprache lernen, sonst wirst du überall verprügelt!«, lacht er.

Bald erreichen wir ein grünes Tor mit der Aufschrift »Willkommen in den Bergen von Nagaland«. Endlich dringen wir in kühlere Gefilde vor. Die Pfeiler des Tors zieren Plakate von tanzenden Nagas in farbenfrohen Trachten.

Daneben befindet sich eine Werbung für das Hornbill Festival, das alljährlich von der Regierung veranstaltet wird. Hier kommen Vertreter aller Naga-Stämme zusammen, um zur Unterhaltung der Touristen ihre Sitten und Gebräuche zu präsentieren. Die Festivalbesucher dürfen Naga-Speisen probieren, an Chili-Wettessen teilnehmen (die Chilis hier zählen zu den schärfsten der Welt) und traditionelle Spiele spielen. Außerdem gibt es die Möglichkeit, sich mit jungen und alten Stammesangehörigen zu treffen.

Die ganze Idee, so gut gemeint sie sein mag, erscheint mir etwas herablassend und geschmacklos. Es erinnert an die Völkerschauen aus der Kolonialzeit, so etwa auf der Pariser Weltausstellung 1889, wo eine der Hauptattraktionen ein Dorf mit 400 Afrikanern war.

Vielleicht hat der Staat im Hinblick auf die Ethnien in Nordostindien immer noch die koloniale Brille auf und versucht wie ein Anthropologe, sie als etwas Exotisches darzustellen.

Bald erreichen wir einen Checkpoint, an dem hübsche Naga-Frauen in Kampfuniform mit lässig um die Schulter gehängten automatischen Gewehren stehen. Ich bin verblüfft. So etwas habe ich in ganz Indien noch nicht erlebt – selbstbewusste Frauen mit tödlichen Waffen, die auf der Straße patrouillieren, als wäre es ihr Revier. Das hält Rahul jedoch nicht davon ab, sie lüstern anzustarren.

»Ich schaue nur, ich fasse sie nicht an«, stellt er klar, ehe er mit Papieren und Bargeld aus dem Wagen springt, um uns für die Einfahrt in die Berge zu registrieren. Als jüngster Mitfahrer ist es seine Aufgabe, sich unterwegs um die Amtspersonen zu kümmern. Dafür wurden ihm zu Beginn der Reise 5000 Rupien ausgehändigt. Was er sparen kann, darf er behalten.

Von nun an geht es bergauf. Die Geschwindigkeit unseres Trucks verringert sich drastisch, was mir Gelegenheit gibt, mir die Landschaft genauer anzusehen. Nebelschwaden hängen über den saftig grünen Hängen. Bananenstauden säumen die Straße. Wir passieren unzählige »Rauchen tötet«-Schilder mit grauenvollen Fotos von krebsbefallenen Lungen und Mündern. Durch das Laub spitzen hie und da die hohen Türme von pittoresken baptistischen Kirchen, die zu unterschiedlichen Stämmen gehören. An Ständen am Straßenrand werden Ananas feilgeboten.

David zündet sich eine Zigarette an. Die drei rauchen fünf Schachteln Zigaretten am Tag. Da sie nichts anderes zu tun haben, ist das Anzünden und Weiterreichen von Zigaretten der einzige »Zeitvertreib« außer Musik zu hören und auf dem LCD-Bildschirm des Trucks Filme zu schauen, wenn wir gerade stehen.

Rahul kramt einen Packen raubkopierter DVDs hervor, damit ich mir einen Film aussuchen kann. Bei den meisten ist Akshay Kumar der Hauptdarsteller, der unangefochtene Liebling der drei.

»In Manipur könnten wir wegen solcher DVDs allerdings in Schwierigkeiten geraten. Dort wurden Bollywood-Filme von den *andarwalas* verboten. Sie sagen, man soll stattdessen Filme in ihrer Sprache gucken«, erzählt er. Die Separatisten wollen mit der indischen Kultur nichts zu tun haben und verdammen Bollywood als hinterlistigen Versuch, Manipur zu »indisieren«. Der letzte Bollywood-Film wurde 1998 in Imphal gezeigt, er trug den Titel *Kuch Kuch Hota Hai (Und ganz plötzlich ist es Liebe)*. Die Separatisten identifizieren sich stattdessen mit dem Königreich Kangleipak aus dem 12. Jahrhundert, das in Manipur bestand, bis es im 18. Jahrhundert unter dem Einfluss des Vishnuismus hinduisiert wurde.

Unterwegs passieren wir viele Esslokale, von denen die meisten Manipuri Rice Hotel heißen. Es sind Holzhütten, in denen Schweinefleisch, Fisch, Hühnchen und Reis angeboten werden, ein starker Kontrast zu den in Nordindien verbreiteten vegetarischen *vaishno dhabas.* Als Ausgleich entdecke ich bald ein Lokal namens Highway Punjabi Dhaba. Das ist gar nicht so überraschend. Auf allen Routen, die von Sikh-Truckern befahren werden, siedeln sich in der Folge Punjabi *dhabas* an. Schließlich sorgen sie nicht nur für das leibliche Wohl, sondern bieten einen geschützten Raum, wo Trucker sich in Gesellschaft von Gleichgesinnten entspannen können.

Nicht lange, und wir halten an einem *dhaba* mit Holzboden an, das auf Stelzen am Fuß eines Hügels steht und Panthoibi Manipuri Rice Hotel heißt. Wie ich herausfinde, ist Panthoibi eine Göttin, die von den Meitei in Manipur angebetet wird. Inzwischen wurde sie sanskritisiert, sie gilt als Manifestation der Hindu-Göttin Durga und wird jedes Jahr am Navratri-Fest in ganz Indien verehrt. Die Meitei praktizierten früher die animistische Religion des Sanamahismus, bekennen sich heute jedoch überwiegend zum Hinduismus. Einige Gottheiten wurden allerdings übernommen. Der Hinduismus assimiliert andere Religionen, ohne sie auszulöschen.

Mohammad bestellt *lal chai* – eine würzige, scharfe Mischung aus schwarzem Tee, Zucker, Steinsalz und Zitrone, wie Chai in dieser Gegend üblicherweise zubereitet wird. Da der Nordosten das Hauptanbaugebiet des indischen Tees ist, sollte man ihn wohl auch so trinken und nicht mit viel Milch, wie er in *dhabas* angeboten wird. Mir schmeckt er jedenfalls besser so. Wir bestellen noch eine Runde.

Das Lokal bietet eine herrliche Aussicht auf das grüne Hügelland, über dem allmählich die Dämmerung hereinbricht. Belebt vom Tee taut Mohammad ein bisschen auf. Er erzählt mir, dass er und David sich schon lange kennen. Davids Bruder, ein Fuhrunternehmer, hat sie miteinander bekannt gemacht. David, der damals bereits als Trucker arbeitete, nahm den arbeitslosen Mohammad als *chela* unter seine Fittiche. Er brachte ihm alles bei, was er über das Lkw-Fahren wusste, und die beiden tourten zwei Jahre lang durch den gesamten Nordosten, ehe sich ihre Wege trennten.

Als David dann kürzlich seinen Job verlor und von seiner Familie verstoßen wurde, weil er sich für eine Liebesheirat entschied, konnte sich Muhammad bei ihm revanchieren. Er nahm David aus *»bhaichara«*, Brüderlichkeit, zu sich. Man könnte es auch als *gurudakshina*, Gabe an den Lehrer, bezeichnen. David wartet jetzt darauf, dass Muhammads *seth* in Patiala sich einen neuen Truck kauft, den er dann hoffentlich in Vollzeit fahren darf. Das würde ihm monatlich 12000 Rupien einbringen, sodass er für seine Frau und seine beiden Kinder sorgen könnte. Eins stehe für ihn fest, meint David, seinen Kindern soll es später einmal gut gehen, was sich nur durch den Besuch einer englischsprachigen Schule erreichen lässt. Das ist auch der Grund dafür, dass er den Alkohol meidet. Dabei war er früher ein starker Trinker, so wie viele Arbeiter auf der Teeplantage, auf der er aufgewachsen ist. »Was den meisten Menschen nicht klar ist – wenn du Alkoholiker bist, verbrennst du dein Geld schneller, als du deine Leber zerstörst.«

Wir kehren zurück zum Truck. Rahul wechselt die Musik und spielt nun englische Songs. »Wir haben hier nämlich alle einen unterschiedlichen Geschmack. Mohammed mag Hiphop, ich DJ-Musik und David die klassischen Oldies«, erklärt er. »Meine Lieblingssänger sind Justin Bieber und Rihanna. Derzeit habe ich sechs Songs von Rihanna und elf von Bieber auf meinem USB-Stick.«

Er weiß viel über die USA und die amerikanische Kultur. Sein größter Wunsch ist, einmal nach Los Angeles zu reisen und seine Facebook-»Freundin« Alicia zu besuchen, mit der er seit über einem Jahr chattet.

Seine Unbefangenheit und sein Optimismus rühren mich, die raue Welt scheint ihm nichts anhaben zu können. Als es Nacht wird und wir uns über die Berge schlängeln, hebt sich die Stimmung im Truck beträchtlich durch seine positive Lebenseinstellung und seinen ausgezeichneten Musikgeschmack. Vielleicht lassen uns die Aufständischen ja doch in Ruhe, denke ich.

Rahul erzählt mir, dass er erst vor eineinhalb Jahren als fertig ausgebildeter *khalassi* in die Trucker-»Branche« eingestiegen ist. Als er in den Punjab zog, um die Ausbildung bei einem *ustad* zu beginnen, wollten die graubärtigen, kräftigen Sikhs kaum glauben, dass schmächtige Jünglinge wie er richtige Trucker sein konnten. Die Fahrer im Nordosten sind durchschnittlich viel jünger als ihre Kollegen im Punjab. Der Beruf ist hier noch relativ neu.

Sein Sikh-*ustad* war süchtig nach *bhukki,* hielt es jedoch von ihm fern. Ich frage ihn, ob er andere Laster hat. Mit seinen 19 Jahren sind es die üblichen – Zigaretten und Schnaps (nur englischer, wie er betont). Mohammad trinkt nicht. David hat den Alkohol aufgegeben. Rahul hat gerade erst zu trinken angefangen und sucht dabei Gesellschaft, »Hast du heute Abend Lust auf ein kleines Besäufnis?«, fragt er mich scherzhaft.

Es ist stockdunkel, und ich erwarte jeden Moment, dass schattenhafte Gestalten aus dem Dickicht der Bäume neben der Straße hervorstürzen. Aber nichts dergleichen geschieht, und wir halten aus freien Stücken im Dorf Kiruphema, um in einem bengalischen Restaurant namens Maa Kali Dhaba gemütlich zu essen. Das ganz in Holz gehaltene Lokal bietet, wie ich feststelle, einen überaus großzügigen Teller mit Reis, Fisch-Curry, *aloo bhaja* und *silli* an – eine lokale Spezialität aus gekochtem, gesalzenem Blattgemüse. »Das ist gut gegen Blähungen«, informiert mich Rahul. Ein mit einem Bob-Marley-T-Shirt bekleideter Kellner geht von Tisch zu Tisch und teilt einen Nachschlag aus.

Es ist das erste *dhaba* auf meiner Reise, in dem mir eine Frau begegnet. Sie trägt auf dem Rücken ein Baby im Tragetuch, und niemand blickt auf, als sie hereinkommt und sich an einen Tisch setzt. Das Tragetuch ist in Nagaland sehr verbreitet – eine geniale, wenn auch vielleicht nicht sehr rückenschonende Methode, um das Kinderhüten mit der Arbeit zu verbinden.

Zweimal wurde nun schon in Nagaland die männliche Monotomie meiner Highway-Erfahrungen durchbrochen, erst durch die paramilitärischen Soldatinnen und jetzt durch die Frau im *dhaba.* Dies kann allerdings nicht darüber hinwegtäuschen, dass die Naga-Gesellschaft zutiefst traditionell und patriarchal geprägt ist und Frauen aus allen Führungspositionen ausschließt. Im Naga Hoho, dem obersten Gremium der Nagas, sind Frauen bis heute nicht vertreten.

Sämtliche Männer im *dhaba* starren fasziniert auf den Fernsehbildschirm, wo World Wrestling Entertainment läuft. Wie mir der Kellner erzählt, sind Wrestling-Shows hier äußerst beliebt. Kricket hat sich in dieser Gegend wohl nie so richtig durchgesetzt, denke ich.

Kurz darauf verstummen die Knurrlaute der Wrestler aufgrund eines Stromausfalls. Ein Kellner zündet Kerzen an, die schon auf den Tischen bereitstehen. Ein Candle-Light Dinner der besonderen Art. Um halb zehn beschließen wir, zum Truck zurückzukehren, wo ich erfahre, dass wir hier übernachten werden. Das wusste ich nicht. Ist vielleicht ganz gut so.

Mohammad, der mit dem Besitzer des *dhaba* befreundet ist, darf in den Mitarbeiterunterkünften schlafen. David verzieht sich in den Truck eines Freundes. Rahul und ich machen es uns in der Kabine gemütlich. Er legt wundervolle Musik auf.

Rihanna und Bieber sind passé, jetzt laufen beruhigende *ghazals*. Ich staune über die Vielfalt an Musik auf seinem Stick.

Ich hole meine Flasche Old-Monk-Rum aus den Tiefen meines Rucksacks. Rahul springt aus dem Truck und kehrt mit einer Flasche Whisky zurück, die er im Ersatzreifen versteckt hat. Mir schwant, dass heute alle guten Ratschläge, nicht durcheinander zu trinken, in den Wind geschlagen werden.

Offiziell herrscht in Nagaland Prohibition, doch geschmuggelter Alkohol ist fast überall erhältlich. Fünf Gehminuten von meinem Hotel in Dimapur entfernt gab es zwei Bezugsquellen – eine als Lebensmittelgeschäft und eine als Mineralwasserladen getarnt. Laut Schätzungen hat Dimapur die höchste Dichte an Mineralwasserläden in ganz Indien.

Es ist nicht viel anders als in anderen Bundesstaaten mit Alkoholverbot. Rahul erzählt mir, dass er einmal in Mizoram von der Polizei beim Trinken erwischt wurde. Er rechnete mit Ärger, aber als er die Beamten auf einen Schluck einlud, waren am Ende alle so betrunken, dass die Polizisten und er im Truck umkippten.

Mir wird bewusst, dass Rahul mit seinen 19 Jahren mehr von der Welt gesehen hat als ich in seinem Alter. Er behauptet sogar, in der achten Klasse an einem Taekwondo-Wettkampf in Sri Lanka teilgenommen zu haben. »Aber was hat es mir genutzt? Im Jahr darauf bin ich von der Schule abgegangen«, meint er. »Lernen war noch nie mein Ding.«

In dieser Hinsicht unterscheidet er sich von seinem jüngeren Bruder, der gerade an einer Ingenieurschule in Guwahati studiert. »Er ist richtig schlau. Immer Klassenbester. Legt sich mit niemandem an. Hat keine schlechten Angewohnheiten. Ist grundehrlich«, fährt er fort. »Für ihn mache ich das alles. Seine Schulgebühren sind ziemlich hoch. Mein Vater arbeitet bei der Elektrizitätsgesellschaft von Dimapur und kann sich das nicht leisten. Ich muss beisteuern, so viel ich kann.«

»Und was ist mit deiner eigenen Zukunft? Denkst du darüber auch mal nach?«

»Meine Zukunft? Die kenne ich. Dieser Truck und diese Straße, das ist meine Zukunft. Oder vielleicht irgendwann einmal Amerika.«

Ich frage ihn, was er bei seinen Touren Interessantes erlebt hat. Dabei erzählt er mir auch von seiner schrecklichsten Erfahrung:

»Ich musste mitansehen, wie man in Dimapur zwölf Menschen auf die Bahngleise fesselte und öffentlich exekutierte. Davon krieg ich bis heute Albträume.«

Während wir plaudern, leeren sich die Flaschen, und er gerät immer mehr ins Fabulieren.

Gegen Mitternacht donnert ein Militärkonvoi an uns vorbei, der so viel Staub aufwirbelt wie eine Gnuherde.

Danach steige ich aus dem Truck, um meine Glieder zu strecken. Doch Rahul ruft mich zurück.

Als ich in die Kabine klettere, erklärt er: »Das ist ein bengalisches Lokal, deshalb könnte es sein, dass betrunkene Nagas aufkreuzen, um die Leute zu schikanieren. Um diese Uhrzeit bleibt man besser drinnen. Sie kommen normalerweise mit ihren Geländewagen, wenn der Konvoi durch ist.« Er greift in ein Fach im Armaturenbrett und holt einen Gegenstand heraus, den er auf den Sitz legt und mit der Taschenlampe seines Handys beleuchtet. Es ist eine rostige, aber dennoch scharfe Machete.

»Wir nennen sie *dao*«, erklärt er. »Nicht zum Angriff, nur zum Schutz.«

»Hast du sie schon einmal eingesetzt?«

»Nein. Noch nie. Man kann nie wissen, welche Waffen die *andarwalas* dabeihaben. Wenn man sie angreift, gibt es keine Gnade«, meint er.

Draußen ist es totenstill. Die Lichter des *dhaba* sind erloschen. Die letzten Gäste sind gegangen. Wir sollten lieber nichts riskieren und uns bald schlafen legen.

Rahul kann offenbar meine Gedanken lesen. »Wer den letzten Schluck bekommt, heiratet als Erster«, sagt er und kippt die letzten Tropfen in seinem Glas hinunter. Ich tue es ihm nach und sinke bald in den seligen Schlaf eines Betrunkenen.

Der Hahn kräht um Punkt drei Uhr. Eine ohrenbetäubende Erinnerung daran, dass die Sonne im Nordosten ziemlich früh aufgeht. Anders als der Mensch passt der Hahn sich nicht an die willkürliche Zeiteinteilung der Menschen an. Sein Biorhythmus richtet sich nach der Erdumdrehung und nicht nach der indischen Standardzeit.

Rahul rührt sich nicht. Sein ersticktes Schnarchen klingt wie der absterbende Motor eines alten Autos. Ich hätte nicht gedacht, dass ein so kleiner Körper so röhrende Geräusche hervorbringen kann.

Eine frühmorgendliche Kakophonie. An Schlaf ist nicht mehr zu denken, und mir ist auch nicht danach. Ich bleibe noch eine Weile in der Kabine und springe im ersten Licht des Tages hinaus, um spazieren zu gehen. Während ich am Highway entlangschlendere, grüßt mich ein vielstimmiger Schnarch-Chor aus den vielen am Straßenrand geparkten Trucks. Mir begegnen vier Naga-Jungen in Sweatshirts, die mit robusten Stöcken in der Hand zielstrebig drauflosstapfen. Die Häuser auf meinem Weg sind alle aus Holz und in traditioneller Bauweise errichtet, mit schrägen Dächern und einer gewissen Eleganz und Natürlichkeit, die den aus Stein erbauten Städten im Großteil Indiens fehlt.

Nach einer Weile biege ich in einen bergauf führenden Feldweg ein, um einen besseren Blick auf das Tal zu haben. Das Summen der Wespen klingt seltsam melodiös, wie der Singsang von *pandits,* die in Höchstgeschwindigkeit *shlokas,* rhythmische Verse, rezitieren. Hier begegnet mir auch die größte Motte, die ich jemals gesehen habe, sie schwirrt über meinen Kopf hinweg wie ein fremdartiger Vogel.

Bald erreiche ich einen Betonbau. Der Zweck des Gebäudes ist mir unklar, auch wenn Scherben von Bierflaschen darauf hinweisen, wofür es derzeit benutzt wird. Die Wände sind über und über mit zusammenhanglosen Sprüchen und obszönen Zeichnungen beschmiert. Als ich mich frage, wessen Werk das wohl sein mag, entdecke ich den belastenden Hinweis in einer Ecke der Wand. »Willkommen zur Party der Garo-Boys«, steht da. Was hatten Garos, wahrscheinlich aus Assam oder Meghalaya, in Nagaland zu suchen, warum feierten sie mitten im Nirgendwo eine Party?

Die Antwort liegt direkt vor meinen Augen. Es ist die wundervolle Aussicht – blauer Dunst hängt über sanften Hügeln, die sich bis zum Horizont erstrecken und smaragdgrüne Reisfelder unten im Tal einrahmen. Heute ist der Himmel leicht bedeckt. Die ersten Strahlen der Sonne lugen hinter den Bergen hervor und verscheuchen den Nebel. Ich setze mich auf eine Bank und schreibe in mein Notizbuch. Auch meine Gedanken haben sich geklärt. Es gibt Augenblicke, da muss man innerlich Bilanz ziehen.

Meine Befürchtung, dass *andarwalas* uns auf unserer Fahrt heimsuchen könnten, war unbegründet. Stattdessen erlebte ich einen der herrlichsten Sonnenaufgänge meines Lebens. Beim Reisen geht es wohl darum , dass sich einem der wahre Charakter eines Ortes offenbart oder vielleicht auch, dass man sich von der Vorstellung verabschiedet, es gebe einen solchen wahren Charakter. Denn unsere Wahrnehmung von ihm wird durch die Bilder, die wir mit ihm verbinden, geprägt. Das menschliche Gehirn ist nicht in der Lage, mehr als eine Handvoll Dinge mit einem Ort zu assoziieren; seine Aufgabe besteht darin, die Komplexität herunterzuspielen und die Realität als etwas Einfaches darzustellen. Aus diesem Grund darf man das, was einem über einen Ort erzählt wird, nicht als gegeben voraussetzen. Die einzig richtige Art zu reisen ist, alles zu vergessen, was man über einen Ort zu wissen glaubt. Ihn neu zu entdecken. Neue Assoziationen zu knüpfen. Assoziationen, die man selbst herstellt. Ich zum Beispiel weiß, dass ich nach dieser Reise Nagaland immer mit diesem Sonnenaufgang in Verbindung bringen werde und nicht mit Aufständischen oder indigenen Kopfjägern.

Um fünf Uhr sehe ich, wie unten die ersten Fahrer aus ihren Kabinen kriechen. Ich mache mich auf den Weg hinunter zum Highway. Eine lebhafte Gänseschar läuft auf der Straße. Ich weiß aus Erfahrung, dass diese groben Geschöpfe ziemlich unangenehm werden können, deshalb wechsle ich die Straßenseite und gehe zu unserem Truck.

Eine Stunde später sind Rahul und David wach. Nachdem sie sich gründlich die Zähne geschrubbt haben, suchen wir ein *dhaba* in der Nähe auf und bestellen eine Tasse *lal chai.* Zu dieser frühen Stunde bekommen wir die besten Plätze, direkt am Fuß des Hügels, der perfekte Aussichtspunkt auf die taufeuchten bewaldeten Hügel im Hintergrund.

Ich schlürfe den Tee. Scharf. Sauer. Süß. Würzig. Bitter. Was für eine herrliche Mischung! Ich könnte mein Leben lang nichts anderes mehr trinken. Auf keinen Fall darf man dieses himmlische Getränk mit Milch verhunzen. Neu belebt frage ich Rahul und David, die ebenfalls ihren *lal chai* genießen, wie ihr heutiger Plan aussieht. David sagt, sie würden wegen der *bandh* eine Weile hier rasten und erst am Abend nach Kohima weiterfahren. Er rät mir, mir eine Mitfahrgelegenheit dorthin zu suchen. Von hier aus sind es nur 15 Kilometer. Ja, das klingt sinnvoll.

Wir kehren zum Truck zurück. Zeit, sich zu verabschieden. Ich umarme Rahul und David. Mohammad schläft noch im *dhaba*. Was für eine Crew, denke ich bei mir. Ich frage mich, wie viele solche säkularen Trios wohl durch Indien touren. Ich werde sie vermissen, besonders Rahul.

Ich sammle meine Sachen zusammen und stelle mich an den Straßenrand. Rahul wollte unbedingt mitkommen, um bei den Fahrern ein gutes Wort für mich einlegen zu können. Zu dieser Stunde sind auf dem Highway keine Trucks unterwegs, aber bald hält ein Jeep, der abgepackte Lebensmittel, Kekse und Softdrinks befördert.

Der Fahrer, ein Naga mit betelroten Lippen, ist bereit, mich mitzunehmen. Der Jeep ist jedoch so vollgestopft, dass ich mich dicht neben ihn quetschen muss. Leider befindet sich der Schaltknüppel zwischen meinen Beinen, was mir etwas peinlich ist.

Als ich mit ihm zu reden versuche, stelle ich fest, dass er weder Hindi noch Englisch spricht, wir müssen also in einvernehmlichem Schweigen verharren. Trotzdem finde ich heraus, dass er ein Konyak-Naga ist. Sein Jeep fährt viel schneller als der Truck, und im Nu weichen die üppigen Wälder der Betonwüste von Kohima. Es ist erst acht Uhr, die Straßen sind leer. Tag, ich komme!

Beinahe-Indien

Es ist Mittag, doch dicke Regenwolken hängen am Himmel, als ich das Hotel verlasse und eilig zum Soldatenfriedhof von Kohima aufbreche. Ich bete, dass mir der Regen keinen Strich durch die Rechnung macht. Schließlich ist der Friedhof, auf dem über tausend Soldaten aus dem Zweiten Weltkrieg ruhen, eines der wichtigsten Wahrzeichen der Stadt. Er zieht sich über die Hänge des Garrison Hill mitten im Zentrum von Kohima und war einst der Schauplatz einer offenen Feldschlacht zwischen britischen und japanischen Soldaten.

Nach einem kurzen Spaziergang den Hügel hinauf erreiche ich die Gedenkstätte. Mir bietet sich ein erhebender Anblick. Reihen über Reihen von Gräbern liegen zwischen gepflegten Blumenbeeten inmitten sorgfältig gestutzter Rasenflächen. Von hier hat man eine weite Sicht über die Stadt, die heute leider in Dunst und Wolken gehüllt ist.

Über dem Gelände liegt eine feierliche Atmosphäre, die durch das trübe Wetter noch verstärkt wird. Der dunkelgraue Stein, die kasernenartige Architektur, die beeindruckende Gepflegtheit und das perfekt parallele Gittermuster der Gräber im Gras, all das ruft eine gleichermaßen grandiose wie einschüchternde Wirkung hervor.

Ich spaziere zwischen den Gräbern der Soldaten, lese ihre Namen und frage mich, wie sie gelebt haben und wie sie gestorben sind. Unter den Gefallenen befindet sich zu meiner Überraschung auch der Fahrer Nur Muhammad vom Royal Indian Army Service Corps, der mit 25 Jahren, in der Blüte seiner Jugend, starb. War er vielleicht einer der ersten indischen Truckfahrer, dessen Karriere vorzeitig und auf grausame Art auf diesem Hügel beendet wurde?

Die meisten Namen sind muslimisch und britisch. Interessanterweise gibt es auch einige Hindus, über deren in Devanagari-Schrift geschriebenen Namen das Mantra *Om Namah Bhagavate* steht, sowie anonyme Gräber für Soldaten, die nicht identifiziert werden konnten. Mit jedem Treppenabschnitt, den ich auf dem Weg zu dem gewaltigen Denkmal für die eingeäscherten Hindus und Sikhs am Gipfel des Hügels hinter mich bringe, wird die Aussicht noch großartiger.

Während ich den sauber angelegten Wegen folge, entdecke ich ein weiteres Denkmal. Es ist den in der Schlacht um den Tennisplatz gefallenen Soldaten gewidmet, in der es der indischen Armee endlich gelang, in einem der »grausamsten Nahkampfgefechte des Krieges« den Vorstoß der Japaner zu stoppen. Vor dem Denkmal wächst ein von Maschendraht geschütztes Bäumchen mit einem Schild, auf dem steht: »Dieser Zierkirschenbaum ist von historischem Interesse. Der Originalbaum wurde von den Japanern als Heckenschützenposten verwendet und während der Kämpfe um den Tennisplatz, bei denen der Vorstoß der Japaner nach Indien gestoppt wurde, zerstört. Der jetzige Baum ist ein Trieb aus dem alten Baumstumpf.«

Der Friedhof kommt mir vor wie ein verzauberter Garten, eine Enklave des Todes und der Ehre, in der Zeit keine Rolle spielt. Als ich zum Ausgang gehe, fällt mir die Inschrift auf einem Denkmal ins Auge, das ich zuvor übersehen habe. Sie wird im gesamten Vereinigten Königreich als Kohima Epitaph verehrt und zollt den hier begrabenen Soldaten mit diesen berührenden Worten Tribut:

Wenn ihr nach Hause geht,
erzählt ihnen von uns und sagt:
Für euer Morgen haben wir unser Heute gegeben.

Als ich diese Worte laut lese, habe ich das Gefühl, als würde die kollektive Stimme der gefallenen Soldaten allüberall durch den blutigen Nebel der Geschichte zu mir sprechen.

Ich kehre zum Hotel zurück. An der Rezeption hängen einige Schlüssel, ein Kalender der Regierung von Nagaland und eine große Pinnwand, auf der fett gedruckt steht: »CHRISTUS IST DER HERR DIESES HAUSES«.

Nach einem kurzen Nickerchen an diesem feuchten, stickigen Nachmittag klart es auf, und ich will einen der Märkte von Kohima besuchen. Unterwegs bieten Naga-Frauen *raja mircha*, auch King Chili genannt, in prall gefüllten Säcken an der Straße feil, ihre Zähne und ihr Zahnfleisch sind vom Betelkauen ebenso rot wie der Chili. Das Kauen von Betelnüssen ist bei Naga-Männern und -Frauen gleichermaßen beliebt. Ich kaufe ein Päckchen Chilis für meine Mutter.

Auf dem eigentlichen Markt kauern Bihari-Verkäufer hinter Körben mit Tomaten, Kartoffeln und Zitronen, während hippe Naga-Studenten mit auf die Brust baumelnden Kopfhörern zielstrebig vorbeieilen.

Ich schaue bei einer Zeitungsredaktion vorbei, um mir vor der Weiterreise nach Imphal ein Bild der Lage zu machen. Zu meiner Überraschung besteht die Redaktion des führenden Blatts von Nagaland nur aus sechs Mitarbeitern in drei kleinen Räumen – drei Journalisten, einem Chefredakteur und zwei Sekretärinnen.

Der einzige anwesende Journalist teilt mir mit, er könne mir nichts zur aktuellen Lage sagen. Und er bekennt, dass es in Nagaland keinen richtigen investigativen Journalismus und keine Reportagen gibt. Die meisten Journalisten stützen sich auf Presseerklärungen der Regierung oder der Aufständischen – ein undankbarer, schlecht bezahlter Job, bei dem sie häufig auch noch sowohl von der Armee als auch von den Rebellengruppen der Parteinahme bezichtigt werden.

Doch man kann es den Journalisten nicht verdenken, dass sie nicht unerschrocken genug sind oder die Mühe scheuen, Nachforschungen anzustellen. Die hiesigen Zeitungen sind personell dünn besetzt, und verständlicherweise wird mutiger Journalismus schwerlich in einer Konfliktzone gedeihen, in der Macht von der Waffe und nicht von der Feder ausgeht und von der Demokratie nicht mehr wahrzunehmen ist als das Klimpern der Regierungsgelder, die in den Taschen der Aufständischen, Politiker und Bauunternehmer verschwinden. Die schlechten Straßen von Kohima waren ein anschaulicher Beweis dafür.

Mein Besuch in der Redaktion ist aber nicht ganz umsonst, denn als ich eine herumliegende Zeitung zur Hand nehme, erfahre ich endlich den offiziellen Grund für die Straßenblockade in Mao, die meine Reise durch Nagaland überschattet hat. Es ist nur eine kleine Meldung, versteckt im Innenteil. Sie beginnt so:

Der Verkehr auf den beiden wichtigsten nationalen Highways war von einer 48-stündigen bandh *durch den United Naga Council (UNC) auf den NHs in den von den Nagas dominierten Gebieten betroffen.*

Der UNC ist eine Naga-Gruppe mit Sitz in Manipur, die von vielen als Tarnorganisation des NSCN-IM betrachtet wird, der führenden Rebellengruppe in der Region. Der Grund für ihren Protest ist die Weigerung der Regierung, einem »Alternative Arrangement« zuzustimmen, also auf ihre alte Forderung nach Machtbeteiligung in Manipur einzugehen, der regelmäßig mit *bandhs* wie dieser Nachdruck verliehen wird. Ich hoffe, es gibt keine Straßenblockade, wenn ich in Imphal bin. Das würde nämlich bedeuten, dass ich in Manipur festsitze.

Als ich die Redaktion verlasse, wird es bereits dunkel. Nach Sonnenuntergang gibt es in Kohima nicht viel zu tun. Um halb sieben werden hier buchstäblich die Rollläden heruntergelassen. Nur Restaurants haben länger geöffnet, aber auch nur bis halb neun.

Am folgenden Nachmittag versuche ich an einer Tankstelle am Stadtrand von Kohima, einen Truck nach Imphal zu finden. Auf dem Gelände parkt eine Gruppe von fünf Sikh-Fahrern, die Reis und *dal* kochen. Einer von ihnen ist Gurvinder Singh aus Jalandhar. Sie erzählen mir, dass sie am Vortag wegen einer Reifenpanne von ihrem Weizenkonvoi getrennt worden sind. Gerade warten sie darauf, sich dem Konvoi bei dessen Rückkehr wieder anschließen zu können. Zu groß ist ihre Angst, allein zu fahren. »Hier kann man gar nicht vorsichtig genug sein«, meint Gurvinder.

Auch andere Trucker vertreiben sich die Zeit, bis ab fünf Uhr das Durchfahrtsverbot für den Schwerlastverkehr aufgehoben wird. Anschließend erwacht der Highway wieder zum Leben. Der Konvoi taucht auf, eine Kolonne von 230 Lastwagen mit Nummern auf den Windschutzscheiben, vorne und hinten eskortiert von gepanzerten Militärfahrzeugen, die an abwechselnden Tagen Lebensmittel- oder Ölkonvois begleiten. Zum Leidwesen von Gurvinder handelt es sich um einen Ölkonvoi. Der verantwortliche Offizier lässt sich von Gurvinder nicht erweichen und weist ihn an, noch einen Tag auf den Lebensmittelkonvoi zu warten. Gurvinder kehrt zurück und schlägt fluchend mit der Faust in die Handfläche.

Als der Konvoi vorbeifährt, sehe ich, dass ein paar junge Nagas ein Stück vor der Tankstelle von den Lastwagen »Maut« kassieren. Es sind drahtige, flinke Jungs mit kalten Augen, ernsten Gesichtern und Crew Cuts, die sie gnadenlos effizient wirken lassen. Mit denen sollte man sich lieber nicht anlegen. Sie erinnern mich an die Profikiller in Filmen, nur dass sie leger in T-Shirts und Jeans gekleidet sind.

Die Abwicklung der Maut läuft routiniert ab, jeder hat seine Rolle. Einer von ihnen ist der Eintreiber, der andere der Vollstrecker. Wenn die Lastwagen im Schritttempo passieren, hält der jeweilige *khalassi* einen 500-Rupien-Schein aus dem Fenster. Der Eintreiber reißt dem *khalassi* den Schein flink aus der Hand, während er ihm gleichzeitig eine Quittung aushändigt, und schon ist der Nächste an der Reihe. Durch dieses Vorgehen verlangsamt sich der Verkehr, ohne ganz zum Stillstand zu kommen. Der Vollstrecker steht etwas abseits auf einen robusten *lathi* gestützt und beobachtet wachsam das Geschehen.

Eine Weile lang beobachte ich fasziniert diese seltsam hypnotische Routine. Der Bann ist gebrochen, als einer der Fahrer versucht, die Maut zu umgehen, und aufs Gaspedal drückt, woraufhin der Vollstrecker wie der Blitz zum Truck stürzt und mit seinem *lathi* auf die Windschutzscheibe schlägt. Auf dem Glas bilden sich Risse, durch die der Trucker nichts mehr sehen kann. Er fährt trotzdem weiter, weil er nicht wagt anzuhalten. Der Vollstrecker grinst zufrieden.

Wer sind diese Typen, die ungestraft auf dem Highway *lathis* schwingen?

Später suche ich bei Sudeep Chakravarti, dem Autor des Buches *Highway 39*, nach Antworten. Ihm zufolge wird die Maut von Naga-, Kuki- und Meitei-Rebellengruppen entlang des Highways erhoben, je nach ihrem »Einflussbereich«.

Es würde mich interessieren, zu welcher Gruppe die Jungs mit dem grausamen Zug um den Mund gehören, aber ich fürchte, meine neugierigen Fragen könnten eine gebrochene Nase zur Folge haben. Also stelle ich mich stattdessen an die Straße und halte den Daumen raus, aber ohne Erfolg. Es ist schon fast dunkel, und die Fahrer scheuen sich verständlicherweise, einen Fremden mitzunehmen. Der Geist des Trampens verträgt sich nicht mit der Realität von Konfliktzonen. Niedergeschlagen fahre ich zurück in die Stadt.

Am folgenden Nachmittag versuche ich es an einem Checkpoint auf der anderen Seite der Stadt. Doch hier ereilt mich dasselbe Schicksal. Vor fünf Uhr nachmittags dürfen keine Trucks passieren. Der von mehreren Polizisten besetzte Checkpoint ist von *paan*-Läden umgeben, die von Biharis überwiegend aus dem Distrikt Champaran betrieben werden. Ich lungere untätig herum.

Um fünf Uhr setzen sich die Trucks in Bewegung, aber keiner hält an, um mich mitzunehmen. Und da es in der Nähe keine Restaurants gibt, muss ich meine Bemühungen mit leerem Magen fortsetzen. Nach drei Stunden, gegen acht, nehmen die Naga-Polizisten an der Sperre, die mich bisher ignoriert haben, endlich Notiz von mir. Einer von ihnen kommt auf mich zu und fragt mich, ob ich schon etwas gegessen habe. Als ich verneine, lädt er mich in ihrem Quartier neben dem Checkpoint zum Abendessen ein. Dankbar nehme ich an.

Das Gebäude hat mehrere Räume, die von nackten Glühbirnen schwach beleuchtet werden. Der Polizist gibt mir einen Teller und deutet auf einen Tisch, auf dem eine Art Büfett angerichtet ist. Es gibt Reis, Schweinefleischsoße und ein *subji*, das hauptsächlich aus Kartoffeln und Blattgemüse besteht. Ich lade meinen Teller voll, und da ich weder Tische noch Stühle entdecke, schlinge ich das Essen im Halbdunkel an die Wand gelehnt hinunter.

Als ich wieder herauskomme, fragen mich die Polizisten, was ich eigentlich hier mache. Ich erzähle ihnen von meinem Projekt. Zu meiner Überraschung halten sie den nächsten Truck an und verlangen von den Insassen, ein bisschen zusammenzurücken.

Damit hatte ich nicht gerechnet. Trampen macht keinen Spaß, wenn es mit Nötigung des Fahrers verbunden ist. Und was ist, wenn man mich irgendwo in der Pampa rauswirft? Daher zögere ich, als die Polizisten mich auffordern, in den Truck zu steigen. Aber sie lassen nicht locker, vielleicht wollen sie mich ja einfach loswerden. Mir bleibt nichts anderes übrig, als nachzugeben.

Der Fahrer und seine beiden Freunde sind junge Männer Anfang zwanzig, alle in Shorts und T-Shirts. Sie sprechen kaum Hindi oder Englisch, weshalb eine Unterhaltung nur eingeschränkt möglich ist. Alles, was ich herausfinden kann, ist, dass sie Rongmein-Nagas aus dem Distrikt Tamenglong in Manipur sind und zu einer Truppe aus acht Personen gehören, die auf drei Trucks aufgeteilt sind.

Schweigend fahren wir durch die stockdunklen Berge. Die Straße ist holperig, und immer wieder sind im Scheinwerferlicht Kilometersteine zu sehen, die den Stopp des japanischen Vorstoßes nach verschiedenen Schlachten markieren. Wir halten nur an, als der Fahrer 700 Rupien am Tor von Khuzama und 500 Rupien am Tor von Phesama bezahlt, und erreichen schließlich die Grenzstadt Mao, den Ort, von dem die Verkehrsstörung ausging. Zu meiner Erleichterung wirkt der Ort vollkommen ausgestorben.

Und so passieren wir die Grenze nach Manipur. Inzwischen hat meine Furcht vor *andarwalas* deutlich nachgelassen. Selbst unter den widrigsten Bedingungen stellt sich irgendwann eine Normalität ein. Es mag eine andere, nicht ganz so angenehme Normalität sein, aber die Menschen gehen ungeachtet der Gewalt um sie herum ihrem Alltag nach. Vielleicht lernen sie, diese Gewalt als Hintergrundgeräusch wahrzunehmen, sie als den rauen Soundtrack ihres Lebens zu betrachten.

Meine Gedankengänge werden durch ein lautes, scharfes Geräusch unterbrochen. Ein Schuss? Ich spähe aus dem Truck, suche die Umgebung nach sich heranpirschenden Männern ab, überzeugt, nun die Quittung für meine Unbekümmertheit zu erhalten. Der Fahrer hält, der *khalassi* springt aus dem Wagen. Augenblicke gespannter Stille folgen.

Ein Reifen sei geplatzt, berichtet der *khalassi.* Ich stoße einen Seufzer der Erleichterung aus.

In den nächsten Stunden gewöhne mich an dieses Szenario, denn auch bei anderen Trucks unserer Kolonne platzen nacheinander Reifen. Das Montieren des Reserverads im Dunkeln am Straßenrand, wo nur das Rauschen der Bäume des Waldes zu hören ist, hält uns jedes Mal mehr als eine Stunde auf.

Bei Tagesanbruch machen wir schließlich Rast auf einem Hügel in dem von Nagas dominierten Distrikt Senapati. Unter uns erstreckt sich ein Tal mit akkurat angelegten viereckigen Reisfeldern. Ringsherum erheben sich Hügel mit hohen Bäumen, die sich in der Brise wiegen. Ich bin nicht müde, und die Landschaft ist wunderschön. Also beschließe ich, spazieren zu gehen, während sich die Trucker in der Kabine schlafen legen. Der Straße folgend halte ich Ausschau nach einem Lokal, in dem ich Tee bekommen kann. Schließlich entdecke ich ein *dhaba.* Die Wände des Lokals sind mit Filmplakaten tapeziert – eines zeigt Shahrukh Khan und Priyanka Chopra, ein anderes Ajay Devgan und Kajol. Das von den Rebellen erlassene Verbot von Bollywood-Filmen wird offenbar nicht überall ernst genommen. Ich schaue nach hinten in die Küche, in der zu meiner Überraschung bereits ein Mann dabei ist, Feuer für das Teewasser zu machen. Zehn Minuten später schürfe ich einen *lal chai.* Wenn man frühmorgens nach Tee lechzt, wird man in jedem Winkel Indiens stets fündig.

Um sechs Uhr erwacht das Dorf zum Leben – Frauen fegen eifrig die Veranden ihrer Häuser, Männer in zerrissenen Unterhemden holen Wasser mit einem Tragjoch auf den Schultern, an dem zwei Blecheimer hängen.

Als ich eine Stunde später zum Lkw zurückkehre, sind die Fahrer bereits im Aufbruch begriffen. Wir machen uns wieder auf den Weg. Nachdem wir eine Weile durch Berge gefahren sind, überqueren wir eine von paramilitärischen Kräften bewachte Brücke. Sie führt über den Barak-Fluss, der in den Bergen Manipurs entspringt. Die Straße wird zusehends schlechter. Schließlich halten wir an einem Checkpoint im Dorf Hengbung in der Region Sadar Hills.

Als wir bezahlt haben, fahren wir auf einer von baptistischen Kirchen gesäumten Straße zur Kuki-Hochburg Kangpokpi. Ein paar Kilometer weiter wird aus der gewundenen Bergstraße ein schmaler, gerader Weg im Flachland, der von Häusern mit schrägen Blechdächern, Reisfeldern und wolkenverhangenen Hügeln umgeben ist.

Wir befinden uns im Tal von Imphal, der Heimat der Meitei. Vor Urzeiten soll das gesamte Tal überflutet gewesen sein. Heute ist davon nur noch der Loktak-See übrig, berühmt für seine schwimmenden Inseln und die vom Aussterben bedrohten Sangai-Hirsche.

Wir sind keine 40 Kilometer von Imphal entfernt, doch meine Hoffnung, in höchstens einer Stunde dort anzukommen, wird durch einen erneuten Knall zerstört – auf der schlechten Straße ist der vierte Reifen geplatzt, was uns eine weitere Stunde aufhält. Das ist unser letztes Reserverad.

Meine Laune bessert sich enorm, als wir durch die ersten Ausläufer von Imphal und einen IT-Park fahren, hinter dem die eigentliche Stadt beginnt. Anders als das lebendige, fast schon urbane Kohima wirkt Imphal staubig und wenig einladend. Hinzu kommt der furchterregende Anblick von gepanzerten Militärjeeps mit Schützen an aufgesetzten Maschinengewehren, die auf den ramponierten Straßen patrouillieren. Soldaten mit ausdruckslosen Gesichtern stehen mit Sturmgewehren an Verkehrskreuzungen und beobachten die Passanten, wie mechanische Puppen drehen sie dabei unentwegt den Kopf, um alles im Blick zu behalten. Aber man kann es ihnen nicht verdenken, dass sie in höchster Alarmbereitschaft sind. Mit den Naga- und Kuki-Rebellen in den Bergen, den Meitei-Rebellen im Tal und den überall präsenten Sicherheitskräften ist die Stadt ein Pulverfass, das jederzeit explodieren könnte. Die Rebellen sind hier besonders aktiv, da die Region Imphal der einzige Teil Manipurs ist, der nicht dem Armed Forces Special Powers Act (AFSPA) unterliegt, welcher den Streitkräften in Unruhegebieten besondere Befugnisse verleiht.

Ein gewisses Misstrauen ist überall zu spüren. Männer taxieren einander argwöhnisch, um die Antwort auf die einzige Frage zu finden, die sie beschäftigt: Wer bist du? Bist du Inder oder Indigener, und falls indigen, zu welcher Volksgruppe gehörst du, falls Naga, was für ein Naga, oder bist du ein Meitei oder etwa ein *miya,* ein bengalischer Muslim? Die Antwort auf diese Frage bestimmt das weitere Verhalten. Durch das mangelnde Vertrauen zu ihren Mitmenschen neigen die Leute dazu, unter sich zu bleiben, weshalb sich der Teufelskreis der Identitätspolitik und der ethnischen Konflikte ewig fortsetzt. Gibt es daraus einen Ausweg?

Gegen drei Uhr nachmittags werde ich zusammen mit der Fracht am Lagerhaus abgeladen. Ich stecke dem Fahrer und seinen Begleitern etwas Geld zu und verabschiede mich. Es ist mir zwar nicht gelungen, ein Wort aus ihnen herauszubringen, aber sie waren freundlich und haben mir dann und wann beruhigend zugelächelt. Ich suche mir ein Hotel. Nachdem ich mir gebratenen Reis auf mein Zimmer bestellt habe, schalte ich den Fernseher ein.

Es gibt keine Hindi-Sender. Anders als das *dhaba* von heute Morgen haben sich anscheinend sämtliche Kabelanbieter in Imphal dem Anti-Bollywood-Diktat der Separatisten gebeugt. Also bleibt mir die Wahl zwischen romantischen Hollywood-Komödien, einer koreanischen Seifenoper und einer Dokumentation aus Manipur über Irom Sharmilas Kampf gegen den AFSPA, die auf dem Lokalsender ISTV mit englischen Untertiteln läuft. Ich entscheide mich für Letzteres.

Der koreanische Einfluss in Manipur ist auffällig – er macht sich nicht nur im Fernsehen, sondern überall bemerkbar. Im Gesellschaftsteil der Lokalzeitung, die ich gekauft habe, finden sich Fotos koreanischer Popstars gleich neben Updates über den Beziehungsstatus amerikanischer Promis wie Nick Jonas. Außerdem scheinen koreanische Mode und Frisuren in Imphal ziemlich angesagt zu sein, vor allem bei der hippen Jugend. Woher kommt diese Affinität zur koreanischen Kultur? In einer Studie heißt es, dass der Hauptgrund die kulturelle Nähe der koreanischen und der manipurischen Gesellschaft sei. Denn beide haben mongolische Wurzeln und basieren auf Clangemeinschaften.

Die meisten Leute hier lassen sich offenbar mehr von der Konsumkultur Südkoreas und des Westens inspirieren als von Bollywood und Indien, das laut Irom Sharmilas zornigen Worten in der Dokumentation von vielen mehr oder weniger als Besatzungsmacht empfunden wird.

Nach einem kurzen Nickerchen mache ich einen Spaziergang. Neben einer Zapfsäule, die außer Betrieb ist, verkaufen ein paar Frauen mittleren Alters am Straßenrand Benzin und Diesel in Plastikwasserflaschen. Meine erste kurze Begegnung mit dem

Schwarzmarkt, der hier floriert, da durch die häufige Blockade des NH 39 der Nachschub an Lebensmitteln und Kraftstoff unterbrochen wird.

Beim Anblick der Benzinverkäuferinnen überkommt mich ein schrecklicher Gedanke. Mir wird bewusst, dass der NH 39, meine einzige Verbindung zum Kernland, zu meinem Zuhause, jederzeit willkürlich von Rebellengruppen abgeschnitten werden könnte. Dann könnte es in Imphal demnächst zu einer Lebensmittelknappheit kommen, wie in der Vergangenheit schon oft geschehen.

Ich kehre ins Hotel zurück, bestelle *dal* mit gebratenem Reis aufs Zimmer, solange es noch möglich ist, und sehe mir *Stirb langsam* im Fernsehen an, bis der Strom ausfällt. Ich esse im Dunkeln, schiebe den Teller unters Bett und döse ein, immer wieder aus dem Schlaf gerissen durch die Schweißtropfen, die meine Stirn kitzeln. In Imphal ist es sehr viel heißer als in Kohima.

Mitten in der Nacht wache ich von einem Streit unten auf der Straße auf. Das Licht im Zimmer brennt, offenbar ist der Strom irgendwann zurückgekommen. Ich stehe auf und spähe aus dem Fenster. Eine Gruppe von fünf bis sechs Männern rangelt auf der Straße, sie zerren einander an ihren dünnen *baniyans* und teilen Boxhiebe aus. Wahrscheinlich nur Betrunkene, denke ich, als plötzlich ein Schuss ertönt und die erregten Rufe abrupt verstummen.

Rasch schalte ich das Licht aus und rolle mich im Bett in Embryohaltung zusammen. Was ist, wenn die Männer auf die Idee kommen, sich mögliche Zeugen des Vorfalls da unten vorzuknöpfen? Ich kenne hier niemanden. Man könnte mich ganz leicht »verschwinden lassen«, und keinen würde es interessieren.

Der Schuss hat mich nervös gemacht, auch wenn jetzt draußen Ruhe herrscht. Meine Gedanken rasen. Hat die Polizei die Männer mitgenommen? Oder auf sie geschossen? Gehört das zu einem Leben im Konfliktgebiet? Was ist, wenn sie heraufkommen? Unruhig wälze ich mich im Bett und bin nur von einem Gedanken beherrscht: *Sollte ich lieber ins richtige Indien zurückkehren?*

Nach einer schrecklichen, schlaflosen Nacht steht für mich die Antwort fest. Am nächsten Tag kaufe ich mir ein Busticket nach Guwahati. Es ist Zeit, mein Truck-Abenteuer abzubrechen, zumindest vorerst. Fast vier Monate habe ich auf der Straße verbracht, und ich vermisse weiß Gott mein Zuhause. Ich vermisse meine Familie, ich vermisse die vertraute Beschaffenheit meiner *razai,* Bettdecke, und meine angenehm harte Matratze, vor allem aber vermisse ich mein Badezimmer. Und nach so vielen Nächten in fremden Städten fehlt mir auch Mumbai mit seinen hellen Lichtern und seinen *autowallahs,* die nur mit Taxameter fahren (sie seien gepriesen!). Ich sehne mich danach, wieder um Mitternacht ohne Angst durch die Straßen laufen zu können, in meiner Stammkneipe herumzuhängen und *chakli* mit Schezwan-Soße zu knabbern. Es ist Zeit, nach Hause zu fahren. Nie empfand ich das Wort »Heimat« als tröstlicher.

TEIL DREI

HIGHWAY-WIRTSCHAFT
VON MUMBAI NACH KANYAKUMARI

Ein Land, eine Steuer, eine Technologie

Ich bin wieder unterwegs. Seit meiner eiligen Abreise aus Imphal hat sich in der Truckerwelt einiges verändert.

Es gab bedeutsame Reformen – am 29. März 2017 wurde in einer historischen Mitternachtssitzung des Parlaments mit der Goods and Service Tax (GST) ein einheitliches Umsatzsteuersystem für ganz Indien eingeführt, das die Verteilung der indirekten Steuern zwischen den Bundesstaaten und der Zentralregierung regelt. Endlich herrscht in Indien das Prinzip »Ein Land, eine Steuer«.

Dank der GST müssen die Trucker, die unter Indiens kleinteilig strukturiertem Steuersystem litten, an den Grenzen der Bundesstaaten nicht mehr stundenlang für die Abfertigung Schlange stehen. Damit dürfte das Leben für meine Trucker-Bekannten in Udaipur, die von den Beamten an der Grenze zwischen Rajasthan und Madhya Pradesh systematisch erpresst worden waren, beträchtlich einfacher geworden sein.

Das Ziel meiner Reise ist diesmal das Reich der Draviden, eine Region südlich von Mumbai. In einem überfüllten Nahverkehrszug fahre ich ins nördlich von Mumbai gelegene Vasai-Virar, um dort das Büro eines Kommissionsagenten aufzusuchen. Glücklicherweise lindert ein kühles Lüftchen die Hitze, die von den Körpern um mich herum ausgeht. Es ist

Winter – Heiligabend, um genau zu sein –, und mein Plan lautet, in einem Truck nach Hyderabad zu fahren.

Meine 700 Kilometer lange Reise beginnt in einem vollgestopften Büro, das zugleich als Lager dient und in dem sich zahlreiche *mathadis* drängen. Ihr Oberkörper ist nackt, sodass man ihren festen, muskelbepackten Bauch sieht, und sie scheinen unentwegt zu lächeln. Die Männer bilden eine Kette von dem Büro über den schmalen Flur bis zu einem Lkw und reichen einander mit unübertrefflicher Effizienz Zementsäcke weiter.

In der Region zwischen Mumbai und Pune findet man kaum ein Lagerhaus ohne *mathadis.* Sie transportieren Waren auf dem Kopf – *matha* bedeutet Kopf – und haben in Maharashtra ein staatlich garantiertes Monopol auf das Laden von Gütern. Das gibt den *mathadi*-Gewerkschaften das staatlich sanktionierte Recht, Geschäftsleute zu erpressen. Sie machen nicht einmal vor neu Zugezogenen in Städten wie Pune halt, die, ohne sich ihres Fehlers bewusst zu sein, die Dienste von nichtorganisierten Lastenträgern in Anspruch nehmen.

Jeder Lastenträger besitzt eine *mathadi*-Plakette, ein begehrtes Objekt, das auf dem freien Markt 500 000 Rupien einbringt. Das haben mir Arbeiter in Bhiwandi auf meiner letzten Reise erzählt. Anschließend beklagten sie, dass sie von Kollegen aus Uttar Pradesh und Bihar unterboten wurden, die ihre Dienste für den halben Preis anboten.

Die *mathadis* sind ein gutes Beispiel dafür, wie sich wohlmeinende Gewerkschaften, die eigentlich die Interessen der Arbeiter vertreten sollten, in politisierte und kriminelle Lobbyverbände verwandeln können. Heute, gut 50 Jahre nach Verabschiedung des Gesetzes zur Schaffung von *mathadi*-Verbänden im Jahr 1969, ist allgemein bekannt, dass die oberen Etagen vieler der insgesamt 36 *mathadi*-Verbände von politisch bestens vernetzten Gangstern infiltriert sind, die Geschäftsleute erpressen und mit Einstellung der Arbeit drohen, wenn sie nicht zahlen. Ein Polizeibeamter erklärte laut einem Zeitungsbericht:

Die Chefs dieser Gewerkschaften sind zum Teil gefürchtete polizeibekannte Kriminelle ... viele der sogenannten Gewerkschaftsführer fahren in Nobelkarossen und haben sich Luxusimmobilien zugelegt. In einem solchen Szenario sind die eigentlichen Arbeiter die Leidtragenden. Politische Parteien unterstützen diese Gewerkschaften, da die Gangster in bestimmten Gebieten das Sagen haben und ihnen Wählerstimmen von den Arbeitern beschaffen können.

Das einzig Offizielle in diesem Büro ist ein Schreibtisch mit Stuhl in der Ecke, das Reich von Vishnu, dem Assistenten des Kommissionsagenten. Heute ist Vishnu damit beschäftigt, den abfahrenden Truckern Papiere und Geld auszuhändigen.

Der Fahrer, der mich mitnehmen soll, tritt an seinen Tisch. Vishnu macht uns miteinander bekannt. »Maastan«, stellt sich der Fahrer vor und schüttelt mir die Hand. Er ist ein kräftig gebauter 23-jähriger Mann mit akkurat gestutztem Schnurrbart, einem gutmütigen Gesicht und ernsten Augen, die heute etwas misstrauisch wirken, vielleicht weil er gerade darüber nachdenkt, ob es wohl gefährlich ist, mich mitzunehmen.

»Woher kommst du?«, will er wissen.

»Ich habe den Großteil meines Lebens in Mumbai verbracht, bin aber in Karnataka geboren.«

»Oh, Karnataka.« Sofort entspannt er sich. »Ich bin aus Bidar. Das kennst du bestimmt. Dort fahre ich jetzt hin. Es liegt auf dem Weg, und ich möchte ein paar Tage zu Hause verbringen. Ich lasse dich in der Nähe von Basavakalyan raus, ungefähr 200 Kilometer vor Hyderabad. Okay?«

»Klar. Wie es dir am besten passt.«

Vishnu händigt Mastaan Bargeld und zwei getrennte Päckchen Dokumente aus. Er droht ihm mit dem Finger. »Nicht verwechseln. Das hier ist für unterwegs, und das andere zeigst du keinem. Keinem! Verstanden?«

Wir gehen zu seinem draußen geparkten Truck. Ich frage ihn, was es mit den geheimen Papieren auf sich hat.

»Wir nennen sie Untergrundpapiere. Jeder weiß, dass nicht einmal die Polizei sie zu Gesicht bekommen darf, wenn man aus irgendeinem Grund verhaftet wird.« Steuerhinterziehung ist offenbar eine ernste Angelegenheit und auch nach der Einführung der neuen GST so verbreitet wie eh und je.

Wir klettern in den Truck. Es ist eine Weile her, dass ich diese akrobatische Übung zuletzt absolviert habe. Es fühlt sich großartig an, wieder hier drinzusitzen. In der geräumigen Fahrerkabine. Hoch oben. Und die Aufregung und Vorfreude auf die vor uns liegende Fahrt zu spüren. Nichts davon hat seinen Reiz verloren. Wie ich feststelle, fährt Mastaan nicht allein, sondern wird von seinem Kollegen Guru begleitet. Die beiden touren nun seit über zwei Jahren durch ganz Südindien.

Guru ist erst fünfundzwanzig, wirkt aber durch seinen buschigen Schnurrbart und seine ständig besorgte Miene viel älter.

Ihr Truck unterscheidet sich von den Lkws, mit denen ich bisher gefahren bin, denn er hat eingebaute Kojen. In der oberen schläft ein Fahrer, während der andere am Steuer sitzt.

»In der Nacht schlafe ich oben und du unten. Okay?«, sagt Mastaan. »So ist es für dich bequemer. Sonst fällst du herunter, wenn der Fahrer plötzlich bremsen muss.«

Der Truck transportiert Paket-*maal* für ein Kurierunternehmen, dessen Büro sich in der Etage über dem Lagerhaus befindet.

»Ist der Truck überladen?«

»Nein, gar nicht. Neun Tonnen Kapazität, neun Tonnen *maal*«, erwidert Guru. »Es ist nicht mehr wie früher. Jetzt wird man an der Grenze kontrolliert. Du wirst schon sehen …«

Als wir starten, ist es acht Uhr. Mastaan löst die Handbremse, die zischt wie ein Gasleck. Acht Uhr. Nicht gerade eine ideale Abfahrtszeit. Auf den Straßen Mumbais herrscht dichter Berufsverkehr. Aber zumindest haben wir Musik, die mich vom Staub und von den Abgasen ablenkt. Es laufen Filmsongs auf Kanaresisch mit elektronischen Beats.

Anders als die meisten Trucker, die ich bisher kennengelernt habe, scheinen Mastaan und Guru nicht nach der Pfeife ihres *seth* zu tanzen. »Die Fahrer aus Andhra Pradesh, Karnataka und Maharashtra lassen sich von ihrem Boss nichts gefallen. Wenn sie zu sehr schikaniert werden, werfen sie ihren Job hin. Sie fürchten sich vor keinem und richten sich nach keinem.«

Der Unterschied ist offensichtlich. Mastaan und Guru scheinen ziemlich gut bei Kasse zu sein. Beide haben Samsung-Smartphones der mittleren Preisklasse, anders als ich mit meinem einfachen Handy von Xiaomi. Der Rollentausch im Hinblick auf die Finanzen amüsiert mich. Sie erzählen mir, sie hätten sich die Handys hauptsächlich wegen WhatsApp gekauft, um Fotos der Rechnung und der gelieferten *maal* an ihren *seth* schicken zu können. Aber das ist natürlich nicht der einzige Grund.

Guru ist so ein eifriger WhatsApp-Nutzer, dass er ständig Videos und Fotos löschen muss, weil sein Speicher voll ist. Mastaan wiederum ist süchtig nach HarvestLand, das er auf Facebook spielt. Er fragt mich nach meinem vollen Namen und schickt mir an der nächsten Ampel eine Freundschaftsanfrage, die ich prompt annehme.

Obwohl sich unsere Lebensumstände unterscheiden, vereint uns die Anfälligkeit für die Glücksversprechen der modernen Technologien; für den Dopaminrausch, den das Abrufen einer brandaktuellen Meldung auslöst.

»Was soll schön daran sein, die ganze Nacht wach zu bleiben und zu fahren? Ich würde lieber zu Hause im Bett liegen und schlafen«, entgegnet Mastaan, als ich den Fehler mache zu fragen, ob ihm sein Job gefällt. Doch er kennt es nicht anders. Mastaans und Gurus Väter, beide bereits verstorben, waren Lkw- beziehungsweise Busfahrer. Mastaan wurde jedoch von seinem *maamu* (Onkel) ausgebildet. »Er war mein *ustad*«, sagt Mastaan. »Vor zwei Jahren ist er bei einem Unfall gestorben.«

In ihrem Dorf im Distrikt Bidar gibt es in jedem zweiten Haushalt einen Berufsfahrer. »Wenn du unser Dorf besuchst, wirst du feststellen, dass dort mehr Lastwagen parken als Motorräder und Autos«, meint Mastaan. Ein Trucker-Dorf. Das klingt interessant. Ich frage ihn, ob er mich vielleicht dorthin mitnehmen würde. Er schüttelt den Kopf. »Weißt du, unsere Mütter und Schwestern leben bei uns im Haus. Da kann ich nicht einfach einen Fremden mitbringen«, erklärt er entschuldigend.

Erst einmal bin ich irritert von seiner Antwort. Sehe ich etwa aus, als müssten Frauen Angst vor mir haben? Doch dann denke ich ein bisschen darüber nach. Vielleicht rührt seine Weigerung ja daher, dass es Frauen in konservativen muslimischen Haushalten verboten ist, sich Fremden zu zeigen.

Ich frage Mastaan, ob er verheiratet ist. »Ja. Ich war erst zwanzig, als ich geheiratet habe. Meiner Mutter ging es damals nicht gut. Vater war schon seit zehn Jahren tot, und sie war ganz auf sich gestellt. Da beschloss ich zu heiraten, damit sich meine Frau um sie kümmern konnte.«

»War es eine Liebesehe oder eine arrangierte Ehe?«

»Eine Liebesehe«, erwidert er. »Oder eine arrangierte, das kann man so oder so sehen. Ich habe mich in die Tochter meiner Tante verliebt, weißt du, und weil sie zur Familie gehörte, hatte niemand Einwände. Mein älterer Bruder ist noch ledig, aber selbst er hat mir zugeraten. ›Heirate ruhig. Ich will gar nicht.‹«

Guru dagegen ist noch Junggeselle. »Er ist eben Truck-Fahrer. Deshalb nimmt ihn keine«, lästert Mastaan. Guru ignoriert seinen Spott. »Wer will schon heiraten? Die Ehe ist Sklaverei.«

Ich frage sie, was sie privat von Indien kennengelernt haben. Mastaan und Guru waren beide im Nachbardistrikt Kalaburagi, um den *dargah* (Schrein) des Sufi-Heiligen Banda Nawas beziehungsweise den Ayyappa-Tempel zu besichtigen. Mastaan hat außerdem mit seiner Familie eine Pilgerreise zum Schrein von Ajmer unternommen, ein Lebenstraum seines Vaters, und nach Agra, um sich den Taj Mahal anzusehen. Doch als er das Mausoleum betreten wollte, wurde er wegen irgendeines wichtigen »Shootings« von einem Aufseher verjagt. »Ich konnte es nur aus der Ferne betrachten.« Seine Schilderung gibt mir zu denken. Muss man als Durchschnittsinder mit solchen erniedrigenden Erfahrungen leben? Immer in untergeordneter Position, selbst wenn man die Wunder des eigenen Landes besichtigen will?

Guru dagegen ist noch nicht viel herumgekommen. Er mag es auch so. »Im Dorf lässt es sich angenehm leben. Frische Luft, sauberes Trinkwasser, Familie. Dort gibt es alles, was ich mag. In die Stadt kann man ab und zu mal fahren, aber mehr nicht«, meint er. »Als kleiner Junge wollte ich immer nach Bombay, um mal einen Filmstar zu sehen, aber jetzt, nachdem ich dort war, hab ich genug davon. Der Verkehr und die fürchterlichen Straßen. Ein Horror für Lastwagen.«

An Maharashtra insgesamt lassen sie kein gutes Haar. »In anderen Bundesstaaten wie Karnataka oder Andhra sprechen die Polizisten Hindi oder Englisch, wenn der Fahrer die lokale Sprache nicht versteht. Aber nicht in Maharashtra. Selbst wenn sie Hindi können, sprechen sie nur Marathi.«

Dadurch hat Mastaan unbeabsichtigt ein paar Brocken Marathi aufgeschnappt hat, hauptsächlich die deftigen Kraftausdrücke der Polizisten. *»Ae lavdya. Khali utar«* (He, du Schlappschwanz), intoniert er, ihren derben Ton perfekt imitierend. Ich muss lachen.

»Am besten reagiert man gar nicht darauf, wenn sie so daherreden, sonst verlangen sie nämlich statt der eigentlichen 300 Rupien 1500. Kannst du mir sagen, wer so ein Leben führen will? Ich nicht. Ich möchte eine Arbeit, bei der ich mit Respekt behandelt werde.«

Die regelmäßige Herabwürdigung ist einer der Hauptgründe, warum keiner der beiden erpicht darauf ist, Trucker zu bleiben. Sie streben nach einer Anstellung als Busfahrer bei der staatlichen Verkehrsgesellschaft Karnataka State Road Transport Corporation (KSRTC), ein Job mit regelmäßigem Einkommen und Zusatzleistungen und einem Mindestmaß an Respekt. Mastaan erzählt mir, seine jetzige Stelle diene ihm nur dazu, Fahrpraxis für die Fahrprüfung in drei Monaten zu erwerben.

»Bei der Prüfung der KSRTC muss man mit dem Fahrzeug verschiedene Manöver ausführen – eine Acht fahren, ein L, eine Banane, eine Null. Das ist nicht leicht. Aber wenn wir bestehen, haben wir ein geregeltes Leben. Innerhalb von zwei Monaten werden wir als Busfahrer eingesetzt.«

Ich will wissen, ob dabei Korruption im Spiel ist. »Bei der Prüfung selbst nicht«, sagt Mastaan, »da wird alles gefilmt. Wenn man jedoch bestanden hat, muss man ein symbolisches

Schmiergeld an das RTO bezahlen, um die Abwicklung zu beschleunigen. 6200 Rupien!«

Es ist über zwei Stunden her, seit wir gestartet sind, aber der Ballungsraum Mumbai mit seinen Vororten will kein Ende nehmen. Allmählich sehne ich mich verzweifelt nach einer frischen Highway-Brise. Immerhin ist es nicht so heiß wie beim letzten Mal, tröste ich mich. Das ist das Gute daran, wenn man seine Reise mitten im Winter beginnt.

Die Straße führt an einem glänzenden Einkaufszentrum vorbei – glückliche, fröhliche Menschen, die sich mit ihren Freunden amüsieren. Eine Parallelwelt zu der, in der wir uns befinden. Daran werde ich erinnert, als ein Polizist unseren Truck direkt vor dem Einkaufszentrum anhält und Schmiergeld verlangt. Mastaan zieht diskret einen 50-Rupien-Schein aus seinem Geldbündel und reicht ihn dem Mann.

»Du darfst diese Halunken nie dein Bündel mit *chhutta* sehen lassen«, sagt er, nachdem wir wieder losgefahren sind. Ich frage ihn, ob ihm das Bündel auch geholfen hat, als vor einem Jahr alle 500- und 1000-Rupien-Scheine und damit über 80 Prozent der in Umlauf befindlichen Geldmenge aus dem Verkehr gezogen wurde.

»Auch da hatten wir unser Bündel. Aber als die Demonetisierung verkündet wurde, waren nur noch 500 Rupien übrig. Die waren schnell weg«, erzählt er. »Es war auch kaum noch Diesel im Tank. Also hab ich den Lkw abgestellt und meinen *seth* angerufen, der versprach, seine Leute zu schicken. Ich musste ganze zwei Tage warten und hatte in der ganzen Zeit fast nichts zu essen.«

Wenn ich bedenke, wie mir der Magen knurrt, obwohl meine letzte Mahlzeit erst ein paar Stunden her ist, kann ich mir nicht einmal entfernt vorstellen, wie ausgehungert er gewesen sein muss. In der Nähe von Navi Mumbai halten wir endlich, um in einem *dhaba* zu Abend zu essen.

Wir bestellen *sev bjaji* – eine würzige rote Soße mit dünnen *sev*-Nudeln darin, dazu *dal khichdi,* ein Gericht, mit dem ich sie bekanntmache. Ich bin überrascht, dass keiner von beiden es kennt, und erleichtert, als es ihnen schmeckt.

Mit ihrem Gaskocher, den sie dabeihaben, bereiten sie sich auch manchmal selbst etwas zu. »Natürlich nicht während der Fahrt. Die Trucker in Tamil Nadu kochen allerdings sogar beim Fahren. Keine Ahnung, wie die das machen.« Das würde ich auch gerne sehen, denke ich bei mir. Aber dafür müssen wir erst einmal Mumbai hinter uns lassen.

Nach dem Essen klettern wir wieder in den Truck. Guru und Mastaan tauschen die Plätze, und bald befinden wir uns auf dem Expressway von Mumbai nach Pune. Am liebsten würde ich vor Freude laut losjubeln. Bruchstückhafte Erinnerungen an meine Kindheit blitzen auf – die Aufregung, als wir auf dem neu eingeweihten Expressway fuhren; wie ich mit offenem Mund auf die gähnenden Tunnel starrte, die den stetigen Strom der Songs aus dem Radio unterbrachen; wie mein Vater beharrlich den Fuß auf das Gaspedal unseres Maruti drückte; meine wachsende Überraschung, als der Tacho 100 (100!) überschritt; und meine Verblüffung, als andere Autos trotzdem mühelos an uns vorbeirauschten. Damals erlebte ich zum ersten Mal physisch, wie sich »Fortschritt« anfühlt.

Jetzt aber gondeln wir mit behäbigen 60 Stundenkilometern dahin, überholen kein einziges Fahrzeug. Guru lässt sich nicht aus der Ruhe bringen. »Ich behalte immer ein gleichmäßiges

Tempo bei«, meint er. »Es ist ganz simpel. Wenn du rast, schluckt er zu viel Diesel.«

Gegen Mitternacht verliert der eintönige, allzu vertraute Expressway seine Faszination für mich. Mastaan in der oberen Koje starrt auf sein Smartphone, das Gesicht in den blau-weißen Schein von Facebook getaucht, und ist kurz davor einzudösen. Auch ich beschließe, mich schlafen zu legen, und strecke mich in der untere Koje aus. Guru wirft mir eine Decke zu, und bald sinke ich in der kalten, kalten Nacht in den Schlaf.

Um sieben Uhr morgens weckt mich ein widerlich süßer Geruch, der durchs Fenster hereinweht. Der typische Gestank von Zuckerfabriken, den ich aus meiner Zeit an der Militärakademie von Satara kenne. Ich sehe mich um. Dünner Nebel hängt in der Ferne und umhüllt die mannshohen, bis zum Horizont reichenden Halme. Wir befinden uns im Land des Zuckerrohrs.

Guru ist die ganze kalte Nacht hindurch in seinem dünnen T-Shirt gefahren. Als er bemerkt, dass ich aufgewacht bin, bittet er mich mit klappernden Zähnen, ihm meine Decke zu reichen. Rasch gebe ich sie ihm. Er wickelt sich die rote Decke wie einen *dupatta* um Kopf und Körper und bietet im Morgenlicht einen skurrilen Anblick.

Dutzende Ochsengespanne überholend, die frisch geerntete Zuckerrohrbündel zur Fabrik transportieren, erreichen wir nach einer Stunde Solapur. Guru weckt Mastaan und hält an einem Stand, an dem *khari* verkauft wird, ein knuspriges Blätterteiggebäck, das in Maharashtra und seinen Nachbarstaaten zum Tee gegessen wird. Wie ich von Guru erfahre, ist Solapur bekannt für sein *khari,* und die beiden steigen aus, um für ihre Familien ein paar Päckchen mitzunehmen. Das Mädchen in Schuluniform, das ihnen das Gebäck verkauft, vertieft sich sofort wieder in ihr Schulbuch, nachdem sie das Geld gezählt hat.

Wir fahren weiter und passieren Kleinstädte, die mit riesigen Geburtstagsplakaten für lokale Würdenträger wie Om Dada und Sachim Dada zugeklebt sind, vermutlich finanziert von übereifrigen Anhängern, die ihre Loyalität bekunden möchten. Inzwischen besteht die Landschaft überwiegend aus Buschland mit Weingärten dazwischen. Männer mit leuchtend gelben Turbanen, wie sie für diese Gegend typisch sind, werden zu einem gewohnten Anblick. Neben dem Highway reihen sich geschlossene Restaurants, von denen oft nur noch ein paar traurige, staubige Bretter übrig sind.

Gegen neun Uhr halten wir zum Frühstück am Bharat Tea House, das sich offensichtlich behaupten konnte. »Drei Reisplatten«, ruft Mastaan dem Besitzer zu, einem alten Mann in einem schmuddeligen weißen Unterhemd und Shorts, der unverzüglich herbeieilt und uns kleine Teller mit Reis, *dal* und zwei in *besan*-Teig frittierte Paprikaschoten serviert. Für 20 Rupien pro Portion ist es spottbillig und noch dazu köstlich. Wir setzen uns an einen niedrigen grünen Tisch, der mit mysteriösen schwarzen Flecken übersät ist. Guru und Mastaan bestellen beide noch einen Teller, aber ich nicht, weil ich nach einem bereits satt bin. Ich sollte es besser wissen. In der unsicheren Trucking-Welt ist das Frühstück eigentlich kein Frühstück, sondern eher ein Brunch.

Am Tea House bekomme ich endlich Gelegenheit, mir ihren Lkw bei Tageslicht anzusehen. Es ist ein buntes Vehikel mit einer leicht zu merkenden Nummer auf dem Kennzeichen – 399339. Auf dem Kotflügel steht »König der Straße« neben dem Spruch »Sunday *ho ya* Monday. *Roz khavo anday*« (Ob Sonntag oder Montag, iss täglich ein Ei). Das ist ein alter, eingängiger Werbeslogan des National Egg Coordination Committee, einem Verband von Geflügelbauern.

Ich frage Mastaan, was es mit dem Spruch auf sich hat. »Wir laden in Hyderabad immer Eier als Fracht«, erklärt er. »Der Transport von Eiern ist eine knifflige Sache. Da muss man echt vorsichtig sein. Wenn man nur einmal das Lenkrad herumreißt, riskiert man, dass sie alle zerbrechen. Eine Herausforderung, die mir allerdings geholfen hat, für die Prüfung meine Fahrkünste zu verbessern.«

Das Bild auf dem Heck des Lastwagens wirkt eher sentimental. Dort steht auf Devanagari *»Ghar kab aaoge«* (Wann kommst du nach Hause?) neben dem Bild einer einsamen Ehefrau, die im Schatten eines Baumes kauert, ein Haus im Hintergrund.

Als wir weiterfahren, zerbröselt der Fahrbahnbelag zusehends. Der glatte Asphalt weist klaffende Risse auf, die wenig später Schlaglöchern weichen. »So furchtbar bleibt die Straße bis zur Grenze zwischen Maharashtra und Karnataka«, informiert mich Mastaan, bevor ich fragen kann. Immer häufiger sieht man überladene Trucks mit Zuckerrohr, was zweifellos noch mehr zur Verschlechterung der Straße beiträgt.

Mastaan deutet auf einen davon. »Siehst du das?«, fragt er. »Du hast mich doch vorher nach der Überladung gefragt. Das sind überladene Trucks. Aber wenn es sich um landwirtschaftliche *maal* handelt, traut sich keiner, etwas zu unternehmen. Alle haben Angst vor den Protesten der Bauern«, erklärt er. Die Heftigkeit seines Tons überrascht mich.

Wir erreichen die Grenzstadt Omerga. Hier sehe ich zum ersten Mal die kanaresische Schrift. In der Stadt gibt es fast überall zweisprachige Schilder. Grenzregionen wie diese haben mich schon immer fasziniert, Orte, an denen sich verschiedene Sprachen und Kulturen mischen und der regionale Chauvinismus in den Hintergrund tritt. Sie erinnern an Indiens Vielfalt.

Nach einer halben Stunde kommen wir an die Grenze des Bundesstaates, die zu meiner Überraschung vollkommen menschenleer ist, ganz anders als bei meiner letzten Reise, auf der jeder Grenzübertritt eine Tortur war. Ich bin erstaunt, wie drastisch sich die Situation durch die GST verändert hat. Als wir an den Schalter fahren, stupst Guru mich am Ellbogen und bittet mich rauszuklettern. Ich verstehe zwar nicht warum, komme seiner Aufforderung aber nach. Er springt nach mir aus dem Truck, gefolgt von Mastaan.

Da sehe ich, dass der Lkw zur Gewichtskontrolle auf einer Fahrzeugwaage steht. Das Ergebnis? Keine Überladung. Das elektronische Display zeigt ein Gesamtgewicht von 16 720 Kilo an. Wir liegen gut unterhalb der erlaubten Grenze. Der Beamte händigt uns eine Quittung aus, und wir fahren weiter.

Ich frage Mastaan, wie sehr die GST ihr Leben erleichtert hat. »Du hast ja selbst erlebt, dass die Wartezeit an der Grenze fast auf null gesunken ist. Auch das Schmiergeld, das wir zahlen müssen, hat sich ungefähr halbiert«, antwortet er. Es freut mich zu hören, dass sich die Einführung der GST auch tatsächlich in der Praxis auswirkt.

Wir befinden uns in Karnataka. Bald werde ich von Bord gehen. Ich sehe mich nach Schildern um, die mir sagen, wie weit es noch bis Basavakalyan ist. Gegen Mittag hält Mastaan dann schließlich an. Während ich mich von ihm und Guru und Mastaan verabschiede und ihnen für ihre Gastfreundschaft danke, überlege ich bereits, wie ich nach Hyderabad kommen soll.

Ich stehe in der Mittagshitze und versuche, Lastwagen anzuhalten, doch ohne Erfolg. Dafür stoppt ein gebrechlich wirkender Mann um die Sechzig in einem weißen Mahindra-Jeep, ohne dass ich ihn dazu aufgefordert hätte. Er fragt mich, ob ich mitfahren will. Da mir die Sonne auf den Kopf brennt, beschließe ich, sein Angebot anzunehmen.

Sobald ich im Wagen sitze, fängt der Mann an, die Kabine auf den Kopf zu stellen. Ich frage ihn, wonach er sucht, aber er hüllt sich in Schweigen. Als ich mich anschicke auszusteigen, damit er gründlich suchen kann, ruft er mich zurück.

»Da ist sie«, sagt er schließlich und schlägt auf die Tasche seiner schwarzen Jacke. Dann präsentiert er mir das Objekt der Begierde auf der ausgestreckten Hand – ein Chillum (Haschpfeife). Er bittet mich, das Fenster hochzukurbeln, stopft zerkleinertes Marihuana in das Chillum und nimmt einen tiefen Zug. Offensichtlich ist er geübt darin, denn aus der Öffnung der Pfeife lodert eine mächtige Flamme. Der Geruch von *ganja* wabert durch die Kabine. »Ich hoffe, es stört dich nicht«, sagt er verspätet und hustet ein paarmal kurz.

In diesem Augenblick sehen wir eine Familie von Mungos – fünf Stück –, die, geschickt dem Verkehr ausweichend, die Straße überqueren. Ein surrealer Anblick, besonders unter den gegebenen Umständen. In meinem vorwiegend in der Stadt verbrachten Leben hatte ich noch nie die Gelegenheit, Mungos in freier Natur zu erleben, und jetzt begegnen mir gleich fünf auf einmal. »Offenbar gehen sie auf die Jagd«, meint mein Gefährte mit einem wissenden Lächeln.

»Milind Sonawane«, stellt er sich vor, als die Mungos im Gebüsch verschwunden sind, und schüttelt mir unbeholfen mit der Linken die Hand, weil er ja in der Rechten das Chillum hält. »Aus Nashik.« Als er hört, dass ich Journalist bin, ruft er begeistert: »Du bist also ein Künstler!« Ich weiß nicht, wie ich darauf reagieren soll. Doch benebelt von den Marihuanaschwaden mache ich, was wohl die meisten Menschen gemacht hätten: Ich lache röhrend.

Er erzählt, dass er davon lebt, neue Jeeps von der Mahindra-Fabrik in Nashik zum Wohnort der Käufer zu fahren. Er ist Mitglied in einer Kraftfahrergewerkschaft, die das Monopol auf diese Tätigkeit besitzt. Durch seinen Job ist er fast in ganz Indien herumgekommen.

»Wenn es dich mal nach Nashik verschlägt und du irgendwohin musst, ruf mich an. Ich besorge dir jemanden, der dich mitnimmt. Von der Fabrik fahren tagtäglich Jeeps zu allen möglichen Orten«, sagt er. »Ich würde dir generell davon abraten, per Bus oder Bahn zu reisen. Warum teures Geld verschwenden? Schau mich an. Ich weiß gar nicht, wann ich zuletzt mit dem Bus oder mit der Bahn gefahren bin. Ich nehme immer einen Jeep oder einen Truck.«

Erst verstehe ich nicht, wie das gemeint ist, doch dann fängt er an, sich damit zu brüsten, wie er Spediteure dazu bringt, ihn kostenlos mitzunehmen. Angeblich macht er das schon seit Jahren so, ohne Probleme.

»Der Trick dabei ist: Man muss die Spediteure davon überzeugen, dass man einer von ihnen ist. Gepflegte Erscheinung. Gutes Benehmen. Ich habe mir sogar Visitenkarten drucken lassen, auf denen ›Milind Sonawane, Mahalaxmi Transports‹ steht. Schau.« Er zieht eine Karte aus seiner Hosentasche. »Wenn sie mich erst einmal für einen Kollegen halten, nehmen sie mich normalerweise mit, zumal ich ihnen erzähle, am Ziel der Reise würde sie *maal* für ihren Truck erwarten. Natürlich mache ich mich sofort aus dem Staub, sobald wir dort ankommen.«

Seine Beichte hinterlässt bei mir ein ungutes Gefühl, ebenso wie sein offensichtlicher Mangel an Skrupeln. Ich erkenne, dass ich mich in Gesellschaft eines moralisch zweifelhaften, aber hoffentlich harmlosen Menschen befinde, und beschließe, wachsam zu bleiben. Bald erreichen wir die Grenze zwischen Telangana und Karnataka. Sonawane holt einige Zuckerrohrhalme hervor, die er aus Nashik mitgebracht hat, und überreicht sie mit großer Geste dem Wachmann an dem menschenleeren Grenzposten, gefolgt von Small Talk. Das dient alles dem Knüpfen von Beziehungen.

Allerdings hat er wirklich ein passendes Geschenk gewählt, denn inzwischen sind die Zuckerrohrfelder von Maharashtra der urwüchsigen Landschaft Telanganas gewichen – trockene, eisenoxidrote Erde und ein abweisendes, von Felsen übersätes Gelände unter tiefblauem Himmel. Mir fallen die vielen heruntergekommenen Moscheen entlang des Highway auf; ihre zerbröckelnden grauen Minarette muten mittelalterlich an, während die dazugehörigen Gebäude wirken, als wären sie vor Kurzem renoviert und gestrichen worden.

Am Straßenrand stehen zahlreiche indigene Frauen – und zwar ausschließlich Frauen –, die eine Mitfahrgelegenheit suchen. Sonawane, für den Tramper wie ich eine wichtige Einkommensquelle darstellen, hält an. Die Frauen lehnen jedoch ab, als sie erfahren, dass sie auf der Ladefläche seines Jeeps sitzen sollen, nur durch Pappe vor dem heißen Metall geschützt.

»Selber schuld«, meint er achselzuckend und fährt weiter. Es dauert nicht lange, da legt er erneut einen Stopp ein, um sich noch einmal das Chillum anzuzünden. »Willst du auch ziehen?«, lädt er mich ein. Will ich nicht. Ich bin vom Rauch schon ganz zugedröhnt. Sonawane wird nach der zweiten Runde noch redseliger.

Kurz vor Hyderabad bitte ich ihn, mir etwas aus seinem Leben zu erzählen. »*Arre,* was soll ich dir erzählen?«, erwidert er. »Ich habe alles Mögliche ausprobiert. Ich war Truckfahrer, Schneider, Traubenverkäufer, Mechaniker, Händler und vieles mehr. Bin bei keinem Job länger als zwei Jahre geblieben. Aber jetzt bin ich alt. Ich habe keine Energie mehr.«

Diese Selbstbeschreibung könnte von den meisten Angehörigen der indischen Arbeiterschicht stammen. Der informelle Sektor Indiens bringt bei ganz normalen Leuten diese Vielseitigkeit hervor, denke ich, als Milind mich an der Stadtgrenze von Hyderabad herauslässt und mir 200 Rupien abknöpft.

Bevor er sich verabschiedet, lädt er mich ein, ihn einmal in Nashik zu besuchen.

»Klar. Ich rufe dich an. Ich hab ja deine Nummer.«

»Gut. Du kannst mich jederzeit anrufen. Aber lass dir eins gesagt sein: *Phone khoti, sakshaat bheti.* Das Telefon ist ein falscher Freund, ein persönliches Treffen ist besser. Wenn du nach diesem Motto lebst, wirst du deine Freundschaften erhalten.«

Ich danke ihm fürs Mitnehmen und denke über seine Worte nach. Manchmal stolpert man an den unwahrscheinlichsten Orten über solche Lebensweisheiten. Mir wird klar, dass sein Rat goldrichtig ist für Zeiten wie diese, in denen man bedingt durch das Smartphone Kommunikation und persönlichen Austausch leicht verwechseln kann.

Eine mit Khaki gepflasterte Straße

In den Augen von K. Srinivasa Rao liegt ein onkelhaftes Zwinkern. Es ist noch keine fünf Minuten her, dass ich in seinen Truck gestiegen bin, und er betrachtet mein hageres Gesicht bereits mit einer Art väterlicher Sorge. Unbeholfen beugt er sich vor, um mir eine Flasche Wasser zu reichen. Ich hatte mir zwar vorgenommen, in Bezug auf Wasser vorsichtig zu sein, aber die Hitze und meine zwanghafte Höflichkeit lassen meine Hand nach vorne schnellen.

Rao wird begleitet von Harsha, seinem extrem gehemmt wirkenden halbwüchsigen Sohn mit Hahnenzähnen, der schmollend in der Ecke sitzt. Wir fahren an der langen, zerklüfteten Küste von Andhra Pradesh entlang, umgeben von smaragdgrünen Reisfeldern. Wie Hütten geformte Heuhaufen unterbrechen das vielfältige Grün. Urplötzlich fliegt eine Schar von Reihern in einer weißen Wolke auf. Die unzusammenhängenden Hügel der Ostghats ragen wie Kamelhöcker aus der üppigen Vegetation, an ihren nackten Felsflanken erheben sich zahlreiche Festungen und Bergtempel. Ein Polizist mit einem *lathi* marschiert die Fahrbahntrennung entlang. Im Osten erspähen wir die nebelverhangenen Gipfel von Lambasingi, das von den höhenangstgeplagten Bewohnern des Bundesstaates auch übertrieben als Kaschmir von Andhra Pradesh bezeichnet wird. Südlich davon liegt unser Ziel, die Hafenstadt Kakinada.

In der vergangenen Woche bin ich mit Truckern durch ganz Andhra Pradesh gefahren – von Vijayawada nach Rajahmundry und Visakhapatnam – und in der Nähe eines Kontrollpostens der Forstbehörde bei Tallapalem im Distrikt Visakhapatnam auf Rao getroffen. Der freundliche Mann mit den grau melierten Haaren und blutunterlaufenen Augen, bekleidet mit einer tristen Khaki-Uniform, war vier Tage zuvor mit 16 Tonnen Bambus von Guwahati in Assam aufgebrochen. Das erklärt, warum Rao am Checkpoint angehalten hat; die Herkunft des Bambus wird überprüft, denn nur der auf Plantagen angebaute Bambus – nicht der Waldbambus – darf ohne spezielle Genehmigung über die Grenzen von Bundesstaaten hinweg transportiert werden.

Der Frachtverkehr auf dem National Highway 16 zwischen Guwahati und Vijayawada ist beträchtlich. Anders als in den meisten anderen Teilen Südindiens sieht man hier viele *dhabas* mit bengalischem und assamesischem Essen. Rao bereitet sein Essen jedoch selbst zu, hauptsächlich *dal-chawal.*

Er fährt seit über 20 Jahren auf dieser Strecke, seit er zum ersten Mal am Steuer eines Trucks saß. Auf dem Führerschein, den er mir zur Begutachtung reicht, ist er nicht wiederzuerkennen: Ein junger Mann mit einem schiefen Lächeln starrt mir entgegen. Ich notiere mir, dass Trucker vermutlich die einzigen Menschen in diesem Land sind, die auf ihren Führerscheinfotos besser aussehen als in Wirklichkeit. Der Vorher-Nachher-Effekt ist frappierend. Der Schmutz der Straße hat sich über Jahre hinweg in den tiefen, verästelten Furchen in seinem Gesicht abgelagert. Schlafmangel und Erschöpfung sind seine ständigen Begleiter. Mit Ende vierzig wirkt Rao wie ein alter Mann.

Doch seine lange »Erfahrung« war nicht ganz umsonst. Er hat die höhere Schule abgebrochen, sich aber im Lauf der Jahre selbst ein wenig Englisch beigebracht, indem er Schilder las. Außerdem behauptet er, nur anhand der Lkw-Marke und der Form der Fracht unter der Plane erraten zu können, was ein Truck geladen hat. »Bei Containern ist es allerdings schwer zu sagen«, räumt er ein.

Er selbst transportiert normalerweise Eier und Fisch von Andhra Pradesh nach Assam, was überrascht, da es in den fruchtbaren Schwemmgebieten Assams mit seinen unzähligen Zuchtteichen reichlich Fisch geben dürfte. Wie ich erfahre, ist Andhra Pradesh der Bundesstaat mit der größten Fisch- und Shrimps-Produktion von ganz Indien. Der Großteil des Fisches wird im Landesinneren in ausgedehnten kommerziellen Aquakulturen produziert. Seltsamerweise fehlt Fisch fast ganz auf der Speisekarte der meisten hiesigen *dhabas.* Die einzige Ausnahme ist Apollo Fish: frittierte, popcorngroße Fischfiletstücke, ein Leckerbissen mit Suchtpotenzial, der gut zu Hochprozentigem passt. Rao zufolge landet ein Großteil der lokalen Fisch- und Shrimps-Produktion auf den lukrativen amerikanischen und koreanischen Märkten; »Exportqualität«, wie er es nennt.

Als Vegetarier isst er selbst keinen Fisch. Er stammt aus dem Distrikt Krishna in Andhra Pradesh und wurde in eine Familie hineingeboren, die der hochstehenden Kamma-Kaste angehört. Er bezeichnet sich als *choudari,* ein Ehrentitel für ehemalige *zamindars,* Großgrundbesitzer. »Es fühlt sich gut an, wenn ich sage, dass ich ein *choudari* bin. Das ist ein angesehener Titel, aber was nützt einem das Ansehen ohne Geld in der Tasche? Der Titel *choudari* ist heute gleichbedeutend mit Entbehrung«, lacht er. Dann nimmt er einen tiefen Zug von seiner Scissors-

Zigarette und beginnt zu erzählen, wie seine Familie, die früher viel Land besaß, in relative Armut abglitt.

Alles begann, als sein Großvater Koteswara Rao in den 1970er-Jahren die kühne Entscheidung traf, die Landwirtschaft aufzugeben und sich stattdessen auf den Handel zu verlegen. Von Unternehmergeist erfüllt, verkaufte Koteswara den Großteil seines beträchtlichen Grundbesitzes in seinem Heimatdorf Maaredi Maata, um eine Handelsfirma in der nächstgelegenen größeren Stadt Eluru zu gründen. Das Unternehmen ging bankrott. Großvater Rao hatte drei Söhne, kaum noch Land und keine existenzsichernde Beschäftigung. Da keiner seiner Söhne die Hochschulreife besaß, kam der formelle Sektor nicht infrage.

Die drei mussten sich selbst durchschlagen und wählten unterschiedliche Wege. Zwei der Brüder hielten sich mit Gelegenheitsjobs über Wasser, der jüngste Sohn Prakash hingegen heuerte als Fahrer bei einem bekannten örtlichen Straßenbauunternehmen an. Er lernte, sich im Dickicht der Bürokratie bei öffentlichen Bauvorhaben zurechtzufinden, indem er die richtigen Leute schmierte. Binnen eines Jahrzehnts wurde Prakash überaus wohlhabend und beschloss, das überschüssige Kapital in einen Lastwagen zu investieren. In den 80er-Jahren florierte das Transportgewerbe, und das Trucker-Geschäft galt als aufstrebende Branche. Und seine Investition bescherte ihm nicht nur ein regelmäßiges Einkommen: Er konnte auch noch seine beiden älteren Brüder als Fahrer einstellen und ihnen die Demütigung ersparen, Almosen von ihm annehmen zu müssen.

Vor 20 Jahren übergab Raos Vater den Truck an seinen Sohn. Heute fährt Rao immer noch für seinen Onkel. »Aber er achtet darauf, Geschäft und Familie zu trennen. Er ist ein strenger Chef«, meint Rao. Daher nennt er ihn auch *seth* und nicht *chacha,* Onkel.

Der Job bei seinem *seth* bringt Rao monatlich etwa 17 000 Rupien ein. Sein ältester Sohn arbeitet bei einem Bauunternehmen in Dubai, wo er »Wartungsarbeiten« ausführt. »Er verdient 30000 bis 40000 Rupien monatlich, aber die Chefs sind gnadenlos, und die Arbeit ist mörderisch. Jedes Mal, wenn wir mit ihm telefonieren, weint er und sagt, er möchte wieder nach Hause.«

Nicht dass Rao sonderlich zufrieden mit seiner Arbeit wäre. Er hat regelmäßig heftige Rückenschmerzen (dann muss sein Sohn das Steuer übernehmen; der Truck darf nicht stillstehen), seine Augen werden immer schlechter, und er behauptet stolz, auf einer Tour mit zwei Stunden Schlaf auszukommen. Das größte Übel für ihn sind jedoch nicht seine zahlreichen Leiden, die er mit fröhlicher Resignation herunterbetet. Was ihn wirklich wütend macht, sind die Männer in Khaki, die stets auf der Lauer liegenden RTO-Beamten, die durch und durch korrupte Highway-Wirtschaft, die Ganoven in Uniform, das ganze ungerechte System.

Im Durchschnitt muss Rao auf einer einzigen Fahrt von Vijayawada nach Guwahati, einer Strecke von 2000 Kilometern, ganze 5000 Rupien zahlen. Seine Tortur beginnt in Icchapuram an der Grenze zwischen den Bundesstaaten Andhra Pradesh und Odisha. In Odisha wird ihm in Khurda, Cuttack, Bhadrak und Balasore Geld abgeknöpft. Und dann kommt der am meisten gefürchtete Teil der Reise: Westbengalen.

»Sowohl die Straßen wie auch die Polizei sind dort am schlimmsten«, klagt er, vor Erbitterung bebend. »Die Polizei erfindet alle möglichen Vorwände, um uns Geld abzupressen. Selbst wenn alle Papiere in Ordnung sind, selbst wenn die Farbe auf deinem Truck noch ganz frisch ist, piesacken sie dich. Dann sagen sie, du hast keine Uniform an, das kostet hundert. Warum, glaubst du, trage ich ständig diese blöde Uniform? Sie sagen, du hast keinen zweiten Fahrer, das kostet zweihundert. Aber kannst du mir verraten, wie ein *khalassi* genug Übung für den Führerschein bekommen soll, wenn ständig zwei Fahrer vorgeschrieben sind? Da bekommt man den Eindruck, dass die staatlichen Vorschriften, sofern sie tatsächlich existieren, idiotisch sind.«

Entrüstet stößt er den Rauch seiner Zigarette aus. »Du wirst es nicht glauben, aber die westbengalische Polizei besitzt sogar die Frechheit, uns nach einer Vollmacht zu fragen, die belegt, dass wir den Truck mit dem Wissen und mit der Erlaubnis des Eigentümers fahren. Jetzt sag mir, gibt es in ganz Indien auch nur einen Lkw-*maalik* (Eigentümer), der eine solche Vollmacht ausstellt? Das ist hier einfach nicht üblich. Als hätten wir nicht schon genug Papierkram mitzuführen.« Er weist auf eine große Blechkiste, die eine Menge Dokumente enthält.

Rao, der seit Mitte der 1990er-Jahre in Assam unterwegs ist, hatte mit Rebellengruppen wie der United Liberation Front of Asom (ULFA, Vereinigte Befreiungsfront von Assam) zu tun, die bis vor etwa zehn Jahren große Teile Assams beherrschte. Die Rebellen verlangten einen Festpreis von 500 Rupien von den Truckern. Man musste sich hüten, mit ihnen zu feilschen, es sei denn, man legte Wert auf eine durchschossene Windschutzscheibe. So war es, bis die Regierung Ende 2009 massiv gegen die ULFA vorging. »Doch selbst die Schikanen der ULFA waren harmlos im Vergleich zu der Art, wie die westbengalische Polizei mit Truckern umgeht«, behauptet Rao.

In Westbengalen habe sich ein ausgeklügeltes System von *dalals* (Vermittler) herausgebildet, um das Elend der Trucker zu lindern und die willkürliche Gebührenerhebung zu regulieren. Die meisten Fahrer (er natürlich ausgenommen) haben eine »Abmachung« mit den *dalals*. Drei bis vier Stunden bevor sie an einer Kontrollstelle der RTO ankommen, teilen sie ihnen das Kennzeichen ihres Lkws mit. Der *dalal* lässt dann seine Beziehungen zu den Beamten vor Ort spielen und sorgt dafür, dass der Lkw unbehindert passieren kann. Dieser Deal kostet 300 Rupien, die sich die *dalals* und die Beamten teilen.

»So läuft es in Malda, Raiganj, Islampur, Siliguri und Jalpaiguri. Aber in Koch Bihar und Alipar hat ein Haufen schamloser Rowdys das Sagen. Die dortigen *dalals* verlangen 500.«

Aber warum überhaupt der Deal mit den *dalals,* wenn man die Beamten auch direkt bezahlen könnte? »Wenn man keinen *dalal* zwischenschaltet, können die RTO-Beamten mit allen möglichen erfundenen Anschuldigungen über 1000 Rupien verlangen. Deshalb kommen mich die Bestechungsgelder so teuer«, erklärt Rao. Um also den unberechenbaren, willkürlichen Schmiergeldern der Polizei zu entgehen, entscheiden sich viele Trucker für das geringere oder zumindest kalkulierbarere Übel. Dies sind die wahren Logistikkosten, die nicht im Logistikleistungsindex der Weltbank auftauchen. Demütigung, Belästigung, Erpressung.

Noch wütender ist Rao allerdings darüber, dass Lkw-Fahrer in der Gesellschaft so einen schlechten Ruf haben. Das sei nicht immer so gewesen. In den 1980ern, als sein Vater anfing, genossen Trucker ein ganz anderes Ansehen als heute. Da es noch keine Servolenkung gab, galt der Beruf des Lkw-Fahrers als relativ hoch qualifizierte, gut bezahlte Tätigkeit, so wie heutzutage der des Kranführers oder Gabelstaplerfahrers. In abgelegenen Dörfern wurden Trucker als Überbringer von Waren und Nachrichten willkommen geheißen, mit Tee versorgt und in die Häuser eingeladen.

»Früher waren Trucker so angesehen wie Ärzte. Aber jetzt sagen sogar gebildete Leute, dass Fahrer keine guten Menschen sind. Dabei transportieren sie deine *maal* über weite Strecken und müssen sich auch noch mit den Polizisten herumschlagen. Wenn dir einer erzählt, Fahrer seien schlecht, bring ihn zu mir. Er soll uns ein paar Tage lang begleiten, und dann frage ich ihn, warum wir keine guten Menschen sein sollen.«

Durch das Gespräch mit Rao drängt sich mir der Eindruck auf, dass die Rolle des indischen Staates in der Mikroökonomie vor allem darin besteht, für die einen Probleme zu schaffen, damit andere angeheuert werden können, um sie zu lösen. Man muss der Regierung und den politischen Entscheidungsträgern für ihren perversen Erfindungsreichtum Anerkennung zollen, ja, für ihre Genialität. Sie sind die Architekten eines Systems der Günstlingswirtschaft, das sich wie ein Spinnennetz von der Spitze der politischen Nahrungskette nach unten ausbreitet.

Diese verdrehte Logik ist auch der Grund dafür, dass sich die Korruption, die die indische Regierung und damit auch unsere Gesellschaft durchdringt, so hartnäckig halten kann. Der Staat schöpft seine Lebenskraft aus der Masse der Menschen, die von seinen Fleischtöpfen etwas abbekommen wollen und merken, dass dies, wenn überhaupt, nur innerhalb der Netzwerke der Günstlingswirtschaft möglich ist.

Warum wählen die Menschen zum Beispiel weiterhin Politiker, von denen sie wissen, dass sie korrupt sind? »Dies ist ein Land von Mittelsmännern«, sagt Rao. »Und Korruption ist das wahre MNREGA[4] Indiens.«

Die Kultur der Korruption wird indirekt auch vom Hinduismus unterstützt, der ein bemerkenswertes Maß an Amoralität zulässt. So schreibt Pavan K. Varma in seinem Buch *Being Indian:* »Das fröhliche Hinnehmen einer moralisch flexiblen Welt bewahrt die Hindus vor der Trostlosigkeit eines seelenlosen Zynismus. Selbst bei ihren schlimmsten Handlungen werden sie nicht durch ihren Mangel an Moral zermürbt, und sie verlieren auch nicht den Glauben an ihre Tugendhaftigkeit; denn kann in einer vergänglichen und kurzlebigen Welt überhaupt etwas auf ewig falsch oder richtig sein?«

4 Der Mahatma Gandhi National Rural Employment Guarantee Act (MGNREGA) von 2005 ist ein staatliches Beschäftigungsprogramm. Danach werden je einem erwachsenen Familienmitglied eines Haushaltes 100 Tage Beschäftigung garantiert. (A. d. Ü.)

Es gibt aber doch ein klitzekleines Problem bei diesem bequemen Arrangement zwischen den Herrschenden und den Beherrschten. Denn die Politiker haben ihre parallele Steuererhebung zwar geschickt an eine Armee von Mittelsmännern ausgelagert, doch die Opfer dieser Zwangsumverteilung von Reichtum von den Machtlosen an die Mächtigen sind ausnahmslos Menschen wie Rao, die sich am Rande der Gesellschaft mehr schlecht als recht durchschlagen. Trucker (und Indigene) werden als Säufer und Taugenichtse diffamiert; ihre Produktivität wird ignoriert, ihre Stimmen dringen kaum jemals über ihre Enklaven des Elends hinaus. Raos raue Stimme ist einfach viel zu leise, als dass man sie außerhalb seiner geräumigen Kabine vernehmen würde. Die da draußen hören nur das bedrohliche Dröhnen seines Motors und die schrille Hupe, die sie auffordert, verdammt noch mal aus dem Weg zu gehen.

Rao selbst behauptet, nichts mit diesen Dingen zu tun zu haben. Aber Trucker anderswo gaben nicht einmal vor, Skrupel zu haben. Von der Existenz dieses Benachrichtigungssystems hatte ich erstmals eine Woche zuvor in einer Lkw-Haltebucht in Vijayawada erfahren. Die Highways in Andhra Pradesh verfügen über die Annehmlichkeit, dass die Straße an manchen Stellen verbreitert ist, damit die Fahrer ihre Lkws parken, ein Nickerchen machen, Essen kochen oder auf einen potenziellen Kunden warten können. Man muss die Regierung von Andhra für ihre Umsicht loben, vermerke ich in meinem Notizbuch.

Die Fahrer, von denen viele auf den Anruf des Kommissionsagenten warteten, der ihnen die nächste *maal* vermittelte, zeigten mir die kryptischen Nachrichten, die sie an die *dalals* schickten. Nach der Allgegenwart dieser Nachrichten zu schließen, schien das *dalal*-System fest verankert zu sein.

Vijayawada ist die Logistik-Drehscheibe von Südostindien mit Verbindungen nach Chennai, Bangalore, Hyderabad und Kolkata. Und hier wurde ich noch auf eine andere raffinierte, aber legalere Form der staatlichen Korruption aufmerksam, deren harmloser Name »Mechanical« trügerisch ist.

Ich befand mich auf Vijayawadas riesigem, labyrinthartigem Auto Nagar – einem Wirrwarr aus schmutzverkrusteten Straßen, in denen sich Karosseriebauer, Mechaniker, Spediteure und Kommissionsagenten drängten. Das bereits 1966 gegründete Auto Nagar wird von vielen Einheimischen großspurig als das größte nicht nur von Andhra Pradesh oder Indien, sondern ganz Asiens bezeichnet.

Wenn ich mich mit Truckern unterhielt, beklagten sie sich immer wieder über die sogenannte »Mechanical«. Was mochte das sein? Durch gezielte Fragen bekam ich heraus, dass es sich um eine Strafe von 1000 Rupien handelte, die die Regierungen von Odisha, Madhya Pradesh, Maharashtra und vielen anderen Bundesstaaten ganz legal erhoben, sogar mit Quittung.

Aber seltsamerweise gingen die Meinungen der Fahrer darüber, was genau eigentlich damit bestraft wurde, auseinander. Die einen nannten die Höhe der Ladung, andere die Tankgröße. Durch ihre kryptische Natur schien »Mechanical« zu einer Strafe für alles geworden zu sein, was der Lkw-Fahrer falsch zu machen glaubte – sozusagen ein Barometer seines Gewissens.

Rameshwar Rai, ein Bhumihar aus Siwan, verkündete im Brustton der Überzeugung: »Mechanical ist nur ein Mittel für die Regierung, um uns unter Vorspiegelung falscher Tatsachen Geld abzuknöpfen.«. Um seine Behauptung zu untermauern, zeigte er mir eine Quittung. Ich studierte sie eingehend, entschlossen, der Sache auf den Grund zu gehen. Als ich aufblickte, sah ich mich zu meiner Überraschung von einer Schar von Fahrern umringt, die begierig den Hals reckten, um zu erfahren, was es mit der willkürlich erhobenen Strafe auf sich hatte. Vermutlich war es das erste Mal, dass sich ein Intellektueller ihrer Sache annahm.

Auf dem Beleg stand: »Bei der Kontrolle von oben genanntem Fahrzeug wurden folgende Verstöße festgestellt: U/S 190 (2) des Motor Vehicles Act.« Endlich ein konkreter Hinweis. Ich googelte den entsprechenden Abschnitt des Gesetzes. Darin heißt es in gestelztem Bürokratenkauderwelsch, dass jeder Fahrer, dessen Fahrzeug gegen die vorgeschriebenen Normen für Verkehrssicherheit, Lärmbelästigung und Luftverschmutzung verstößt, mit einer Geldbuße von 1000 Rupien beim ersten Mal und 2000 Rupien im Wiederholungsfall belegt wird.

Ganz offensichtlich war der Text bewusst unklar formuliert, was den Beamten einen enormen Ermessensspielraum lieferte. Für sie war das ein Blankoscheck, um jeden Lkw-Fahrer bestrafen zu dürfen, der ihren Weg kreuzte. Lärmbelästigung? Hieß das etwa, dass man einem Fahrer einfach so 1000 Rupien abknöpfen konnte, nur weil das Motorengeräusch zu laut war? Wenn das so war, konnte man nur auf eine baldige Elektro-Lkw-Revolution hoffen.

In vielen Bundesstaaten wurde dieses Bußgeld erhoben. Aber welcher hatte damit angefangen? Mehrere Lastwagenfahrer in verschiedenen Teilen Andhras waren übereinstimmend der Ansicht, dass es um die Jahrtausendwende in Odisha begonnen hatte. »Odisha ist ein rückständiger Staat. Also kam man auf die Idee, mit der Mechanical, die Einnahmen zu steigern. Inzwischen ist es zu einer Epidemie geworden, die meisten Staaten haben diese Praxis übernommen, um die Staatsfinanzen aufzubessern. Wer will schon auf den Geldsegen verzichten?«, meinte Abdul Karim, ein altgedienter Trucker in Vijayawada, der seit den 1960er-Jahren auf Indiens Highways unterwegs ist.

Ein wahres Wort. Städtische Eliten, die in geordneten Verhältnissen leben, glauben gern, dass in Indien Rechtsstaatlichkeit herrscht. In Wirklichkeit ist die willkürliche Erhebung von Abgaben durch verschiedene lokale Autoritäten – *rajas* (Fürsten), Dorfvorsteher, Banditen – eine uralte Tradition in diesem Lande. Die Geschichte von Indiens Mikroökonomie (die Geschichte der Transaktionen) verrät viel über unseren Charakter als Volk. Man könnte sogar sagen, die kulturelle Kontinuität in diesem Lande äußere sich in dem »ständigen Geben und Nehmen zwischen Legalität und Gesetzesbruch«, mit dem der Beamtenapparat stets operiert hat.

Indiens Fernstraßen sind zwar sehr alt – die Uttarapatha oder Grand Trunk Road und die Dakshinapatha existieren seit über 2500 Jahren –, doch erst der paschtunische Herrscher Sher Shah Suri unternahm Mitte des 16. Jahrhunderts einen entschlossenen Versuch, die Landstraßen, auf denen gesetzlose Zustände herrschten, unter die Kontrolle der Zentralgewalt zu bringen. Zunächst startete er eine massive Straßenbaukampagne und stellte die von Peshawar im Nordwesten nach Sonargaon in Westbengalen verlaufende Uttarapatha wieder her. Außerdem legte er neue Straßen an, die Agra mit Dekkan, Marwar und der Küste von Gujarat verband.

Darüber hinaus errichtete er ein Netz von über 1700 *sarais* – Rasthäusern – zur Unterbringung müder Reisender; einige davon sind bis heute erhalten. Der zur Mogulzeit lebende Historiker Abbas Sarwani schreibt, dass »ein jeder, der in das *sarai* kam, auf Kosten der Regierung gemäß seinem Rang mit Essen versorgt wurde und sein Pferd Getreide und Wasser erhielt«. Bemerkenswert ist, dass Sher Shah dabei auf die Einhaltung von Kastenregeln und Tabus achtete. So wurden Hindus und Muslime in getrennten Quartieren untergebracht und hatten unterschiedliche Köche. Hindus, deren Kastenregeln gemeinsame Mahlzeiten verboten, erhielten die Zutaten, um ihr Essen selbst zuzubereiten. Und um die Güter der Reisenden zu schützen, wurde ein *shuhna,* ein Wächter, ernannt.

Schließlich ging Sher Shah hart gegen Wegelagerei vor. Dies gelang ihm dank einer grundlegenden Erkenntnis über das mittelalterliche Indien – dass sich die Straßen nur schützen ließen, wenn man den *muqaddams,* den Dorfvorstehern, und *zamindars* Furcht vor dem Sultan einflößte. Er sagte über sie: »Diese schändlichen Menschen bezahlen nie etwas aus eigener Tasche. Wenn der Beamte … Geld zur Begleichung der Steuer von ihnen erhalten hat, verlegen sie sich auf Diebstahl und Wegelagerei, um ihre Kassen aufzufüllen.«

So übertrug er den *muqaddams* die Aufgabe, den Schuldigen zu verhaften, wenn in ihrem Zuständigkeitsbereich ein Raub begangen wurde. Konnten sie den Täter nicht verhaften, mussten sie das Opfer für den gestohlenen Betrag entschädigen. Und wenn jemand bei einem bandenmäßigen Raub getötet wurde, oblag es den *muqaddams,* den Mörder ausfindig zu machen. Gelang es ihnen nicht, mussten sie mit ihrem eigenen Leben bezahlen.

Der renommierte Historiker und Mittelalterexperte Satish Chandra schreibt: »Es war eine barbarische Regel, Unschuldige wie Schuldige mit Stöcken zu verprügeln, doch sie basierte darauf, dass Diebstahl und Straßenraub entweder auf Veranlassung der *muqaddams* begangen wurden oder die *muqaddams* zumindest voll und ganz eingeweiht waren.« Offensichtlich ist die Verbindung zwischen Kriminalität und Staat uralt, und

Sher war einer der wenigen, der sie erfolgreich durchbrach, sofern wir den Worten von Abbas Sarwani glauben dürfen: »Wenn zur Regierungszeit von Sher Khan eine alte weißhaarige Frau mit einem Korb voller Waren und Zierrat auf dem Kopf die Straße entlangging, wagte sich aus Angst vor Sher Khan keiner der Diebe und Nachtwächter in ihre Nähe.«

Um gegen die rechtswidrige Eintreibung von Abgaben vorzugehen, verfügte er zudem, dass Binnenzölle nur zweimal erhoben werden durften – einmal, wenn die Ware ins Land kam, und einmal beim Verkauf. Eine vormoderne GST, wenn man so will. Nach diesem Dekret »wagte niemand, andere Zölle zu erheben, weder an der Straße noch auf Fähren, in Dörfern oder Städten«, schreibt Sarwani.

Es darf bezweifelt werden, ob Sher Shahs Wort selbst zu seiner Zeit von den unzähligen lokalen Behörden befolgt wurde. Als gesichert gilt jedoch, dass die Erhebung von Mautgebühren und Zöllen mehr denn je um sich griff, als die Moguln große Teile Indiens eroberten. Der Chronist Shihabuddin Talish, der zur Regierungszeit des Großmoguls Aurangzeb lebte, schrieb, die Zollabgabe, *hasil*, sei »von jedem Händler – vom Rosenverkäufer bis zum Töpferwarenverkäufer, vom Weber edler Stoffe wie vom Weber groben Tuchs« kassiert worden. Dazu kam noch die *zakat*, eine »Wohltätigkeits«-Abgabe, die Reisende, Händler und Stallbesitzer ein Vierzigstel ihres Einkommens kostete. Weiter heißt es:

Es kam so weit, dass auf Straßen und Fähren kein Reiter passieren durfte, ohne einen Dinar zu entrichten, und kein Fußgänger, ohne einen Dirham zu entrichten. Wenn den Mauteintreibern zu Ohren kam, dass auf dem Fluss ein beschädigtes Boot trieb, das keine hasil *bezahlt hatte, sperrten sie den Fluss mit einer Kette ab … Sie erachteten es als einen Akt beispielloser Milde, wenn für zerschlissene Kleider, die jemand trug, keine höhere* zakat *verlangt wurde als für geflickte Lumpen.*

Wie bei den heutigen Truckern führte die Mauteintreibung auch bei den Kaufleuten im Mittelalter zu endlosen Verzögerungen. Jean de Thévenot, ein französischer Reisender und Botaniker, musste auf der 500 Kilometer langen Strecke zwischen Aurangabad und Golkonda nicht weniger als 16 *chaukis*, Mautstellen, passieren. Der portugiesische Missionar Sebastien Manrique stieß in der Stadt Rajmahal, dem heutigen Jharkand, auf sechs Mautstellen.

Und was geschah an diesen *chaukis*? Mit seiner üblichen Eloquenz beschreibt Tavernier das ausgefeilte Ritual der offiziellen Korruption im mittelalterlichen Indien:

Wenn ein Fremder an das Stadttor kommt, durchsucht ihn die Wache nach Salz und Tabak, denn dies ist die hauptsächlichste Einnahmequelle des Königs. Dann muss der Fremde oft ein oder zwei Tage lang auf die Genehmigung warten, um hinein zu dürfen. Dies deshalb, weil ein Soldat die Ankunft eines Fremden dem Offizier der Hauptwache melden muss, und dieser schickt dann einen Mann zum ›Deroga‹, um Bericht zu erstatten. Wenn aber der Deroga beschäftigt ist oder gerade einen Spaziergang macht, oder auch der Soldat, um den Gang wiederholen zu können, um somit für die größere Mühe mehr Entgelt zu bekommen, so tut, als ob er den Deroga nicht angetroffen hätte, kommt es zu eben diesen Verzögerungen.

Solche Vorgänge kennen die Leser aus Erfahrung – die langsam mahlenden Mühlen der Bürokratie, die unerklärlichen Verzögerungen, die vielen Hierarchieebenen, mit denen man zu tun hat, ehe der Antrag, der inzwischen durch unzählige Hände gegangen ist, schließlich bewilligt wird – oder auch nicht.

Offensichtlich war die Mikroökonomie im mittelalterlichen Indien von staatlicher Einmischung geprägt und daher wenig effizient. Der sozialistische Licence Raj, die staatlich gelenkte Volkswirtschaft nach dem Ende der Kolonialzeit, war lediglich eine bequeme Fortführung dieser historischen Schwerfälligkeit des Staates. Wie in der Zeit des Sozialismus, als Bollywood-Schurken ausnahmslos Schmuggler waren, förderten die hohen Binnenzölle im Mittelalter die Zunahme des Schmuggelwesens. Das zwang die Zollbeamten zu größerer Wachsamkeit. Doch mittelalterliche Händler, sowohl indische als auch ausländische, fanden Wege, sie zu überlisten.

Englische Kaufleute zum Beispiel, die häufig von Mogulbeamten auf Schmuggelware durchsucht wurden, versteckten englische Goldmünzen in ihren albernen Perücken, die sie aufsetzten, sobald sie an Land gingen. Tavernier erzählt die Geschichte eines Kaufmanns der Ostindien-Kompanie in Thatta, dem heutigen Sindh, der Zoll zahlen musste, nachdem Beamte Gold bei ihm gefunden hatten. Er hatte das Gold bereits versteuert, doch seine Proteste wurden von den Beamten kurzerhand ignoriert. Aus Ärger darüber, zweimal zur Kasse gebeten zu werden, heckte der Kaufmann einen teuflischen Racheplan aus.

Mit einem Sklaven, der einen mit einer Serviette abgedeckten Porzellanteller trug, marschierte er zum Zollhaus. Auf die Frage der Beamten, was sich unter der Serviette verberge, antwortete der Engländer, es handle sich um nichts Zollpflichtiges. Nach einem Wortwechsel ging er, den Teller nun selbst tragend, einfach an den Beamten vorbei. Als der Gouverneur und der Münzmeister ihn fragten, warum er sich ihren Anordnungen widersetze, warf er den Teller nach ihnen, wodurch die Kleidung der Männer und der Teppich beschmutzt wurden – und zwar mit einem frisch gebratenen Spanferkel. Da Schweinefleisch im Islam *haraam* ist, waren die hohen Beamten gezwungen, ihre Kleidung und den Teppich zu wechseln, und ließen angeblich sogar das gesamte Gebäude neu errichten.

Laut Tavernier kam der Engländer mit diesem »schändlichen Akt« nur deshalb ungestraft davon, weil die hohen Beamten die Ostindien-Kompanie, die dem Reich viel Profit einbrachte, nicht vergraulen wollten. (Privilegierte weiße Männer sind in Indien offenbar nichts Neues.)

Tavernier, selbst ein legendärer Edelsteinhändler, der mit allen Tricks und Kniffen seines Gewerbes vertraut war, bescheinigt den Goldimporteuren eine besondere »Gerissenheit« beim Verstecken des Edelmetalls, aufgrund welcher die Beamten nur selten fündig wurden. In Surat, dem größten Umschlagplatz und bei Weitem wichtigsten Handelszentrum in Hindustan, mussten Kaufleute, die beim Goldschmuggel erwischt wurden, als Strafe zehn anstatt fünf Prozent Zoll bezahlen. (Daran hat sich nicht viel geändert - noch immer werden jedes Jahr über 100 Tonnen Gold nach Indien geschmuggelt.)

In der Praxis waren die Regeln allerdings nicht in Stein gemeißelt. Die Höhe des geforderten Betrags hing häufig von der Person des Beamten ab, da die Gouverneure ausreichend Ermessensspielraum hatten, um zusätzliche Steuern zu erheben. Oftmals waren die Eintreiber gar keine richtigen Beamten, denn Abgaben wurden ohne jede Berechtigung von zahlreichen zwielichtigen Gestalten erhoben, darunter Banditen, Rebellen und Regionalfürsten. Peter Mundy, ein britischer Reisender, zahlte bei vielen Gelegenheiten *zakat* an solche Leute.

Einige »Fürsten« waren sogar dafür bekannt, Wegelagerei zu betreiben, die auch im 17. Jahrhundert noch verbreitet war, selbst nachdem Sher Shah die Ursachen dafür ausgemacht hatte. Tavernier beschreibt ihr gefährliches Treiben:

Bargant ist ein Raja-Territorium, und jeder, der es passiert, muss Zoll entrichten ... Am Abend erreichten wir die Grenze von Bargant. Zu meinem Erstaunen versammelten sich die Träger und teilten mir mit, dass der Weg durch dieses Gebiet sehr gefährlich sei. Der Raja lasse alle Reisenden erwürgen und ausrauben, ja, seine Haupteinkunftsquelle seien eben diese Morde. Alle baten mich noch, weitere 100 Bauern mitzunehmen, da eine solche große Menge kaum angegriffen werden würde. Ich stritt mich lange mit ihnen und warf ihnen sogar Feigheit vor. Nach langem Hin und Her entschloss ich mich doch, weitere 50 Mann aus den nächstgelegenen Dörfern anzuheuern. Die Reise durch das Raja-Land dauerte drei Tage, die Bauern besaßen aber die Frechheit, dafür einen Monatslohn zu fordern.

Solche Praktiken waren an sich nicht ungewöhnlich. Der Übergang vom *daku,* Bandit, zum *baghi,* Rebell, und zum *raja* ist eine uralte Tradition in Indien, die von unseren heutigen Politikern in bewundernswerter Weise fortgeführt wird. Im vormodernen Indien pflegten sich Banditen, die oft aus den unteren Gesellschaftsschichten stammten, zu Königen zu erklären, wenn sie genug Macht an sich gerissen hatten. Viele von ihnen gehörten zur Kategorie »edler Schurke« – gesetzlose Bauern, die vom Staat als Verbrecher bezeichnet, von ihren Leuten jedoch als Helden betrachtet wurden.

Eine solche Gestalt war Papadu, ein Palmweinzapfer aus Telangana, der es Ende des 17. Jahrhunderts geschafft hatte, die »Insignien des königlichen Status und die Wirtschaftskraft eines Großgrundbesitzers« durch Wegelagerei an der Straße von Hyderabad nach Golkonda zu erwerben. Das ging sogar so weit, dass er eine gewaltige steinerne Festung errichtete, die heute noch existiert.

Da Wegelagerer wie Papadu den reibungslosen Ablauf des Handels behinderten und gelegentlich versuchten, die herrschende soziale und politische Ordnung zu stören, überrascht es nicht sonderlich, dass die Bestrafung schnell und brutal erfolgte. Tavernier schildert, wie Mir Jumla, damals Premierminister von Golkonda und später ein prominenter Höfling unter Aurangzeb, mit Räubern und Banditen umging:

Doch dann befahl er, die Beschuldigten hereinzuführen, um sie befragen zu können. … Unter den Verbrechern befand sich auch einer, der in ein Haus eingebrochen war und dort eine

Frau mit ihren drei Kindern getötet hatte. Dieser wurde auf der Stelle dazu verurteilt, Hände und Füße abgehackt zu bekommen und auf ein Feld geworfen zu werden, um schließlich zu sterben. Einem anderen, der auf der Landstraße einen Raub begangen hatte, wurde der Leib aufgeschnitten und daraufhin in eine Mistgrube geworfen. Ich konnte nicht erfahren, welche Verbrechen die anderen beiden begangen hatten; jedenfalls wurden sie enthauptet.

Oftmals wurde so ein Exempel statuiert. Aurangzeb soll an der alten Straße nach Dekkan nahe der Stadt Kalabagh mehrere Türme errichtet haben, aus deren Fenstern die abgeschlagenen Köpfe von Straßenräubern lugten. Bei seinem Besuch in der Region im Jahr 1665 berichtet Tavernier, dass »alle Köpfe noch ganz waren und einen üblen Geruch verströmten«.

Schon damals jedoch, stellen die Historiker Tapan Raychaudhuri und Irfan Habib fest, lief die Straßenräuberei innerhalb eines Rahmens »sozialer Sanktionen und gemeinsamer Werte« ab. Räuber, die den Gelehrten Badauni gefangen genommen hatten, unterwarfen sich ihm sofort, als er ihnen sagte, er habe sich soeben vom gesegneten Shaikh Aim Ishaq verabschiedet.

Offenbar gewöhnten sich die Kaufleute einfach an die Unsicherheit, die die Wegelagerei mit sich brachte. Ebenso wie heute war die Beute der Räuber in keiner Weise vergleichbar mit der »systematischen Schröpfung durch den Staat«. Habib und Raychaudhuri gehen sogar so weit zu sagen, dass die »kleinen Beamten, die mit der Verbrechensbekämpfung in abgelegenen Gebieten betraut waren, manchmal die wahre Bedrohung darstellten«.

Wenn wir das mittelalterliche mit dem modernen Indien vergleichen, scheint sich manches verändert zu haben und manches gleich geblieben zu sein. Während die Highways heute sicherer sind und die Strafen weniger drastisch ausfallen, geht das ganz offizielle Auspressen von Lastwagenfahrern – eine andere Form der Wegelagerei – unvermindert weiter, und zwar mithilfe innovativer Instrumente wie der »Mechanical«.

Wir sind fast in Kakinada. Meine Zeit mit Rao nähert sich ihrem Ende. Als ich ihm erzähle, was es mit dieser »Mechanical« auf sich hat, wirkt er zunächst erstaunt. »Okay, es gibt also keinen speziellen Grund?«, meint er dann gleichmütig. Als wollte er sagen, ist doch klar, weißt du denn nicht, wie es in Indien läuft?

Das Gespräch mit Rao hat mir den Eindruck vermittelt, dass die Haltung der Trucker zur staatlichen Erpressung von den »Narrativen der Korruption« bestimmt ist, wie der Anthropologe Akhil Gupta es bezeichnet. »In Geschichten über Korruption kommen viele Emotionen vor: Abscheu, Wut und Frustration über korrupte Beamte oder Organisationen; ein Glücksgefühl, wenn man das System ausgetrickst hat, oder Zufriedenheit über einen erfolgreich erledigten Auftrag; und Humor, Sarkasmus und Ironie können effektiv dabei helfen, die Absurditäten bürokratischer Abläufe zu verkraften.«

Nach meiner Erfahrung waren die Begegnungen der Truckfahrer mit dem Staat von Verachtung oder Resignation geprägt. Meistens ertrugen sie die Realität nur mit Humor. Wenn wir endlos an Staatsgrenzen oder Kontrollposten warten mussten, an denen Steuern fällig waren, erfasste mich oft Ungeduld und eine stille Wut über die Ungeheuerlichkeit der Situation. Wir standen in der Schlange, ohne dass etwas vorwärtsging. Die Trucker, für die das alles nichts Neues war, kümmerten sich um ihre Angelegenheiten und machten ein Nickerchen oder plauderten mit Kollegen. Nie erlebte ich, dass ein Fahrer vor

Ungeduld platzte oder sich über eine besonders langwierige bürokratische Prozedur beschwerte. Sie schienen ein unendliches Talent für das Warten zu besitzen, ein betäubendes Warten, bei dem sie einen zen-artigen Zustand erreichten. Vollkommen unvorstellbar für privilegierte Stadtjungs wie mich mit ihrer begrenzten Aufmerksamkeitsspanne.

»Für Trucker besteht kein großer Unterschied zwischen der Polizei und Straßenräubern«, meint Rao, kurz bevor ich aus seinem Lastwagen springe. »Die Polizei bedroht uns, während der Dieb sein Messer zückt; die Polizei errichtet Straßensperren, die Straßenräuber kommen mit ihren Motorrädern.« Diese verkehrte Welt, in der die Grenze zwischen Legalität und Erpressung verschwimmt, ist im Leben von Truckern wie Rao stets präsent, sie müssen ständig damit umgehen, damit wir pünktlich unsere Waren bekommen.

Der Weg zum Kap Komorin

Es ist bereits dunkel, als ich gegenüber einem der üblichen bunt aufgemachten Familienrestaurants strande, doch zumindest kann ich hier die Toilette benutzen. Ich befinde mich in der Nähe von Chittoor in Rayalaseema, der südlichsten und ärmsten Region von Andhra Pradesh, und will mich in der 30 Kilometer entfernten Kleinstadt Palamaner mit einem Freund treffen. Aber ich bin bereits den ganzen Tag unterwegs und entsprechend erschöpft. Am Morgen bin ich in Nellore an der Küste von Andhra aufgebrochen und habe über 200 Kilometer mit drei verschiedenen Truckern zurückgelegt. Der letzte hat mich in der Nähe eines RTO-Checkpoints abgesetzt, damit ich mir einen Truck suchen kann, der mich auf dem schmalen zweispurigen Highway über die Palkonda Hills nach Palamaner mitnimmt.

Es ist stockdunkel, nur ab und zu schimmert aufgewirbelter Staub silbern in den Scheinwerfern vorbeifahrender Lkws. Entweder werde ich von den Fahrern schlicht ignoriert oder sie können meinen rausgestreckten Daumen nicht sehen. Doch nachdem ich nun schon erfolgreich 200 Kilometer geschafft habe, bin ich wider jede Vernunft zuversichtlich. Was sind schon 30 Kilometer mehr?

Und dann ist er plötzlich da. Ein knallroter Koloss. Die Trucker haben Mitleid mit mir. »Als ich deinen Rucksack gesehen habe, war ich mir sicher, dass du ein anständiger Mensch bist«, verrät mir einer von ihnen später.

Die drei Trucker aus dem Distrikt Gwalior freuen sich, jemanden zu treffen, der ebenfalls Hindi spricht. Mitfühlend fragen sie mich, wie mir das Essen in Südindien schmeckt, die *idli* und *dosa,* und rümpfen bei dem bloßen Gedanken daran die Nase.

Zwei von ihnen sind Brüder, Hari Jha und Ramu Jha – höfliche Menschen mit ordentlich gekämmtem Haar. Sie gehören einer Brahmanenkaste an und geben sich als Unterstützer der religiös-nationalistischen Kattar-Hindutva-Bewegung zu erkennen. Chhotu Baghel, der Mann am Steuer und fast noch ein Teenager, ist ihr *khalassi.*

Sie fahren den bestimmt bestausgestatteten Truck Südindiens. Als ich über die samtbezogenen Sitze in der Kabine streiche, fühle mich zurückversetzt in die beengten Mittelschichtshäuser meiner Kindheit in Mumbai, wo der Platzmangel durch besonders plüschige Sofas kompensiert wurde. Doch das Ambiente in diesem Truck ist völlig anders. Es erinnert an eine Szene aus dem Filmdrama *Dev.D* – psychedelisches rotes Licht, Bollywood-Musik und ein Hauch von Ausschweifung. Man könnte fast meinen, die drei seien auf einem Vergnügungstrip.

Ich beglückwünsche sie zu ihrer Kabine. »Danke. Sie ist nagelneu, hat erst ein paar Fahrten hinter sich«, sagt Ramu. »Vor ein paar Monaten ist ein anderer Fahrer unseres *seth* am Steuer eingeschlafen und hat die Fahrbahntrennung gerammt. Er war so schnell unterwegs, dass der Truck umgekippt ist. Der Fahrer ist gestorben, und die Kabine war völlig zerstört. Alles musste erneuert werden.«

Die neue Kabine ist mit einem hochwertigen Surround-Soundsystem ausgestattet, aus dem die stampfenden Beats der neuesten heißen Bollywood-Hits dröhnen. Außerdem ist Chhotu der erste Fahrer auf meinen Reisen, der sich beim Navigieren auf Google Maps verlässt.

Die drei erzählen mir, dass sie nur auf Langstrecken zwischen Norden und Süden fahren. »Wir transportieren *pakka maal,* haltbare Güter, wie Puder, Kleidung, Seife und Chemikalien von Norden nach Süden und nehmen auf dem Rückweg *kaccha maal,* verderbliche Ware, wie Ingwer, *mosambi* und Tomaten mit. Unser *seth* hat Kontakt mit Kommissionsagenten im ganzen Land. Er sagt uns, wohin die Reise geht. Und wir müssen einfach nur fahren.«

Erst vor wenigen Tagen haben sie *sev,* einen Snack aus Kichererbsennudeln, von Delhi nach Rajahmundry gebracht, nun sind sie auf dem Weg in den Distrikt Anantapur, um Tomaten aufzunehmen, die sie in Dehradun abliefern sollen. Es erstaunt mich, dass die verarbeiteten Güter in ihrem Fall von Norden nach Süden transportiert werden und nicht umgekehrt, wie man angesichts des hohen Industrialisierungsgrades in Südindien annehmen könnte.

Für die Fahrer ist *kaccha maal* oft das bessere Geschäft. Bei rechtzeitiger Lieferung der Waren haben sie die Chance auf einen Bonus. Wie ich von Ramu erfahre, bekommen sie 3000 Rupien obendrauf, wenn sie die Tomaten innerhalb von fünf Tagen abliefern. »Das schaffen wir locker in zwei Tagen«, wirft Hari ein. »Unser Truck ist schnell wie ein Rennpferd. Und da wir zu dritt sind, kann immer einer fahren, während die anderen sich ausruhen.«

Zum Durchhalten rauchen sie *beedis.* Unterwegs trinken sie keinen Alkohol, aber Chhotu konsumiert *ganja* – bisher hatte ich nur einen Trucker kennengelernt, der es nimmt. Wenn er sich unterhält, wendet er leider oft den Blick von der Straße ab, was mich ziemlich nervös macht.

»Wir wollen unsere Touren immer schnell abwickeln«, fährt Ramu fort. »So macht man mehr Geld. Unser Einkommen setzt sich aus drei Quellen zusammen – einem festen Gehalt von 6000 Rupien, dazu ungefähr 8000 Rupien pro Fahrt und einem Bonus, wenn wir verderbliche Waren rechtzeitig abliefern.« Das macht unter dem Strich rund 50000 Rupien im Monat.

In den letzten zehn Jahren ist es durch den Bau von Highways einfacher geworden, das Land zu durchqueren. »Sie haben Umgehungsstraßen für Trucks gebaut, sodass wir nicht mehr durch die Innenstädte fahren müssen, und über viele Dörfer führen Hochstraßen. Meist kommen wir reibungslos durch«, sagt Ramu.

Die drei scheinen recht zufrieden mit ihrem Dasein. Ein lebenslustiges Trio, das gern stilvoll unterwegs ist. Sie beklagen lediglich, dass sie nur drei Tage pro Monat zu Hause sind. Gleichzeitig wissen sie, dass es bei den Arbeitsbedingungen noch Spielraum für Verbesserungen gibt.

»Hast du gewusst, dass amerikanische Trucker sogar eine Mikrowelle und eine Klimaanlage in ihrer Kabine haben?«, fragt Hari. »Außerdem dürfen sie nur eine bestimmte Anzahl von Stunden pro Tag hinter dem Steuer sitzen.«

Sie sind WhatsApp-versierte Fahrer in einer globalisierten Welt, die ihre Rechte kennen, jedoch Schwierigkeiten haben, sich auf nationaler Ebene Gehör zu verschaffen. »Idealerweise sollte es Gewerkschaften geben, aber in unserer Region existiert keine. Die Truckergewerkschaften im Punjab sollen recht einflussreich sein, hab ich gehört«, meint Hari.

Wir sind gerade auf einer schmalen Gebirgsstraße unterwegs, die dieser hochmotorisierte vierachsige Koloss wie ein flotter Kleinwagen meistert. »Es ist das neueste Tata-Modell. Damit können wir sogar Pkws überholen«, erklärt Chhotu und möchte mir das ausgerechnet in einer Kurve beweisen – der typisch draufgängerische Leichtsinn eines aufstrebenden *khalassi.* Die aufgeregte Lichthupe aus der Gegenrichtung warnt uns vor einer möglichen Kollision. Chhotu zügelt seinen Ehrgeiz und tritt auf die Bremse.

Sobald die Gefahr vorüber ist, nimmt ihn Hari ins Gebet. Ein *ustad-chela*-Moment. »Wie oft muss ich dir noch sagen, dass du nicht in Kurven oder an Steigungen und Gefällen überholen sollst?«, sagt er und erläutert vermutlich zum wiederholten Mal die Grundlagen des Lkw-Fahrens. Chhotu schmollt wie ein Kind und zeigt seinen Unmut, indem er ganz leicht, aber hörbar, aufs Gas tritt.

Bald darauf tauchen Schilder auf, die Palamaner als die »Milchmetropole von Andhra« anpreisen, und eine Stunde später setzen mich die Jha-Brüder und Chhotu an der Tankstelle in Palamaner ab. Dort erwartet mich mein Freund, und bei Rum und einem ausgezeichneten Pfefferhühnchen plaudern wir in einem örtlichen *dhaba* bis zum Morgengrauen. Auch über Truckfahrer. »Früher, als die Straße noch schlechter war, hatten Lkws an dem Steilhang in der Nähe häufig Pannen«, erzählt er mir. »Einige geschäftstüchtige Bauern kamen auf die Idee, ihre Traktoren für Abschleppdienste anzubieten. Ein hübscher kleiner Nebenverdienst, bis ihnen die neue Straße das Geschäft verdarb.«

Es ist bereits Nachmittag, als ich meinen Kater einigermaßen überwunden habe und fit genug für die Weiterreise nach Bangalore bin. Passend für die Milchmetropole von Andhra finde ich eine Mitfahrgelegenheit in einem Milchlaster. Das verdanke ich einem findigen Rikschafahrer, der einen Truck abpasst, von dem er weiß, dass er regelmäßig Passagiere nach Bangalore mitnimmt. Der Fahrer Hari, ein stämmiger Mann mit schmalem Oberlippenbart, einem grau gestreiften T-Shirt und Khakihosen, erzählt mir, dass er abgepackten Joghurt zum Büro der Nichtregierungsorganisation Akshaya Patra Foundation in Bangalore transportiert, die Schulen mit kostenlosen Mittagsmahlzeiten versorgt.

Hari ist ein gebildeter Mann. Er besitzt einen Bachelorabschluss in Betriebswirtschaft und hatte einen Schreibtischjob im Vertrieb eines Molkereiunternehmens. Sein Wechsel ins Transportgewerbe hat rein finanzielle Gründe. In seinem vorigen Job verdiente er im Monat nur 7000 Rupien, während ihm das Truckfahren durchschnittlich 23 000 bringt.

»Ja, ich weiß, dass Fernfahrer in der Gesellschaft nicht besonders geachtet werden, aber von Achtung allein wird man eben nicht satt«, sagt er. Ein beträchtlicher Teil seines Einkommens stammt natürlich von den Mitfahrgelegenheiten, die er Richtung Bangalore anbietet. »100 Rupien pro Passagier.« Ich habe den Wink verstanden und reiche ihm das Geld.

Es ist einer der seltenen Momente, in denen ich mit der Parallelwirtschaft im Süden des Landes in Berührung komme, die wahrscheinlich geprägt wird durch die Anziehungskraft einer wachsenden Metropole wie Bangalore. Auf der Fahrt sehe ich, dass hier gerade viele Bäume gefällt werden. Man will die Straße ausbauen, weil jedes Jahr zahlreiche Pilger den Tempelkomplex im nahe gelegenen Tirupati besuchen. Die 150 Kilometer lange Strecke zwischen Palmaner und Bangalore führt durch eine Gebirgslandschaft von atemberaubender Schönheit, dazwischen wie hingetupft Tempel und einzelne, verlockenden Schatten spendende Bäume.

Wir sind noch keine 20 Kilometer gefahren, als weitere Anhalter zusteigen – ein Bauer mit einem Sack Reis, ein Student mit modischer Stachelfrisur, der ständig am Handy klebt, eine Büroangestellte im Sari. In der Kabine wird es bald so voll, dass manche Tramper zögern, in unseren Truck zu steigen. Aber Hari weist keinen Einzigen ab. Passend für einen Fahrer der Milchwirtschaft beherrscht er ganz klar die Kunst, seinen Truck zu melken.

Gerade als ich meine, dass nun wirklich niemand mehr hereinpasst, hält Hari mit quietschenden Bremsen neben dem nächsten Tramper. Bestens vertraut mit dem Platzangebot in seiner Kabine scheint er genau zu wissen, wie viele Personen sie aufnehmen kann und wie die Insassen dafür angeordnet sein müssen. Mit jedem Neuzugang nimmt Hari geübt eine Umverteilung der Passagiere vor, sodass eine weitere Person ohne allzu große Unannehmlichkeiten für die anderen dazwischenpasst. Unannehmlichkeit ist natürlich ein dehnbarer Begriff; jeder, der per Anhalter unterwegs ist, schraubt von vornherein seine Erwartungen an Komfort herunter.

Ich zähle die Anzahl der Menschen im Truck. Als wir Bangalore erreichen, befinden sich neun Personen eingepfercht in der Kabine. Einigen Jungen hat Hari Plätze auf dem Armaturenbrett zugewiesen, mit dem Rücken zur Windschutzscheibe, sodass gut die Hälfte davon verdeckt ist. Ich betrachte ihn, wie er mit derselben Gelassenheit seinen Truck steuert, mit der er die Tramper aufgenommen hat, und denke bei mir: Hier haben wir einen Mann, für den ein Lkw in erster Linie ein Wert ist, aus dem man Gewinn schlagen kann, einen Mann, der sich einen finanziellen Ausgleich für den Verlust an gesellschaftlicher Achtung verschafft. Mit einer einzigen Fahrt hat er fast 1000 Rupien zusätzlich eingenommen. Ziemlich beeindruckend.

Die nächsten Tage in Bangalore gehe ich im Hotel auf Tauchstation, belagert vom grauenhaften Großstadtverkehr. Bis ich mich eines Nachmittags, kurz vor dem tamilischen Erntedankfest Pongal, endlich durchringe, in den tiefen Süden Indiens aufzubrechen. Kopfüber stürze ich mich ins äquatoriale Klima von Tamilakam.

Vermutlich sind die Tamilen das einzige Volk der Welt, das seine klassische Liebesdichtung auf Basis von geografischen Gegebenheiten eingeteilt hat. Die Sangam-Literatur, die früheste tamilische Dichtung, kennt das Konzept der *thinais* – bestimmte »Liebessituationen« werden jeweils einem von fünf Landschaftstypen zugeordnet. So gibt es *kurinji,* Berge, *mullai,* Wald, *marutham,* Ackerland, *neital,* Küste, und *palai,* Ödland. Die Liebessituation variiert je nach der Umgebung, in der sie spielt, und die Landschaft wird durch Schilderung des dortigen Klimas, der Flora und Fauna, der Gottheiten, Berufszweige und sogar Musikinstrumente heraufbeschworen.

Namakkal und seine Umgebung gehören zweifellos zur Kategorie *palai* – von der Sonne ausgedörrte Ödnis, in deren brauner, kalkiger Erde nichts gedeihen will. Die Landschaft hat etwas Künstliches; sie trägt die Spuren menschlicher Eingriffe, wirkt wie ein menschengemachtes Katastrophengebiet ohne den Zauber, der selbst der Lebensfeindlichkeit der echten Wüste innewohnt. In dieser Umgebung spürt man förmlich die Verzweiflung eines Liebenden über die Trennung, aber auch das Gegenteil – seine Hoffnung auf Versöhnung. Und wenn man lange genug hier umherspaziert ist, sehnt man sich nach kühlem, klarem Nass.

Das Wasser ist auch Thema, als ich auf dem Parkplatz der Southern Region Bulk LPG Transport Owners Association, dem Verband der Transportunternehmer für Massengüter und Flüssiggas, mit Saravanan Kumar ins Gespräch komme.

»In Namakkal ist Wasser so knapp, dass man kaum Landwirtschaft betreiben kann und es sich zweimal überlegt, bevor man ein Bad nimmt. Jeden Monat gebe ich mehr als 5000 Rupien für Wasser aus, das mit Tankwagen geliefert wird. Inzwischen ist es offenbar so schlimm geworden, dass auch die Betreiber der Tankwagen kein Wasser mehr finden, selbst wenn sie tiefere Brunnen bohren.«

Da ich während der Erntedankfeiertage angekommen bin, wirkt Namakkal wie ausgestorben, ein städtischer Außenposten inmitten von Ödnis. Vermutlich machen die meisten Leute gerade ein Nickerchen oder verbringen Zeit mit ihren Familien. Die einzigen Menschen, die mir begegnen, sind ein paar Bauern, die gerade einen leuchtend grünen Traktor erworben haben und ihn nun freudestrahlend in ihr Dorf fahren. Ich frage mich, welche Art von robusten Feldfrüchten dort wohl wachsen mag.

Heute ist Saravanan der einzige Lkw-Eigentümer auf dem Parkplatz. Das Büro des Verbandes ist geschlossen. Der klapperdürre 30-jährige Mann in Hemd und leuchtend weißem *lungi* hat gerade die Frontscheibe seines Lkws mit Zuckerrohrhalmen und Blumen geschmückt, wie es zu Pongal Sitte ist. Nun lehnt er in der Mittagssonne an seinem Motorrad und blinzelt ein wenig gereizt in meine Richtung. Alles, was ihm missfällt, kommentiert Saravanan mit seinem Lieblingssatz: »Geht gar nicht!«

Es beginnt mit seiner Diagnose von Namakkals Wasserknappheit. Er gibt der florierenden Geflügelindustrie, die 60 Prozent der Eier des gesamten Bundesstaates produziert, die Schuld an der Krise. »Hühnerfarmen. Geht gar nicht«, bellt er und erläutert, dass ein Huhn ungefähr einen Liter Wasser pro Tag verbraucht. Wenn man das auf einen industriellen Maßstab hochrechnet und dann noch das Wasser hinzuzählt, das bei der Verarbeitung benötigt wird, ergibt sich ein riesiger Wasserfußabdruck. Hier befindet sich Saravanan allerdings in einem gewissen Zwiespalt, da Geflügel einen Großteil seiner Fracht ausmacht.

»Die Transportbranche ist heute nicht mehr lukrativ«, erklärt er. »Wenn du wirklich erfolgreich sein willst, musst du eine Hühnerfarm betreiben oder, besser noch, eine Schule oder ein College. Dann strömt das Geld nur so herein. Alle Politiker und die ganzen hohen Tiere machen das heutzutage so. Und ich habe es auch vor, sobald sich die Gelegenheit ergibt. Bis 1998 war alles in Ordnung. Wir Lkw-Fahrer verdienten gut und waren angesehen. Aber jetzt werden wir nicht mehr geachtet, und während die Rohstoffpreise nach oben geschnellt sind, sind die Frachtraten gleich geblieben.«

Dann setzt er zu einem Monolog an, als hätte er nur darauf gewartet, dass ihn jemand nach seinen Problemen fragt.

»Im Augenblick besitze ich drei Trucks. Einen fahre ich selbst, hauptsächlich innerhalb des Bundesstaats. Aber ich lebe immer noch von der Hand in den Mund. Der Staat nimmt mir die Hälfte meines Geldes weg, es geht für die Kfz-Steuer und Schmiergelder drauf. Außerdem müssen wir auf eigene Kosten einen Tempomat einbauen lassen. Die Versicherungsprämien haben sich in den letzten zehn Jahren mehr als vervierfacht. Auch der Preis für Diesel ist gestiegen. Und zu allem Überfluss ändert die Regierung nun auch noch täglich den Preis. Diese Unsicherheit macht mir das Leben schwer. Ich meine, wie soll man Frachtpreise festsetzen, wenn man nicht weiß, was morgen der Diesel kostet? Vielleicht sind meine Berechnungen dann schon wieder hinfällig. Früher war es viel besser, als sie die Preise nur alle zwei Wochen angepasst haben.

Es ist auch schwierig geworden, Fahrer zu finden. Der Bedarf ist da, aber kaum jemand will in dieser Branche arbeiten. Und die, die es machen, sind ungebildet. Aber selbst von denen werden es immer weniger, seit es gesetzlich vorgeschrieben ist, dass man die zehnte Klasse abgeschlossen haben muss, um in ganz Indien fahren zu dürfen. Und jetzt sagen Sie mir, aus welchem Grund sollte ein junger Mann mit guter Ausbildung ins Transportgewerbe einsteigen?«

Saravanans Sorgen werden auch von der Regierung geteilt. Offizielle Zahlen besagen, dass bei den Fahrern 22 Prozent der Stellen unbesetzt bleiben. Ohne korrigierende Maßnahmen wird der zunehmende Fahrermangel bald zu einer ausgewachsenen Krise führen. Wer wird dann unsere Waren transportieren? Nun, dies könnte vielleicht der entscheidende Wendepunkt sein, an dem die Gesellschaft endlich den wahren Wert der Truckfahrer erkennt.

Saravanan sagt mir, er spreche Telugu. Das ist eher ungewöhnlich bei jemandem, der mitten in Tamilakam lebt. Aber er gehört zur Kaste der Rajakambalam Nayakar, die diese Sprache spricht. Im Zuge der muslimischen Invasion unter Führung der Sultane von Delhi flohen seine Vorfahren im 14. Jahrhundert aus ihrer angestammten Region nördlich des Flusses Tungabhadra. Sie zogen Richtung Süden, traten in die Dienste der Könige von Vijayanagara und siedelten sich schließlich als deren *poligars* oder Lehnsleute in der Region um die Stadt Madurai an.

Als im 18. Jahrhundert die Briten kamen, sahen sie in ihnen eine ernsthafte Gefahr für ihren Herrschaftsanspruch. Die *poligars* rebellierten bereits rund 50 Jahre vor dem Indischen Aufstand von 1857, was jedoch in der nationalistisch ausgerichteten Geschichtsschreibung wenig Beachtung fand. Hier in Tamilakan aber werden die *poligars* bis heute als Helden und Sinnbilder des tamilischen Widerstands verehrt, und man benennt Schulen, Colleges und sogar Militäreinrichtungen nach ihnen.

An der Küste nahe Tirunelveli liegt die INS Kattabomman, eine Funkstation der indischen Marine, die für die sichere Kommunikation mit den Atom-U-Booten sorgt. Ihre 471 Meter hohen Sendemasten sind die höchsten militärischen Bauwerke der Welt. Benannt wurde sie nach dem legendären *poligar* Veerapandiyan Kattabomman, der sich weigerte, Steuern an die Ostindien-Kompanie zu entrichten. Für seinen wagemutigen

Kampf gegen die Briten wurde er am Ende hingerichtet. Mit kaum verhohlenem Stolz vertraut mir Saravanan an, dass er derselben Kaste angehört wie Kattabomman.

Wir unterhalten uns jetzt schon seit über einer halben Stunde, und die pralle Sonne setzt Saravanan sichtlich zu. Kurzerhand klettert er auf sein Motorrad, und ich frage ihn noch, ob er als Spediteur seinen Truck überlädt.

»Natürlich. Doppelt so viel wie eigentlich zulässig«, räumt er ein. »Anders mache ich keinen Profit. Wenn man sich an die Vorschriften hält, schreibt man immer nur rote Zahlen.«

»Aber halten deine Trucks die Überladung aus?«

»Warum sollten sie nicht? Sie wurden hier gebaut.« Er lässt den Motor aufheulen. »In Namakkal. Wenn du im Süden jemand nach Truckkarosserien fragst, wird immer derselbe Name fallen: Namakkal.«

Die mangelnde Rentabilität der Landwirtschaft aufgrund der Wasserknappheit in Namakkal und Salem erwies sich als treibende Kraft für das Unternehmertum in dieser Region. Das wurde mir klar, als ich auf meiner Fahrt von Bangalore nach Namakkal einen eintägigen Zwischenstopp in Salem einlegte. Dort kam ich mit Fahrern ins Gespräch und erfuhr, dass viele von ihnen regelmäßig *sabudana* transportieren, Indiens beliebteste Fastenspeise aus Tapiokaperlen. Sie bringen es in alle Teile Indiens, vor allem aber nach Maharashtra, wo ein schier unersättlicher Bedarf an *sabudana khichdi* und *vadas* besteht. Und so entdeckte ich, dass Salem die inoffizielle *sabudana*-Hauptstadt Indiens ist.

Die *sabudana*-Produktion entwickelte sich im Zweiten Weltkrieg, als die japanische Besatzung von Südostasien es den Briten erschwerte, Sago oder *sabudana,* eine billige Kohlenhydratquelle, zu importieren. Ein gewiefter Trockenfischhändler aus Salem ließ sich von einem nach Gujarat evakuierten Malaysier zeigen, wie man *sabudana* aus der Maniokwurzel statt aus dem Mark der Sagopalme herstellte, und wurde so zu Indiens erstem *sabudana*-Produzenten. Heute besitzt das Gebiet um Salem das fast alleinige Monopol auf Indiens *sabudana*-Produktion.

Tatsächlich hat diese trockene Region im Westen von Tamil Nadu eine lange Tradition lokal verwurzelter Unternehmen. Unternehmergeist, Investitionen und Fachkräfte aus der Region sorgen dafür, dass die Profite in der Region bleiben. Verschiedene Städte haben sich auf bestimmte Produkte spezialisiert und sind hier zum Teil sogar marktbeherrschend: Salem produziert *sabudana,* Sivakasi Feuerwerkskörper, Dindigul Türschlösser, und Namakkal ist bekannt für die Kunst, robuste Truckkarosserien aus Holz und Metall herzustellen.

Der Karosseriebau in Namakkal hat eine interessante Geschichte. Bereits in den 1940er-Jahren gründeten die Pioniere Mariappa Asari, Raju Asari und Ponusamy Asari die erste Werkstatt für Truckkarosserien. Als Angehörige der Vishwakarma-Kaste, die Handwerksmeister, Zimmerleute und Schmiede umfasst, hatten sie beschlossen, sich mit ihrem traditionellen Handwerk an etwas Neuem zu versuchen.

Es war von Vorteil, dass die Region bereits ein Zentrum der Schmiedekunst gewesen war, in dem man sich auf den Bau von Ochsenkarren spezialisiert hatte. Diese Karren beförderten Baumwolle aus Erode ins nahe gelegene Webereizentrum Tiruchengode und die fertigen Textilien weiter nach Salem. Nachdem die Trucks die Ochsenkarren verdrängt hatten, fanden die Schmiede Beschäftigung in der sich entwickelnden Truckbranche, und die Werkstattbetreiber minimierten die Kosten, indem sie Familienangehörige für sich arbeiten ließen.

Die Wälder der Westghats in Kerala und Karnataka – des Gebirgszuges, der verhindert, dass Namakkal in den Genuss des Monsunregens kommt – lieferten ausreichend Holz für das Wachstum der Branche. Bald verdingten sich Schmiede und ihre Lehrlinge als Truckfahrer und *khalassis,* und ganz allmählich entwickelte sich Namakkal zu einem Transportknotenpunkt.

Doch erst nach 1968, als die indische Regierung eine Genehmigung zum Warentransport innerhalb von fünf Bundesstaaten einführte, nahm diese Branche im wahrsten Sinn des Wortes Fahrt auf. Aus verschiedenen Teilen des Landes kamen Lkw-Eigentümer nach Namakkal, und diese Entwicklung setzte sich fort, als 1976 eine Genehmigung für den Warentransport in ganz Indien erlassen wurde.

Die 1980er-Jahre bescherten dem Transportgewerbe einen Boom, und Namakkal erwarb sich einen guten Ruf im Karosseriebau. Zwischen 1980 und 1990 verdreifachte sich die Anzahl der dort beschäftigten Arbeiter von 5000 auf 17 000.

Während ich die Hauptstraße von Namakkal entlangspaziere, sehe ich nur verlassene Werkstätten. Alle feiern Pongal. Ich hätte keinen schlechteren Zeitpunkt für meinen Besuch wählen können. Fast habe ich die Hoffnung aufgegeben, einen Gesprächspartner zu finden, doch da erspähe ich eine Werkstatt, in der sich etwas regt.

Aus einem Lautsprecher dröhnt ein Song von Shankar Mahadevan. Ich folge der Musik und stoße auf zwei Männer in schmutzigen weißen *baniyans,* die gerade die Rahmenkonstruktion einer Kabine zusammenfügen. Merkwürdigerweise sind hier nirgends Truckeigentümer zu sehen, die die Arbeit überwachen.

Der Betreiber der Werkstatt, ein Mann mittleren Alters in einem grünen *lungi* und einem T-Shirt mit Karomuster, erklärt mir, dass es hier anders läuft als in Sirhind – die Eigentümer liefern das Chassis, seine Arbeiter fertigen innerhalb eines Monats die Karosserie samt Kabine nach Standardvorgaben, und danach wird der Truck abgeholt. Der Bau eines Trucks ist hier eindeutig eine nüchternere Angelegenheit. Ich frage ihn, wie lange er das schon macht.

»Mein Vater hat diese Werkstatt 1983 gegründet«, erwidert er. »Unser Geschäft lief gut. Über die Jahre haben wir Tausende Karosserien auf Chassis von Ashok Leyland gebaut. Aber in den letzten fünf Jahren ist der Umsatz eingebrochen.«

Wesentlich besser sei die Situation im benachbarten Tiruchengode. »Ich hätte auf Brunnenbohrgeräte umsatteln sollen, als ich die Gelegenheit dazu hatte.« Erstaunt höre ich, dass Bohrteams aus Tiruchengode beinahe im Alleingang in ganz Indien Brunnen bohren, von der Region Vidarbha in Maharashtra bis nach Bundelkhand und Rajasthan. Auch das zeugt von dem bemerkenswerten, wenn auch kaum gewürdigten Unternehmergeist im westlichen Tamil Nadu. Es ist ja auch passend – eine Region, die unter Wasserknappheit leidet, hilft nun anderen, sie zu bekämpfen; eine Region, deren eigene Grundwasservorräte beinahe ausgeschöpft sind, gräbt nun anderswo im Erdreich auf der Suche nach dem letzten Tropfen Wasser.

Für seine eigene Branche hat Muthuswamy weniger Hoffnung. Das größte Problem sind auf lange Sicht die industriell vorgefertigten Kabinen. »Ich fürchte, irgendwann will niemand mehr seine Kabine hier bauen lassen. Zumal der Staat seit Kurzem für Firmenlastwagen eine Klimaanlage vorschreibt.«

Ich bin verdutzt. Seit wann sind Trucks per Gesetz verpflichtet, eine Klimaanlage einzubauen? Und wie kommt es, dass ich noch keine einzige klimatisierte Kabine gesehen habe?

»Keine Ahnung, was die sich dabei gedacht haben«, meint Muthuswamy. »Wissen die denn nicht, dass es im gesamten Transportgewerbe darum geht, möglichst wenig Sprit zu verbrauchen? Selbst wenn die Trucks eine Klimaanlage haben, werden die Spediteure den Fahrern verbieten, sie einzuschalten. Und auch wenn sie es erlauben, werden die Fahrer sie nicht nutzen. Sie sparen lieber Sprit und stecken das Geld dafür in die eigene Tasche. Und ehrlich gesagt mögen die meisten Fahrer keine Klimaanlagen. Frische Luft ist viel besser.«

Doch auch ohne das Damoklesschwert der Klimaanlagen ist Muthuswamys Gewerbe Opfer des strukturellen Wandels im Transportgewerbe. In Südindien wird der Warentransport von großen Logistikunternehmen wie der VRL Group und der Transport Corporation of India beherrscht. Eigentümer großer Fuhrparke setzen eher auf industriell gefertigte Container-Lkws, sodass Muthusmwamys Werkstatt keine Zukunft hat.

Während meiner Reise durch Südindien waren Hunderte dieser Kolosse an mir vorbeigerauscht. Alle ignorierten meinen ausgestreckten Daumen, aus Gründen, die nur sie kannten. Keine rosigen Aussichten für Anhalter, aber zum Glück ist das Ziel meiner Reise nahe – Kanyakumari.

Während ich mich der südlichsten Spitze des indischen Subkontinents nähere, kann ich das Meer bereits riechen. Die unwirtliche Gegend um Namakkal ist allmählich dem üppigen Grün von Laubwäldern gewichen. Windräder surren im Gleichtakt. Zum ersten Mal sitze ich in einem Container-Truck, dem längsten Lastwagen, mit dem ich bisher gefahren bin. Die Kabine jedoch ist viel kleiner. Auf dem Armaturenbrett hat jemand in kindlicher Schrift einige Zeilen aus einem Bollywood-Song hingekrakelt.

Ich bin mit Akhilesh Singh unterwegs, einem kleinen dunkelhäutigen Mann aus Samastipur in Bihar, der eine abgetragene Khaki-Uniform trägt.

»Eigentlich dürfen wir keine Anhalter mitnehmen. Aber für dich mache ich eine Ausnahme, weil meine Fahrt bald zu Ende ist«, sagt er.

Ich frage ihn, wie es ist, im Süden Indiens unterwegs zu sein. »Hier will keiner wissen, wo du herkommst oder wo du hinwillst. Und Container-Trucks werden kaum behelligt. Aber die Leute sind ein bisschen seltsam. Als Anhänger von Rama erscheint es mir komisch, dass die Menschen hier seinen Widersacher, den Dämonenkönig Ravana, verehren.«

Mir fällt auf, dass Akhilesh äußerst wachsam fährt, er hat ständig beide Hände am Steuer und hält den Blick konzentriert auf die Straße gerichtet. Allerdings werde ich ein bisschen nervös, als wir kurz hintereinander mehrere Polizeisperren passieren müssen. Das erfordert einiges fahrerisches Können, fast als würde man einen Parcours absolvieren.

Akhilesh manövriert den Truck geschickt hindurch, wobei er darauf achtet, dass die Hinterräder am langen beweglichen Heck des Trucks die Barrikade nicht touchieren. Um solch riesige Trucks zu lenken, muss man ein wirklich guter Fahrer sein, denke ich bei mir, umso mehr, wenn man allein unterwegs ist.

Ich frage ihn, warum ihn kein *khalassi* begleitet. Als Antwort deutet er auf seine Rückfahrkamera. So etwas sehe ich in einem Truck zum ersten Mal.

»Mehr brauche ich nicht«, sagt er. »Wenn man einen *khalassi* mitnimmt, kostet das bis zu 10000 Rupien im Monat. Die großen Firmen wollen nicht unnötig Geld ausgeben, wenn den Job auch einer allein machen kann.«

Die große Firma, für die Akhilesh arbeitet, ist ein Logistikunternehmen mit Sitz in Kolkata, das einen Fuhrpark von mehr als 10000 Container-Trucks unterhält. Etwas völlig anderes als die Anstellung bei einem *seth.* So ist Akilesh Mitglied in einer Gewerkschaft, was bedeutet, dass seine Familie eine Krankenversicherung hat und Rentenbeiträge für ihn entrichtet werden.

Er bestätigt Muthuswamys Mutmaßungen. »Ja, auch in unserer Flotte haben manche Trucks eine Klimaanlage. Aber das Unternehmen erlaubt uns nicht, sie einzuschalten. Sonst würde der Liter Sprit nur für anderthalb Kilometer reichen statt für zweieinhalb. Wie soll das Unternehmen dann Profit machen?«

Akhileshs Truck jedoch ist nicht aufgerüstet. Er ist ein Modell von 2009, das interessanterweise in Nagaland registriert ist. So etwas ist mir schon häufiger begegnet.

»Um Gebühren zu sparen«, erklärt er. »Die Eigentümer haben eine Abmachung mit den RTO-Beamten dort, sodass die Registrierung viel schneller geht.«

In seinem Container transportiert er fabrikneue Pkws zu Händlern im ganzen Land. Im Moment bringt Akhilesh vier Ford EcoSports von einer Fabrik bei Chennai zu einem Händler in Nagercoil, einer Stadt knapp 20 Kilometer von Kanyakumari entfernt.

Er zeigt mir den GPS-Tracker auf dem Armaturenbrett, womit das Unternehmen jederzeit seinen Standort bestimmen kann. Akhilesh empfindet das nicht als Überwachung oder Verletzung seiner Privatsphäre, sondern befürwortet es entschieden. »Wenn dem Fahrer irgendwas passiert, der Truck in einen Unfall verwickelt oder gestohlen wird, weiß das Unternehmen zumindest, wohin es Hilfe schicken muss.«

Doch mir fällt auf, dass Akhilesh trotz der Hightechausstattung des Trucks noch ein Feature-Phone besitzt. Ich frage ihn, warum er kein Smartphone hat, obwohl er doch so weite Strecken fährt. »Ich habe eins bekommen, doch es wurde mir geklaut. Beim Truckfahren sollte man lieber kein Smartphone dabeihaben.«

An der Windschutzscheibe des Trucks klebt ein FASTag-Sticker, mit dem an Mautstationen automatisch die Gebühr abgebucht wird, sodass Akhilesh weniger Bargeld mitführen muss. Er bekommt nur ein paar tausend Rupien für seine Ausgaben und eine Geldkarte für Notfälle. »Seit der Demonetisierung wird jetzt immer mehr bargeldlos bezahlt. Das schützt auch gegen Straßenräuber. Was gibt es zu stehlen, wenn wir kein Bargeld dabeihaben?«, lacht er.

Und seit der Einführung der GST spart ein Fernfahrer wie Akhilesh, der auf seinen Touren mehrere Staaten durchquert, eine Menge Zeit. »Für die Fahrt von Delhi nach Guwahati brauche ich jetzt zwei Tage weniger«, sagt er. »Übrigens: Weißt du, was mir auf dieser Strecke passiert ist? Einmal habe ich drei Soldaten mitgenommen, deren Wagen in der Nähe von Siliguri liegen geblieben war. Sie wollten auch nach Delhi. Als sie erfuhren, dass man mit meinem Truck Autos transportieren kann, luden sie ihren Wagen auf und versicherten mir, ich könne mich entspannt zurücklehnen, ab hier würden sie übernehmen. Auf der gesamten Strecke haben sie jeden verprügelt, der uns gestoppt hat und Geld abpressen wollte. Egal, ob *policewala* oder Gangster. Faizabad, Firozabad, Kanpur – überall verpassten sie den Typen eine Abreibung. So ging das bis Gurgaon. An diesem Tag habe ich 5000 Rupien gespart.«

Mittlerweile ist es Spätnachmittag geworden. Der Highway führt vorbei an Sonnenblumenfeldern und dem einen oder anderen Collegecampus. Alle paar Kilometer grüßt ein Saravana-Bhavan-Restaurant und lässt mir das Wasser im Munde zusammenlaufen. Wir fahren an einer Statue von Ganesha vorbei, der hier seltsamerweise in einen Sari gehüllt ist. Eine flüchtige Brise lässt den Stapel Papiere auf dem Armaturenbrett flattern. In der Ferne ragt eine Bergspitze auf.

Mir ist sonderbar zumute. Immer wieder habe ich mir diesen Moment – das bevorstehende Ende meiner Reise – ausgemalt, aber nun, da er gekommen ist, empfinde ich – nichts. Vielleicht, weil bei diesem Trip nie das Ziel das Wichtigste war, es war nur ein zufällig ausgewählter Punkt auf der Landkarte. Es ging darum, Menschen und Orte entlang der Strecke kennenzulernen. Es ging darum, Indien zu entdecken – seine Großzügigkeit, seine Verzweiflung, seine Gastfreundschaft, seine Hartnäckigkeit und, am wichtigsten, die Hoffnung, die es in sich trägt, die Hoffnung auf ein besseres Leben.

Denn während meine Reise sich ihrem Ende zuneigt, wird die von Akhilesh weitergehen. Seit acht Monaten ist er unterwegs, und es wird noch einige Monate dauern, bis er wieder nach Hause kommt. »Ich vermisse meine Familie. Meine Kinder. Aber was soll ich machen? Wenn man es im Leben zu etwas bringen will, muss man eben hart dafür arbeiten.«

Seine langen Touren haben ihn zu Autobauern im ganzen Land geführt – von Rudrapur und Haridwar in Uttarakhand und Manesar in Haryana bis nach Nashik und Pune in Maharashtra. Für Sightseeing bleibt dabei keine Zeit. »Auf dem Weg nach Nashik komme ich auch am Sai-Baba-Tempel in Shirdi vorbei, aber ich habe es noch kein einziges Mal geschafft, ihn zu besuchen«, sagt er bedauernd.

Für seine harte Arbeit erhält Akhilesh zwischen 25 000 und 30 000 Rupien im Monat. »Ich habe ein festes Gehalt von 10 000 Rupien, dazu kommt ein Bonus von 2500 Rupien pro Lieferung und das eingesparte Benzingeld«, sagt er. »Früher habe ich in Bihar Kleintransporte übernommen. Mit dem Truckfahren habe ich nur angefangen, um mehr zu verdienen. Aber wenn ich monatlich nicht mal 20 000 nach Hause schicken kann, was hat es dann für einen Sinn, diesen riesigen Truck an irgendwelche Orte zu fahren und jeden Tag mein Leben zu riskieren? Lieber würde ich in meinem Dorf bleiben.«

Nicht dass es in seinem Dorf viel für ihn zu tun gäbe. Seine Familie, die zur Volksgruppe der Kushwaha gehört, besitzt ein paar Hektar Land, auf denen sie Mangos, Mais und Gemüse anbaut. Aber bei vier Geschwistern reicht es nicht für alle. »Zwei meiner Brüder leben von der Landwirtschaft. Ein anderer hält Honigbienen in diesen riesigen Kästen. Seit Kurzem ist das in unserem Dorf ein neuer Trend.«

Im Großen und Ganzen ist Akhilesh jedoch mit dem Job zufrieden. »Wer sonst würde jemandem wie mir ohne Studienabschluss so viel Geld zahlen? Zumindest kann ich meinen Kindern eine ordentliche Ausbildung an einer weiterführenden englischsprachigen Schule ermöglichen.« Akhilesh hat zwei Kinder – einen neunjährigen Jungen und eine vierjährige Tochter. »Leider war ich gezwungen, von der Schule abzugehen. Ich werde dafür sorgen, dass ihnen das erspart bleibt. Es wäre schön, wenn sie eines Tages in den Staatsdienst eintreten könnten.«

In diesem Augenblick überholt uns ein privater Bus, er rast wie ein Verrückter. Unwillkürlich entfährt mir ein Kraftausdruck. Akhilesh jedoch nimmt es gelassen.

»Jeder steht doch irgendwie unter Druck. Der Verdienst von Busfahrern bemisst sich nach der Anzahl der Fahrten pro Tag. Was wir verdienen, hängt davon ab, wie viel Kilometer wir aus einem Liter Sprit rausholen. Allerdings kann der Busfahrer sicher sein, dass die Passagiere auf seiner Seite sind, wenn etwas passiert. Der Trucker dagegen hat niemanden. Bei einem Unfall gibt man immer uns die Schuld.«

Mit dieser Feindseligkeit muss Akhilesh leben. Doch es ist ihm ein Trost, dass er zumindest in der Trucker-Hierarchie weit oben steht. »Nach meiner Erfahrung behelligen Polizisten Container-Lkws nicht so oft wie normale Trucks. Häufig haben die Firmenbosse eine Abmachung mit der Polizei. Also schauen sich die Polizisten den Firmennamen auf dem Fahrzeug genauer an, bevor sie entscheiden, wie sie mit einem umgehen.«

Die RTO-Beamten jedoch sind habgieriger. Akhilesh bestätigt die Abzocke durch die »Mechanical«, gegen die die Trucker in Andhra Pradesh gewettert haben.

Bald erreichen wir eine Mautstation – endlich eine Gelegenheit herauszufinden, ob der FASTag-Sticker auch funktioniert. Akhilesh lässt die Schlange, in der die anderen Trucks warten, links liegen und lenkt auf die leere Fahrspur ohne Kassenhäuschen, die für die elektronische Mauterhebung reserviert ist. Wir stehen direkt vor der Schranke und warten darauf, dass der Sensor unser Fahrzeug erkennt und den Weg freigibt. Nichts passiert. Wir sitzen da und hupen. Akhilesh ruft die Hotline an, aber die ist nicht besetzt. Nach einer Weile kommt jemand vom Mautstellenpersonal und scannt das Fahrzeug per Hand. Als wir endlich durch sind, haben wir mehr als zehn Minuten verloren und länger gebraucht, als es mit Barzahlung gedauert hätte.

Eine Stunde später erreichen wir die nächste Mautstelle. Zu Akhileshs Ärger funktioniert der FASTag-Sticker auch hier nicht. Er diskutiert mit dem Angestellten und erklärt, dass er nicht genügend Bargeld für Mautzahlungen dabeihabe. »Ich muss ja auch noch was essen!«, protestiert er. Hinter uns staut sich der Verkehr, das Hupen wird lauter.

Währenddessen fährt ein Konvoi mit roten Blinklichtern auf einer leeren, anscheinend für ihn reservierten Fahrspur an uns vorbei. Polizeifahrzeuge eskortieren einige Lkws mit tiefgekühltem Wasserstoff zum Forschungszentrum für Raketenantriebe der Indischen Raumfahrtbehörde im nahe gelegenen Mahendragiri.

»Ich werde dafür sorgen, dass ihr auf die schwarze Liste kommt«, zetert Akhilesh und zahlt schließlich zähneknirschend in bar.

Als wir uns Nagercoil nähern, erinnert mich die Landschaft immer mehr an Kerala – schmale Straßen, schräge Dächer, und hie und da öffnet sich der Blick auf Feuchtgebiete. Nur dass wir hier eindeutig in einer tamilischen Region sind, erkennbar an Fahnen der Unabhängigkeitsbewegung Tamil Tigers und Plakaten mit dem Porträt ihres früheren Anführers Prabhakaran. Geografisch gesehen gehört diese Gegend aber eher zu Kerala als zu den trockenen Gebieten nördlich der Grenze. Die Westghats, die eine fortlaufende Barriere mit einigen wenigen Lücken bilden, enden ungefähr 40 Kilometer nördlich von

Nagercoil, weshalb die Region zusammen mit Kerala die Hauptregenlast des Südwestmonsuns abbekommt.

Wir sind beinahe da, und auch Akhilesh ist bei der Aussicht auf das Ende der Fahrt fröhlich gestimmt. »Ich lade aus, koche mir was, esse und gehe schlafen«, sagt er. O ja, die einfachen Freuden des Lebens. Als Akhilesh mich bei einer Bushaltestelle absetzt, will ich ihm 200 Rupien fürs Mitnehmen geben. Aber er schiebt meine Hand weg. »Immerhin hast du mir kein Loch in den Bauch gefragt«, witzelt er mit einem schelmischen Grinsen.

Nachdem ich mehr als 2000 Kilometer per Truck entlang des Rückgrats von Südindien zurückgelegt habe, befinde ich mich endlich an der Küste, in Kanyakumari, benannt nach der gleichnamigen jungfräulichen Göttin, die dort verehrt wird. Der schäumende Furor der aufeinandertreffenden Meere – Indischer Ozean, Arabisches Meer und Golf von Bengalen – hat viele große Persönlichkeiten zur Innenschau angehalten. Selbst ein so nüchterner Mann wie Gandhi sah sich zu folgenden Worten inspiriert: »Ich schreibe dies am Kap, direkt am Meer, wo drei Wasser sich treffen und einen unvergleichlichen Anblick bieten. Denn dies ist kein Hafen, den Schiffe anlaufen. Wie die Göttin sind die Wasser hier jungfräulich.«

Ich betrete das Gandhi Memorial, von dem aus man das Meer überblickt. An diesem Ort wurde 1948 eine Urne mit einem Teil von Gandhis Asche öffentlich ausgestellt, bevor diese im Meer verstreut wurde. Die 1956 fertiggestellte Gedenkstätte erinnert an einen Tempel, doch das markante Spinnrad an der Fassade – an jener Stelle, die in einem Tempel für das Om-Symbol reserviert ist – betont den säkularen Charakter.

Der Innenraum ist als Halbrund angelegt. Eine Wand wird von einem großen, auf eine Steinplatte gemeißelten Bild von Gandhi eingenommen, und den Rundgang säumen Hilfsgötter wie Nehru, Patel und andere treue Mitstreiter für die Unabhängigkeit. Ich absolviere die Runde, wie es sich für einen treuen Bürger dieser Republik geziemt, und steige dann in den ersten Stock hinauf.

Die Aussicht ist fantastisch. Unmittelbar vor der Küste liegt Vivekananda Rock mit dem zu Ehren des Hindu-Philosophen Vivekananda erbauten Felsendenkmal, aus geografischer Sicht der südlichste Punkt des indischen Festlands. Daneben erhebt sich die Statue des tamilischen Dichters Thiruvalluvar, der noch heute mit strengem Blick über die Moral der Tamilen wacht. Und dahinter erstreckt sich das breite blaugrüne Band des Ozeans.

Ich suche mir einen stillen Winkel, der nicht von Selfies oder Gruppenfotos schießenden Leuten besetzt ist. Dort lasse ich mich nieder und beginne umgeben vom Stimmengewirr der Touristen zu schreiben, während eine rote Sonne heiter in Richtung Horizont wandert.

Mich fasziniert der Gedanke, dass irgendwo weit hinter dem Horizont die Antarktis liegt. Hier endet meine Reise, und meine Gedanken werden frei. Mir ist, als wäre ich schon auf See, so wie der Wind an mir zerrt und ein Knäuel aus Gedanken in meinem Kopf umherwirbelt.

Vor vielen Wochen bin ich in Mumbai zu einer Reise aufgebrochen, die mich mit Ehrfurcht vor der Freundlichkeit meiner Gastgeber, aber auch mit Mitgefühl angesichts ihrer beschwerlichen Lebensumstände erfüllt hat. Doch während sich meine Reise dem Ende zuneigt, gleicht ihre dem Zug einer einsamen Karawane, die niemals anhält. Waren müssen ausgeliefert werden. Indien darf nicht stillstehen. Ich frage mich, was Akhilesh gerade macht. Genießt er ein spätes Mittagessen? Wohin wird ihn seine nächste Tour führen? Wann wird er seine Familie wiedersehen? Kann es etwas bewirken, dass er mir seine Sorgen anvertraut hat? Irgendetwas?

Ich weiß es nicht. Wahrscheinlich wird sich durch das, was ich schreibe, kaum etwas im Leben von Truckern wie Akhilesh ändern. Doch ich hoffe es sehr, auch wenn es vielleicht zu viel verlangt ist. Ich wünsche mir, dass mein Bericht zumindest als historisches Zeugnis von der erlebten Realität der Trucker im Indien des 21. Jahrhunderts dienen wird. Von ihrer bemerkenswerten Langmut, die sich durch nichts erschüttern lässt, selbst wenn sie gedemütigt und provoziert werden. Und was mich angeht … Ich freue mich schon auf die nächste Gelegenheit, mit diesen großzügigen Königen der Straße zu reisen. Ich glaube, der Tag ist nicht fern. Schließlich braucht man dazu nur die Lust am Abenteuer und einen Daumen, der in die richtige Richtung zeigt.

Epilog

Es war ein Jahr her, seit ich von Kanyakumari nach Mumbai zurückgekehrt war. In meinem Leben ging alles wieder seinen gemächlichen Gang. Arbeit. Wochenenden. Und so weiter und so fort. Nach meiner Zeit auf der Straße kam mir das alles furchtbar öde vor.

Eines Tages dann, gegen Mitternacht, ich wollte gerade ins Bett gehen, klingelte das Telefon. Es war Jagdev (der mich mit seinem Bruder Jora in Sirhind so gastfreundlich bewirtet hatte). Wir waren im Lauf der Jahre über WhatsApp in Verbindung geblieben, aber jetzt rief er zum ersten Mal an. Die Stimme am anderen Ende der Leitung klang gedämpft, dennoch hörte ich die Euphorie heraus.

»Rajat *bhai!* Wir trinken gerade was – ich, Jora und Palle –, und da haben wir an dich gedacht. Wie geht es dir?«

»Bestens. Und dir?«

»Ich habe mit dem Truckfahren aufgehört und arbeite jetzt in Mewa Singhs Werkstatt. Baue Truckkarosserien. Die Bezahlung ist besser, und ich kann mehr Zeit mit meiner Frau und meiner Tochter verbringen.«

»Wunderbar. Und was ist mit Jora?«

»Er macht weiter. Jetzt wo ich nicht mehr mitfahre, hat er einen unserer Neffen als *khalassi* unter seine Fittiche genommen.«

Ich grinste, denn ich konnte mir gut vorstellen, wie Jora

mit knurriger Stimme seinen neuen Rekruten herumkommandierte.

»Gib ihn mir mal.«

»Rajat *bhai,* wie geht es dir?«, brüllte Jora.

»Hervorragend! Und dir, Jora *bhai*? Was ist mit dem *bhukki*?«

»Die Ärzte geben mir nur noch ein paar Jahre. Aber du weißt ja, dass ich nicht aufhören kann. Ich bin quasi mit dem *bhukki* verheiratet. Allerdings ist es viel teurer geworden, seit man in Rajasthan die staatlich konzessionierten *thekas* abgeschafft hat. Aber genug von mir. Sag, wie geht es mit deinem Buch voran? Wann bekommen wir es endlich mal zu Gesicht? Wir sind schon ganz neugierig darauf, weißt du.«

»Ist noch in Arbeit. Im Laufe des Jahres müsste es herauskommen. Stimmt deine Adresse noch?«

»Ja.«

»Gut. Ich schicke dir ein Exemplar, sobald ich eins habe.«

»Ich hoffe, du hast nur Gutes über uns geschrieben.«

»Wie könnte es anders sein, Jora? Nachdem ihr mich mit Gastfreundschaft regelrecht überschüttet habt, hatte ich doch gar keine andere Wahl, oder?«

Ich hörte sein schallendes Lachen am anderen Ende der Leitung.

»Ja. Nach einer Fahrt in unserem Accent konntest du wirklich nicht anders.«

»Genau. Wenn du das nächste Mal in Mumbai bist, besuchst du mich. Du wohnst bei mir und nirgendwo sonst.«

»Danke, Rajat *bhai.* Mach ich. Pass auf dich auf. Bye.«

»Bye, Jora.«

Er legte auf. Und ich kroch ins Bett in dem glücklichen Wissen, dass mir meine Reise, wenn nichts sonst, doch zumindest einen Freund beschert hatte. Und nicht nur irgendeinen Freund, sondern einen, der an einen denkt, wenn er betrunken ist. Und wie jeder weiß, gibt es keinen besseren.

Danksagung

Etliche Menschen haben maßgeblich dazu beigetragen, dass aus einer abstrusen Idee in meinem Kopf das Objekt wurde, das Sie in Händen halten.

Mein Dank geht an …

… Dharini Bhaskar, der mir genug Vertrauen entgegenbrachte, um mir den Auftrag für diesen Reisebericht zu erteilen. Ohne dich hätte dieses Buch vielleicht nie das Licht der Welt erblickt;

… N. Mahalakshmi, meinen Redakteur bei *Outlook Business*, der mir klugerweise davon abgeraten hat, für dieses Projekt meinen Job zu kündigen, und mir stattdessen vorschlug, eine sechsteilige Serie für das Magazin zu schreiben;

… meine Redakteure Himanjali Sankar und Sayantan Ghosh und das Team bei Simon & Schuster, die dieses Buch in eine Form gebracht haben, in der man es der Welt präsentieren konnte;

… meine Eltern, die mich wegen dieser Reise nicht für wahnsinnig gehalten haben, sondern (widerstrebend) die verrückteste all meiner Unternehmungen unterstützten;

… meinen Bruder Roopak, der dieses Buch aufmerksam gelesen hat und immer für mich da ist;

… Anu, meine erste Leserin und große Stütze, ohne deren beständige Ermutigung und unerschütterlichen Glauben an meine Fähigkeiten dieses Buch nicht zustande gekommen wäre;

… Parampreet Chadha, der immer ein echter Freund war, und Verinder Chadha, der mir geholfen hat, dieses Projekt in die Tat umzusetzen;

… Siddharth Samant, Ankush Saikia, Kamalpreet Singh Gill, Sreekumar Menon, Vikram Kapur und Jenny Bhatt, die mir großzügig ihre Zeit geschenkt und dazu beigetragen haben, das Buch zu einem Lesevergnügen zu machen;

… S. P. Singh und Ramesh Kumar, die mir erlaubt haben, sie mit Fragen zu löchern, und mir viel über das Trucker-Geschäft beigebracht haben;

… Zachary Zavide, der den perfekten Untertitel für dieses Buch gefunden hat;

… Ozzie Hoppe, Harshvardhan Siddharthan, Prakash Choutapalli, Rayachoty Sabharish Kumar und Ashutosh Singh, die bereit waren, sich mit mir zusammen auf dieses Abenteuer einzulassen;

… alle Freunde, die mich müden, schmuddeligen Reisenden unterwegs beherbergt und mit köstlichen selbst gekochten Speisen verwöhnt haben – Mohit Parikh in Jaipur und Kozhikode, Mukesh Chopra in Chandigarh, Vikrant Deshmukh in Jammu, Raghubansh Mani in Bangalore und V. S. Goutham in Thiruvananthapuram;

… alle Menschen, denen ich flüchtig begegnet bin – Kommissionsagenten, Tankstellenchefs, *dhaba*-Besitzer – und die mich in die richtige Richtung lenkten, wenn ich nicht mehr weiter wusste;

… alle indischen Truckfahrer, die mich an ihrem Leben teilhaben ließen und die Protagonisten dieser Reise waren. Ich werde euch stets in liebevoller Erinnerung behalten.

Literaturverzeichnis

TEIL EINS
VON MUMBAI NACH SRINAGAR

Kapitel Unterwegs mit dem König der Straße

Ariès, Philippe: *Geschichte der Kindheit,* aus dem Franz. von Caroline Neubaur und Karin Kersten, München 2007.

Postman, Neil: *Das Verschwinden der Kindheit,* aus dem Amer. von Reinhard Kaiser, Frankfurt am Main 1983.

Kapitel Die Kartelle von Mewar

Sriraman, S.; Venkatesh, Anand; Karne, Manisha (Mumbai University): »Competition Issues in the Road Goods Transport Industry in India with Special Reference to the Mumbai Metropolitan Region«, Report for the Competition Commission of India, 2006.

»CCI verdicts fail to act as deterrents to malpractice«, in: *The Economic Times,* 02.01.2018.

Chandra, Satish: *Medieval India: From Sultanat to the Mughals: Part II,* Delhi 2007

Gupta, R. K.; Bakshi, S. R. (Hrsg.): *Rajasthan Through the Ages, Volume 5: Marwar and British Administration,* Delhi 2008.

Kapitel Sex und Religion

Sontag, Susan, *Die pornographische Phantasie,* übertragen von Mark W. Rien, in: Susan Sontag, *Kunst und Antikunst. 24 literarische Analysen,* Frankfurt am Main 1995.

Joshi, Om Prakash: *Painted Folklore and Folklore Painters of India: A Study With Reference to Rajasthan*, Delhi 1976.

Kothiyal, Tanuja: *Nomadic Narratives: A History of Mobility and Identity in the Great Indian Desert*, Cambridge 2016.

Tavernier, Jean Baptiste: *Reisen zu den Reichtümern Indiens. Abenteuerliche Jahre beim Großmogul 1641–1667*, Hrsg. von Susanne Lausch und Felix Wiesinger, Stuttgart 1984.

Kapitel *Goli andar. Yaar Jalandhar!*

Singh, Upinder: *A History of Ancient and Early Medieval India*. Delhi 2009.

Correspondance de Victor Jacquemont avec sa famille et plusieurs de ses amis, pendant son voyage dans l'Inde (1828-1832), 2 volumes, Paris 1833.

First report of the Royal Commission on Opium: with Minutes of evidence and appendices, https://archive.org/stream/cu31924073053864/cu31924073053864_djvu.txt.

Kapitel Tod auf Rädern

»Police reforms in India«, in: PRS India, https://www.prsindia.org/policy/discussion-papers/police-reforms-india

»Overloaded trucks are death on wheels«, in: *Hindustan Times*, 26.11.2007.

»Rajasthan tweaks SC order, allows overloading of trucks with small fine«, in: *The Times of India*, 02.08.2010.

Habib, Irfan; Raychaudhuri, Tapan: *The Cambridge Economic History of India: Volume 1*. Cambridge 2008, S, 419.

Kapitel Die *ustads* von Sirhind

»The razing of Sirhind«, in: *The Times of India*, 04.07.2017.

»Seeking paradise: the image and reality of truck art«, in: *Herald*, 14.11.2017.

Habib, Irfan; Raychaudhuri, Tapan: *The Cambridge Economic History of India: Volume 1*, a.a.O.

Gayer, George Whitty: *Lectures on some Criminal Tribes of India and Religious Mendicants,* Sagwan Press 2015.

Kapitel Die Sommerflüchtlinge in Kaschmir

Naqvi, Saeed: *Being The Other: The Muslim in India,* Dehli 2016.
»The Lahore–Kashmir Mughal Imperial Road: Traversing a Terrain of Conflict«, in: *Sahapedia,* 29.08.2018.

TEIL ZWEI
VON MUMBAI NACH KANYAKUMARI

Kapitel Der Schatten der *andarwalas*

Bhattacharjya, Dwijen: »The genesis and development of Nagamese: Its social history and linguistic structure«, City University, New York 2001.
»Insurgency is biggest business in northeast«, in: Rediff.com, 04.10.2004.
»Nagaland and the importance of Sunday«, in: WION, 19.02.2018.

Kapitel Beinahe-Indien

Schlachten von Imphal und Kohima: National Army Museum, https://www.nam.ac.uk/explore/battle-imphal.
»Manipur: A part of India where Korea rules«, in: *Al Jazeera,* 17.02.2014,
»Korean, English movies welcome in Manipur, Bollywood is not«, in: *The New Indian Express,* 04.11.2018.
Siddiqui, Furquan Ameen: »Threats to Journalists in India: Journalism in the Age of Intolerance and Rising Nationalism«, Reuters Institute Fellowship Paper, University of Oxford, 2016/2017.

TEIL DREI
NAGALAND UND MANIPUR

Kapitel Ein Land, eine Steuer, eine Technologie

»Mathadi unions run amok as police ‚turn a blind eye'«, in: *Indian Express,* 17.03.2014.

Kapitel Eine mit Khaki gepflasterte Straße

Tavernier, Bertrand, *Reisen zu den Reichtümern Indiens*, a.a.O., S. 87, S. 58, S. 142/143.

Eaton, Richard: *A Social History of Deccan 1300–1761: Eight Indian Lives,* Cambridge 2005.

Chandra, Satish: *Medieval India Part II: From Sultanat to the Mughals (1526–1748),* Delhi 2007.

Habib, Irfan; Raychaudhuri, Tapan: *The Cambridge Economic History of India: Volume 1,* Cambridge 2008.

Kapitel Der Weg zum Kap Komorin

Denis, Eric; Mukhopadhyay, Partha; Zerah, Marie-Hélène: *Subaltern Urbanisation in India: An Introduction to the Dynamics of Ordinary Towns*, Harsana 2017.

»The deep water crisis«, People's Archive of Rural India, 07.04.2016.

Glossar

Verzeichnis ausgewählter indischer Begriffe

A

afeem – Opium
aloo bhaja – eine Art Pommes frites
aloo matar – Kartoffel-Erbsen-Curry
aloo pala – Kartoffel-Spinat-Curry
aloo paratha – Fladenbrot gefüllt mit Kartoffeln und Kräutern
alvida – auf Wiedersehen
andarwalas – Untergrund, hier: Rebellen
anishi – Naga-Spezialität aus fermentierten Elefantenohrblättern
arre – hey, oh
autowallah – Fahrer einer Autorikscha
avatar – Inkarnation

B

baharwali – Geliebte
Bakarwals – Nomadenvolk in Nordindien
bandh – Generalstreik, hier: Straßenblockade
baniyan – Unterhemd
beedi – starke »Arme-Leute-Zigarette«, bei der Tabak in ein Blatt des Tendubaums gerollt wird
besan – Kichererbsenmehl

bhagwan – Herr, Meister
bhai – Bruder, Freund
bhakti – Hingabe an Gott, liebende Zuwendung
bhoot – Geist; *bhootni* – weiblicher Geist, Dämonin
bhopa – (Heilungs-)Priester
bhujia – gewürzte knusprige Nudeln (Snack) aus Mattenbohnen, Kichererbsenmehl und Gewürzen
bhukki – Rauschmittel aus der getrockneten Samenkapsel des Schlafmohns
Bihari – Einwohner von Bihar, einem der ärmsten Bundesstaaten Indiens

C

chaiwallah – Teeverkäufer
chakli – frittiertes Knabbergebäck
chapati – Fladenbrot
charas-ganja – Marihuana aus der frischen Cannabispflanze
charpoy – traditionelles indisches Bettgestell
chauki – Kontrollstelle
chela – Schüler
chillum – Haschpfeife
chowmein – Asiapfanne

D

dal – Linsen
*dal baati churm*a – Linsen mit würzigen und süßen Weizenbällchen
dal fry – gebratene Linsen
dal khichdi – Gericht aus Reis und Linsen
dal makhni – cremiges Linsengericht aus dem Punjab
dalal – Vermittler
dal-chawal – Linsengericht mit Reis

darshan – Begegnung eines Gurus mit seinen Anhängern, wörtlich: Betrachtung, Zusammentreffen

dera – Kloster, hier: religiöse Gemeinschaft

desi daru – in Indien beliebtes, billiges alkoholisches Getränk, hergestellt aus Melasse

dhaba – Imbissstand, kleines Restaurant, Raststätte an Fernstraßen, bietet üblicherweise sättigende regionale Küche an

dhoti – traditionelles Beinkleid indischer Männer

doda – Samenkapsel

dosa – dünner Pfannkuchen aus Reis und Hülsenfrüchten

dupatta – Schleier

G

gamchha – dünnes Baumwolltuch

ganja – Marihuana

gharwali – Ehefrau

ghazal – Ghasele (orientalische Gedichtform)

Gujars – hinduistische Angehörige eines in Indien, Pakistan und Afghanistan verbreiteten Nomadenvolkes

Gujjars –muslimische Gujars

gutka – Kautabakmischung

H

hasil – Zollabgabe

I

idli – Reis-Urdbohnen-Küchlein

K

kaccha – spezielle Baumwollunterhose, Unterbekleidung der Männer bei den Sikhs

kaccha maal – verderbliche Waren

Kali Yuga – Zeitalter des Niedergangs

khalassi – Trainee

khap panchayat – Ältestenrat eines Clans oder einer Gruppe von Kasten in Nordindien

khari – knuspriges Blätterteiggebäck

kurta-pajama – langes Hemd mit locker sitzender Hose, meist von Männern getragen

L

lal chai – würziger Schwarztee

lathi – Schlagstock

lungi – Wickelrock

M

maal –Fracht, Ladung

mandi – Markt

masala – indische Gewürzmischung

mathadi – Lastenträger

mosambi – süße Limette

N

naka – Kontrollpunkt

O

oye – hey

P

paan – Betel, »Betelbissen« (klein gehackte Betelnüsse und Gewürze, umwickelt mit Blättern des Betelpfeffers und bestrichen mit gelöschtem Kalk)
palak paneer – Spinatcurry mit indischem Käse
pandit – brahmanischer Gelehrter
paneer subji – Gemüsegericht mit Hüttenkäse
pao – Brötchen
phad – Bildrolle aus Tuch
Pongal – tamilisches Erntedankfest

R

raja – Fürst
raja mircha – sehr scharfe Chilisorte
rajma-chawal – Bohnengericht aus dem Punjab
randi – Prostituierte
rogan josh – Lammcurry aus Kaschmir
roti – Fladenbrot

S

sabudana – Tapiokaperlen
sabudana khichdi – Fastenspeise aus Tapiokaperlen, Kartoffeln, Erdnüssen, Kräutern und Gewürzen
sabudana vada – siehe oben, aber zu einem Teig verarbeitet und frittiert
salwar kameez – Pumphose mit Tunika bzw. längerem Hemd, meist von Frauen getragen
sardar – Sikh (gebraucht als Titel oder Anrede), Anführer
seth – Händler, Arbeitgeber
sev – Snack aus Kichererbsennudeln
sev bhaji – Tomatencurry mit Nudeln aus Kichererbsenmehl
shloka – rhythmischer Vers aus einer altindischen Dichtung

silli – gekochtes, gesalzenes Blattgemüse
subji – Gemüsegericht
swayamsevak – Freiwilliger

T

tandoori roti – Fladenbrot aus dem traditionellen indischen Holzkohleofen
theka – Verkaufsstelle

U

ustad – Lehrer, Mentor

V

vaishno dhaba – ein *dhaba*, in dem vegetarische Gerichte angeboten werden

Y

yaar – mein Freund

Z

zakat – Wohltätigkeitsabgabe
zamindar – Großgrundbesitzer

Zitatnachweise

S. 7 Aus: John Steinbeck, Die Reise mit Charley. Auf der Suche nach Amerika. Aus dem Englischen und mit einem Nachwort von Burkhart Kroeber, © 2002 Paul Zsolnay Verlag GmbH, Wien. Mit freundlicher Genehmigung des Paul Zsolnay Verlags.

S. 54 Aus: Susan Sontag, Kunst und Antikunst. 24 literarische Analysen, Fischer Taschenbuchverlag, Frankfurt am Main 1995, S. 72.

S. 62 Aus: Jean Baptiste Tavernier, Reisen zu den Reichtümern Indiens. Abenteuerliche Jahre beim Großmogul 1641–1667, Hrsg. von Susanne Lausch und Felix Wiesinger, Edition Erdmann in K. Thienemanns Verlag Stuttgart 1984, S. 89.

S. 234 Aus: Jean Baptiste Tavernier, Reisen zu den Reichtümern Indiens, a. a. O., S. 87.

S. 236 Aus: Jean Baptiste Tavernier, Reisen zu den Reichtümern Indiens, a. a. O., S. 58.

S. 237 Aus: Jean Baptiste Tavernier, Reisen zu den Reichtümern Indiens, a. a. O., S. 142/143.

Über den Autor

Rajat Ubhaykar, geboren 1991 in Bhatkal, Indien, studierte Elektrotechnik am Indian Institute of Technology Kanpur und – nach einem kurzen Abstecher in die Unternehmensberatung – Journalismus am Asian College of Journalism in Chennai. 2016 wurde er mit dem PoleStar Award ausgezeichnet, und seine Artikel erscheinen unter anderem in der Finanzzeitung *Mint*, in *Outlook Business*, im Online-Magazin *Roads & Kingdoms* und im *Madras Courier*. Er lebt in Mumbai und arbeitet als Diplomat für den Indian Foreign Service. In seiner Freizeit rezensiert er Bücher, sammelt allerlei Wissenswertes und besucht Indiens archäologische Fundstätten. Dies ist sein erstes Buch.

Leseprobe

Margot Flügel-Anhalt

Hoch. Hinaus.
Meine Reise zu den Menschen an den höchsten Bergen der Welt

10. August // Isfahan nach Taft // 6398 km

Was für ein Tag! Es ist eigentlich keine lange Strecke zwischen Isfahan und Yazd, ein bisschen mehr als 330 Kilometer sind es. Aber ich bin Stunden später als geplant in der Ecolodge Nartitee in Taft angekommen. Und ich bereue nichts.

Als ich Isfahan verlasse, auf der Ausfallstraße unterwegs bin, erkenne ich die Gegend. Hier bin ich schon mal langgefahren. Hier habe ich die geheimnisvolle, verzauberte Karawanserei und Oase entdeckt, als ich damals mit dem alten Benz Richtung Südostasien unterwegs war. Und auch dieses Mal finde ich sie, trotz Dunst und Staub und Nebel in der Luft. Kaum zu erkennen von der Straße aus, aber ich sehe sie sofort. Und entscheide ohne Umschweife, dass ich diesem Ort auch dieses Mal einen Besuch abstatte. Ich stelle den Lada am Rande des Highways ab und gehe in die Wüste hinein. Ich weiß, es wird mindestens eine halbe Stunde dauern, bis ich dort bin. Und ich freue mich unendlich darauf, diese wundervolle Atmosphäre wieder zu erleben, die ich damals vorgefunden habe.

Langsam verklingen die Geräusche der Lkws. Nur meine Schritte und der Wind über dem sandigen und steinigen Boden sind zu hören. Inzwischen wurden hier ein paar Bäumchen am Weg entlang gepflanzt;aber mehr als ein Drittel davon ist wieder verdorrt.

Als ich an den Toren der Karawanserei ankomme, umfängt mich wie damals der Zauber dieses Ortes. Viele kleine Zimmer mit Kuppeln haben offenbar als Wohnräume gedient, in manchen erkennt man am geschwärzten Dach, dass hier offenes Feuer gemacht worden sein muss. In der Mitte des Daches dieser Räume ist eine runde, etwa 50 Zentimeter große Öffnung, durch die der Rauch abziehen konnte. Viele Nischen in den Lehmwänden dienten als Ablage für Geschirr oder Kleidung. Die Türen und Tore sind niedrig, vermutlich waren sie früher höher und sind heute im sandigen Boden versunken. Ich entdecke den großräumig gestalteten Innenhof. Dort gibt es Pflanzen, die offenbar auch gepflegt werden. Und es dauert keine Minuten, da steht der Gärtner dieses ganzen Komplexes vor mir. Ein schlanker, groß gewachsener Mann mit Strohhut, braungebrannt. Er spricht mich an, ich vermute, dass es ein Dialekt der Gegend sein könnte. Es hört sich nicht an wie Persisch. Ich verstehe wenig, nur so viel: »Sind Sie allein hierhergekommen? Zu Fuß? Oder wie?« »Ja, allein«, antworte ich. »Zu Fuß. Das Auto ist an der Straße.« Aber er insistiert: »Wo ist dein Mann? Ist der im Auto?« Und ich antworte sicherheitshalber: »Ja, der sitzt im Auto.« Das beruhigt ihn, und er geht weg. Kommt aber sofort wieder zurück. Wieder und wieder stellt er vermutlich dieselbe Frage: »Wie sind Sie hierhergekommen?« Die Piste ist nämlich vorne mit Stacheldraht zugesperrt. Wenn man mit einem Auto gekommen wäre, hätte man diese Sperre umfahren müssen. »Und dein Mann?«, wiederholt er und zeigt zum besseren Verständnis auf sich selbst. »Wo ist der? Ist der im Auto?« Ich mache ein paar Videoaufnahmen und versuche, ihm und seinen Fragen zu entkommen. Durch Tore und Törchen schleiche ich mich aus der Karawanserei hinaus hin zu der etwas entfernten Oase. Eine Mauer aus Lehm, innerhalb dieser wachsen größere Bäume. Auch diesen Garten pflegt der Gärtner offensichtlich. Dort wachsen Granatapfelbäumchen, Wein, Kräuter, Oleander und andere Pflanzen, die ich nicht kenne. Aber kaum habe ich den Garten erreicht, ist auch der Gärtner wieder da und ruft mir etwas zu. Ich entscheide mich zur Flucht, mache einen großen Bogen um die Oase und gehe wieder zurück in die Karawanserei. Dort kann ich endlich in Ruhe den Flair dieses besonderen Ortes in der Wüste auf mich wirken lassen.

Es haben hier einmal viele Menschen gelebt, die Anlage war vermutlich größer, es muss auch außerhalb der Mauern Gebäude gegeben haben, vielleicht Unterstände für Tiere. Und die Wehrtürme an allen Ecken der Außenmauer zeigen, dass es Gründe gab, sich zu sichern. Eines Tages werden hier vielleicht Touristen herumgeführt werden. Ich jedenfalls hatte den verwunschenen Ort beinahe für mich allein. Der Rückweg zur Straße ist lang und steinig. Glücklicherweise habe ich diesmal eine Flasche Wasser dabei. Auch wenn es längst lauwarm ist und nicht schmeckt, ist es doch besser, als in der Wüste zu verdorren.

Ich fahre weiter und werde nach einigen Stunden in der schier endlosen, heißen Wüstenei plötzlich von einem weißen SUV verfolgt. Der Fahrer überholt mich, setzt die Warnblinkanlage und winkt mit der Hand, ich solle stehenbleiben. Ich schwitze. Habe keine Lust auf ein Selfie. Ich will weiterfahren, so habe ich wenigstens ein wenig Fahrtwind. Als ich weiterfahre, überholt er mich von Neuem, winkt noch wilder und zwingt mich beinahe zum Anhalten. Ich gebe auf. Aus dem SUV steigt ein junger Mann, etwa Ende dreißig. Er sieht aus wie ein Iraner, und wie sich zeigt, ist er auch einer. Er spricht gut Englisch und sagt durch mein Seitenfenster: »Entschuldigen Sie bitte mein Verhalten. Normalerweise mache ich so etwas nicht.«

Neugierig geworden?

Margot Flügel-Anhalt
mit Titus Arnu
Hoch. Hinaus.
Meine Reise zu den Menschen an den
höchsten Bergen der Welt
240 S., 18,99 €
ISBN 978-3-8464-0946-6

Impressum

Die Originalausgabe ist 2019 unter dem Titel »Truck de India! A Hitchhiker's Guide to Hindustan« bei Simon & Schuster India erschienen. www.simonandschuster.co.in

POLYGLOTT

POLYGLOTT ist eine eingetragene Marke der GRÄFE UND UNZER VERLAG GmbH

ISBN 978-3-8464-0992-3

1. Auflage 2023

GRÄFE UND UNZER

Ein Unternehmen der
GANSKE VERLAGSGRUPPE

Redaktion und Projektmanagement: Susanne Kronester-Ritter
Übersetzung: Heide Horn, Christa Prummer-Lehmair, Kollektiv Druck-Reif
Lektorat: Boris Heczko
Schlusskorrektur: Ulla Thomsen
Umschlaggestaltung: Favoritbuero, München
Karte: Denise Sterr
Fotos: Ozzie Hope und Rajat Ubhaykar, S. 281: Anushree Rastogi
Umschlagfotos: AWL Images/Paul Harris; shutterstock.com/vectomart
Foto Klappe hinten: Kankanala Rahul Reddy
Satz: Ute Weber, Geretsried
Herstellung: Gloria Schlayer
Repro: medienprinzen, München
Druck und Bindung: Livonia Print, Lettland

Leserservice
GRÄFE UND UNZER Verlag
Grillparzerstraße 12, 81675 München
www.graefe-und-unzer.de

Umwelthinweise
Nachhaltigkeit ist uns sehr wichtig. Der Rohstoff Papier ist in der Buchproduktion hierfür von entscheidender Bedeutung. Daher ist dieses Buch auf PEFC-zertifiziertem Papier gedruckt. PEFC garantiert, dass ökologische, soziale und ökonomische Aspekte in der Verarbeitungskette unabhängig überwacht werden und lückenlos nachvollziehbar sind.